LAW & BUSINESS
法商圖書

汉盛律师事务所建设工程与房地产委员会

建设工程施工合同纠纷裁判规则

基于长三角高级人民法院典型案例评析

主　编：杨唐全
副主编：汪帮清　杨永霞　余志农
唐仲慧　洪　瑜

JIANSHE GONGCHENG SHIGONG
HETONG JIUFEN CAIPAN GUIZE
Jiyu Changsanjiao Gaoji Renmin Fayuan Dianxing Anli Pingxi

法律出版社 | LAW PRESS
北京

图书在版编目(CIP)数据

建设工程施工合同纠纷裁判规则：基于长三角高级人民法院典型案例评析 / 杨唐全主编；汪帮清等副主编. -- 北京：法律出版社，2022
ISBN 978-7-5197-7187-4

Ⅰ. ①建… Ⅱ. ①杨… ②汪… Ⅲ. ①建筑施工－合同纠纷－审判－研究－中国 Ⅳ. ①D923.65

中国版本图书馆 CIP 数据核字(2022)第 191028 号

建设工程施工合同纠纷裁判规则：基于长三角高级人民法院典型案例评析
JIANSHE GONGCHENG SHIGONG HETONG JIUFEN CAIPAN GUIZE: JIYU CHANGSANJIAO GAOJI RENMIN FAYUAN DIANXING ANLI PINGXI

主　编 杨唐全
副主编 汪帮清 杨永霞 余志农 唐仲慧 洪　瑜

责任编辑 慕雪丹　章　雯
装帧设计 汪奇峰

出版发行 法律出版社
编辑统筹 法商出版分社
责任校对 赵明霞
责任印制 胡晓雅
经　　销 新华书店

开本 710 毫米×1000 毫米　1/16
印张 20.25　**字数** 325 千
版本 2022 年 11 月第 1 版
印次 2022 年 11 月第 1 次印刷
印刷 永清县金鑫印刷有限公司

地址:北京市丰台区莲花池西里 7 号(100073)
网址:www.lawpress.com.cn
投稿邮箱:info@lawpress.com.cn
举报盗版邮箱:jbwq@lawpress.com.cn

销售电话:010-83938349
客服电话:010-83938350
咨询电话:010-63939796

书号:ISBN 978-7-5197-7187-4　**定价**:88.00 元
凡购买本社图书,如有印装错误,我社负责退换。电话:010-83938349

杨唐全

上海市律师协会建设工程与基础设施业务研究委员会委员，上海汉盛律师事务所高级合伙人，事务所建设工程与房地产委员会主任，律师，国际法学硕士，工程管理硕士，一级建造师，英国皇家特许建造师，造价员，上海仲裁委及其他多地仲裁委仲裁员，西安仲裁委员会评审专家，中国建筑业协会法律服务工作委员会调解员，常设中国建设工程法律论坛观察委员会委员，常设中国建设工程法律论坛第八、第十、第十六工作组成员，“工程建设法律法规在线服务”专家委员会委员，2019ENR / 建筑时报最值得推荐的中国工程法律60位专业律师。擅长建筑工程、房地产领域诉讼与非诉法律实务。

著 作

1. 个人专著：《建设工程施工合同纠纷司法解释（一）四十五讲》
2. 个人专著：《建设工程施工合同纠纷司法解释（二）二十五讲》
3. 合著：《建设工程总承包合同纠纷裁判指引》
4. 合著：《中国建设工程施工合同法律全书—词条释义与实务指引》

汪帮清

法学本科，在职研修应用经济学硕士，上海汉盛律师事务所高级合伙人，建筑工程和房地产专委会执行主任，上海市律师协会建设工程与房地产专业律师，常设中国建设工程法律论坛观察员，具有法律职业资格、证券从业资格、助理工程师等多职位多职称资格。

中国民盟盟员，现任民盟上海浦东区委第六届副主委、政协上海市浦东新区第六届、第七届委员、上海市浦东新区人民法院第六届、第七届特邀监督员。

自1996年9月参加工作，历任国企部门负责人，律所执行主任、主任等职务。2014年10月起汪帮清律师受邀上海电视台法制频道《和大律师面对面》、上海东方大律师等广播、电视栏目嘉宾律师。

擅长建设工程和房地产领域诉讼与非诉讼、公司并购和公司商事纠纷诉讼与非诉讼法律实务，现曾服务于数十家大型建筑房地产央企、民企建筑工程与房地产单位。

杨永霞

上海汉盛律师事务所高级合伙人，上海市浦东新区东方调解中心特邀调解员；上海市浦东新区知识产权纠纷人民调解委员会调解员。杨永霞律师在2010年10月份起主要服务于多家房地产上市企业，如合景泰富、万科、中骏集团、华鸿嘉信、中梁等。主要为房地产公司提供项目获取、日常开发、招商、运营、融资、建筑工程纠纷等提供法律服务。

余志农

上海汉盛律师事务所高级合伙人，上海市律师协会第十一届政府法律顾问研究委员会委员，上海汉盛律师事务所建筑工程与房地产委员会副主任，统计师，中国民盟盟员，上海市江西商会法律顾问。余志农律师执业近二十年来，专注公司股权与合规、并购重组、金融与保险、建筑房地产等领域的法律服务，曾服务中国太平洋财产保险股份有限公司、华泰财产保险有限公司、中国建筑、保利地产、中铁控股等企业。

唐仲慧

华东政法学院法学士，上海汉盛律师事务所合伙人，九三学社上海社会与法制专门委员会委员，宁波、南昌、武汉仲裁委员会仲裁员，上海市律师协会建设工程与基础设施业务研究委员会委员，华东政法大学法律学院校友会理事、华东政法大学国际金融法律学院财富管理法律研究中心特聘研究员，浦东新区专业人民调解中心特邀调解员，中国法学会会员、中国仲裁法学研究会会员，常设中国建设工程法律论坛观察员。唐仲慧律师法律理论功底扎实，执业二十多年来，擅长建筑工程、房地产、公司、合同、劳动及民商事争议解决等领域法律事务，尤其善于将法律与商务相结合，为客户提供优质法律服务。

洪瑜

上海汉盛律师事务所高级合伙人，华东政法大学硕士研究生毕业，上海政法学院客座教授。在近20年的执业中，曾为宝武集团、太平资产、交银金融资产投资公司、平安集团、中核五建、湖南六建、中天钢铁、安科瑞（300286）等大型单位提供专业法律服务。擅长建设工程与房地产领域的争议解决和项目投融资、建设项目全程法律合规等非诉业务。

前言

最高人民法院先后于2004年10月25日公布了原《建设工程施工合同司法解释》,于2018年12月29日公布了原《建设工程施工合同司法解释(二)》。2020年12月29日,最高人民法院公布了《最高人民法院关于审理建设工程施工合同纠纷案件适用法律问题的解释(一)》,废止了原《建设工程施工合同司法解释》和原《建设工程施工合同司法解释(二)》。实践中,全国各地高院甚至部分地方中院也出台了很多司法文件或解答,各地法院对一些具体纠纷的处理存在不统一的地方,导致同案不同判且争议较大的现象客观存在。

本书汇集、梳理了近3-5年上海、浙江、江苏、安徽四省高级人民法院的建设工程施工合同纠纷裁判案例,提炼出相应的裁判规则。每篇裁判规则包括案例信息、关联事实、裁判理由、案例评析、相关依据五个部分,重点介绍了相关建设工程法规适用的现状,其中案例评析主要对裁判规则背后的法理、原因等进行分析,还包括延伸出针对相关裁判规则涉及问题的其他观点,尝试对建设工程施工合同常见纠纷和重点问题进行分析和总结。

我国虽不是判例法国家,但相关案例却有着一定的指引作用,总结相关的法律规则,能够给法律人带来指引与启示,便于法律人的学习与借鉴。

鉴于作者水平所限,书中观点、论述肯定会有错谬、疏漏之处,敬请各位读者谅解、斧正。

凡例

全　　称	简　　称
《最高人民法院关于审理建设工程施工合同纠纷案件适用法律问题的解释(一)》	《建设工程施工合同司法解释(一)》
《最高人民法院关于审理建设工程施工合同纠纷案件适用法律问题的解释》	原《建设工程施工合同司法解释》
《关于审理建设工程施工合同纠纷案件适用法律问题的解释(二)》	原《建设工程施工合同司法解释(二)》
《中华人民共和国民事诉讼法》	《民事诉讼法》
《最高人民法院关于适用〈中华人民共和国民事诉讼法〉的解释》	《民事诉讼法解释》
《中华人民共和国民法典》	《民法典》
《中华人民共和国建筑法》	《建筑法》
《最高人民法院关于民事诉讼证据的若干规定》	《民事诉讼证据规定》
《中华人民共和国招标投标法》	《招标投标法》
《中华人民共和国招标投标法实施条例》	《招标投标法实施条例》

目录 contents

第一章

建设工程施工合同效力相关问题

裁判规则 1 未取得建设工程规划许可证导致施工合同无效，工程价款折价补偿结算

【案例信息】

名称：南京烨鑫机械有限公司（以下简称烨鑫公司）与南京金新伟建筑工程有限公司（以下简称金新伟公司）、周某福等建设工程施工合同纠纷

案号：（2018）苏 0115 民初 12685 号

法院：江苏省南京市江宁区人民法院

【关联事实】

2017 年 8 月 31 日，原告（发包方，甲方）与被告（承包方，乙方）签订了《建设工程施工合同》，约定甲方将其厂房工程发包给乙方施工，工程地点为江宁区高桥工业园区市井路 11 号，工程内容为钢构，承包形式为全包，本合同实行固定总价，经甲乙双方核定本工程合同包干价为 150 万元整，任何政策性因素和市场因素均不调整包干价；双方约定甲方付款前，乙方应提供正式发票；本合同签订后 3 日内，甲方支付 20% 工程款，工程进展到房面结束后甲方付 50% 工程款，工程竣工经甲方验收合格后等。

2017 年 8 月 21 日，烨鑫公司付款 5 万元，于 2017 年 8 月 25 日分两次共计付款 17 万元，于 2017 年 8 月 31 日付款 27 万元，于 2017 年 9 月 30 日分两次共计付款 40 万元，于 2017 年 10 月 18 日付款 26 万元，以上合计 115 万元，均系支付至金新伟公司监事即第三人周某福的银行账号。金新伟公司确认已收到烨鑫公司支

付的工程款115万元。

2017年9月30日，电话号码为138××××1636的男士向12××5电话举报江宁区东山街道市井路11号南京益超机械制造有限公司厂区内（涉案工程施工地点）建设违建房屋。涉案工程因未取得建设工程规划审批手续而停工。对于停工时间双方陈述不一，烨鑫公司陈述工程于2017年10月18日当日或者之后一两日停工，金新伟公司陈述工程于2017年9月30日或者2017年10月1日停工。

【裁判理由】

法院根据有关法律和司法解释等相关规定，因发包人未取得建设工程规划许可证，发包人与承包人签订的《建设工程施工合同》，应认定为无效。

本案中，原告烨鑫公司与被告金新伟公司签订了《建设工程施工合同》，约定由金新伟公司承包烨鑫公司钢结构厂房工程，但是烨鑫公司未取得有关建设工程规划许可证，故双方签订的《建设工程施工合同》违反了法律、行政法规的强制性规定，为无效合同。

施工合同无效或者被撤销后，因该合同取得的财产，应当予以返还；不能返还或者没有必要返还的，应当折价补偿。

本案中，金新伟公司已经完成的钢结构基础施工成果无法返还，故烨鑫公司应当折价补偿金新伟公司该部分价款。对于现场存在的钢结构基础的价款，金新伟公司提供的康顺厂于2017年8月30日出具的《报价单》及单据、南京龙辰新材料科技有限公司江宁禄口分公司出具的江宁区研发园市井路11号混凝土结算单及收款收据显示总金额为15.3万元，烨鑫公司虽然对上述证据不予认可，但是对认可基础部分工程量价款数额为15.3万元，法院对此予以确认。

因涉案《建设工程施工合同》无效，烨鑫公司要求金新伟公司返还已付工程款于法有据，但是对于存在于施工现场且不能相互返还的钢结构基础部分对应的折价补偿款应当由烨鑫公司承担，故法院对于烨鑫公司要求金新伟公司返还工程款99.7万元的诉讼请求，法院予以支持。

【案例评析】

1. 现行的最高人民法院《关于审理建设工程施工合同纠纷案件适用法律的解释（一）》［法释〔2020〕25号，以下简称《建设工程施工合同司法解释（一）》］第3条第1款规定：“当事人以发包人未取得建设工程规划许可证等规划审批手续为由，请求确认建设工程施工合同无效的，人民法院应予支持，但发包人在起诉前取得建设工程规划许可证等规划审批手续的除外。”

涉案工程未取得建设工程规划许可证，本案在一审起诉前，发包人仍未取得该建设工程规划许可证，法院判决该施工合同无效完全是正确的。

2. 根据江苏省高级人民法院《审判工作座谈会纪要(2009年)》建设工程纠纷案件无效合同的价款结算规定："建设工程施工合同无效，但建设工程经竣工验收合格，承包人请求参照合同约定支付工程价款的，或者能够并证证明合同约定的价款低于施工成本并请求据实结算的，应予支持。”

结合本案，该钢结构工程因未取得建设工程规划许可证引发该建设工程施工合同纠纷，并导致钢结构工程项目停止施工，停工前该钢结构工程并未全部完工，因此，法院对烨鑫公司要求金新伟公司返还工程款99.7万元的诉讼请求予以支持。

3. 根据《建设工程施工合同司法解释(一)》第24条第1款的规定："当事人就同一建设工程订立的数份建设工程施工合同均无效，但建设工程质量合格，一方当事人请求参照实际履行的合同关于工程价款的约定折价补偿承包人的，人民法院应予支持。”

本案中，涉及承包人的钢结构基础工程施工部分的工程价款结算，法院在该民事判决书中也进行相应的明确，并要求发包人按折价补偿方式向承包人进行结算该工程价款。

本案民事判决符合案件客观事实，也符合最高人民法院新出台有关司法解释的相关规定，具有很好的案例指导作用。

【相关依据】

《民法典》

第一百五十七条 民事法律行为无效、被撤销或者确定不发生效力后，行为人因该行为取得的财产，应当予以返还；不能返还或者没有必要返还的，应当折价补偿。有过错的一方应当赔偿对方由此所受到的损失；各方都有过错的，应当各自承担相应的责任。法律另有规定的，依照其规定。

第七百九十三条 建设工程施工合同无效，但是建设工程经验收合格的，可以参照合同关于工程价款的约定折价补偿承包人。

《建设工程施工合同司法解释(一)》(法释〔2020〕25号)

第三条第一款 当事人以发包人未取得建设工程规划许可证等规划审批手

续为由，请求确认建设工程施工合同无效的，人民法院应予支持，但发包人在起诉前取得建设工程规划许可证等规划审批手续的除外。

第二十四条第一款 当事人就同一建设工程订立的数份建设工程施工合同均无效，但建设工程质量合格，一方当事人请求参照实际履行的合同关于工程价款的约定折价补偿承包人的，人民法院应予支持。

江苏省高级人民法院《审判工作座谈会纪要（2009 年）》——建设工程纠纷案件

建设工程施工合同无效，但建设工程经竣工验收合格，承包人请求参照合同约定支付工程价款的，或者能够并证证明合同约定的价款低于施工成本并请求据实结算的，应予支持。

裁判规则 2 施工合同与《让利协议》无效，工程价款按照司法鉴定结果进行结算

【案例信息】

名称：南京祥盛道路工程有限公司（以下简称祥盛公司）、南京润华市政建设有限公司（以下简称润华公司）与南京市栖霞区王长宾建材销售中心（以下简称建材销售中心）、南京市栖霞区住房和建设局（以下简称栖霞区住建局）建设工程施工合同纠纷

案号：（2021）苏 01 民终 267 号

法院：江苏省南京市中级人民法院

【关联事实】

2008 年 10 月 7 日，栖霞区住建局通过招投标方式确定润华公司中标南京市栖霞区华电北路三期拓宽改造工程，中标价 1366 万元，中标工期 90 天。

2008 年 10 月 9 日，栖霞区住建局（发包人、甲方）与润华公司（承包人、乙方）签订了《建设工程施工合同》，双方约定：工程名称为华电北路三期拓宽改造工程，工程内容为道路、排水及配套设施改造，工期自 2008 年 10 月 10 日起至 2009 年 1 月 8 日止（具体开工时间以开工令为准），合同价款 1366 万元。合同第三部分专用条款第六条“合同价款与支付”约定：本合同采用固定单价方式签约，工程量按

实调整。每季验工计价，支付完成合格工作量的50%，工程竣工交付后组织初验，合格后支付至初审工程款的70%，竣工审计结束报告出具后支付至审定价的85%，工程总价以竣工后建委批复决算审计数字为准，第三年经市政质监站竣工验收合格后，在质量保修期两年内无任何质量问题则付清余款，否则付余款时按实扣除返修费用。

施工合同签订后，栖霞区建设局与润华公司签订了一份《补充协议》（以下简称《让利协议》），约定：合同价款1366万元，双方同意该项工程让利3%，待竣工验收决算审核后按照审计后确定的造价进行让利。

润华公司中标后并未自行组织施工，而是将工程全部转包给祥盛公司，该转包协议第五条、第六条约定：祥盛公司按润华公司在本工程中签订的投标单价进行结算，润华公司按照经审计后工程结算造价的1%收取管理费（不含税金、不让利），税金由润华公司代扣代缴。第九条约定：栖霞区住建局支付给润华公司的结算款到账后3日内扣除上交润华公司的管理费和相应费用后支付给祥盛公司。后因拆迁进度问题停工，遗留K0+000－K0+330北半幅路段未施工。

2014年4月，案涉工程恢复施工，祥盛公司又将上述遗留工程分包给建材销售中心，分包协议约定：工程总造价按审计决算为准。

2015年2月11日，祥盛公司与建材销售中心就对上述遗留工程的第二次进场施工签订《内部施工合同协议书》，该协议第五条对工程结算约定：建材销售中心按照本段工程与栖霞区住建局签订的《补充协议》（《让利协议》）中调价后的价格进行结算。第六条对管理费约定：祥盛公司按照审计后工程结算造价的10%收取管理费。第七条对工程款支付约定：栖霞区住建局支付给祥盛公司的款项中，扣除管理费后全额支付给建材销售中心，不得以任何不正当理由扣除任何不合理的费用。

施工结束后，建材销售中心与祥盛公司签订了《工作量确认单》，对建材销售中心该施工部分的工作量进行了确认。2015年年底，华电北路三期通车并投入使用，但至今未组织竣工验收，并引起该案纠纷。

【裁判理由】

一审法院认为，根据最高人民法院《关于审理建设工程施工合同纠纷案件适用法律问题的解释》（法释〔2014〕14号，以下简称原《建设工程施工合同纠纷司法解释》）第2条的规定："建设工程施工合同无效，但建设工程经竣工验收合格，承包人请求参照合同约定支付工程价款的,应予支持。”第 14 条第 3 项规定:“建设工程未经竣工验收,发包人擅自使用的,以转移占有建设工程之日为竣工日期。”本案中,栖霞区住建局通过招投标程序确定润华公司中标,但润华公司将工程全部转包给祥盛公司,祥盛公司又将部分工程分包给建材销售中心,故润华公司与祥盛公司之间、祥盛公司与建材销售中心之间的转包、分包施工合同均因违反强制性法律规定而无效,华电北路三期工程虽未经竣工验收,但已经于 2015 年年底投入使用,故建材销售中心向祥盛公司主张工程款,符合前述法律规定,应予支持。

润华公司应承担的付款责任。江苏省高级人民法院《关于审理建设工程施工合同纠纷案件若干问题的解答》第 23 条第 2 款规定:“建设工程因转包、违法分包导致建设工程施工合同无效的,实际施工人要求转包人、违法分包人对工程欠款承担连带责任的,应予支持。”前手转包人、违法分包人举证证明其已付清工程款的,可以相应免除其给付义务。发包人在欠付的工程款范围内承担连带责任。润华公司并未向祥盛公司付清全部工程款,故应当依照前述法律规定,对祥盛公司的付款义务承担连带责任。建材销售中心对润华公司的诉讼请求一审法院予以支持。

栖霞区住建局应承担的责任。最高人民法院《关于审理建设工程施工合同纠纷案件适用法律问题的解释(二)》(法释〔2018〕20 号,以下简称原《建设工程施工合同纠纷司法解释(二)》)第 1 条规定:“招标人和中标人另行签订的建设工程施工合同约定的工程范围、建设工期、工程质量、工程价款等实质性内容,与中标合同不一致,一方当事人请求按照中标合同确定权利义务的,人民法院应予支持。招标人和中标人在中标合同之外就明显高于市场价格购买承建房产、无偿建设住房配套设施、让利、向建设单位捐赠财物等另行签订合同,变相降低工程价款,一方当事人以该合同背离中标合同实质性内容为由请求确认无效的,人民法院应予支持。”依照上述法律规定,栖霞区住建局与润华公司在中标合同以外签订《让利协议》,系变相降低工程价款,背离中标合同实质性内容,应属无效。润华公司不同意按让利后的价格进行结算,故栖霞区住建局与润华公司应按中标合同进行工程价款结算。经司法鉴定机构依法进行《工程造价司法鉴定》,该中标合同确定的工程总造价为 17332816.38 元,应予采纳。

【案例评析】

案涉建设工程已竣工,且已实际使用的交付情形,并存在转包、违法分包情形,以及在该中标的《施工合同》和《让利协议》为无效,该《建设工程施工合同》和

《让利协议》无效的情形下，该工程款结算和法律责任承担具体如下：

1. 根据原《建设工程施工合同纠纷司法解释》第 2 条规定：“建设工程施工合同无效，但建设工程经竣工验收合格，承包人请求参照合同约定支付工程价款的，应予支持。”结合现行的《建设工程施工合同司法解释（一）》第 9 条第 3 项规定：“建设工程未经竣工验收，发包人擅自使用的，以转移占有建设工程之日为竣工日期。”

本案中，涉案工程存在转包、违法分包的情形，订立的转包协议与分包协议均无效，该认定符合法律规定。建设工程施工合同无效，但工程项目已经交付，并投入实际使用，因此即使未组织竣工验收，以转移占有建设工程之日作为竣工日期并进行工程款结算的行为，是符合法律规定的。

2. 江苏省高级人民法院《关于审理建设工程施工合同纠纷案件若干问题的解答》第 23 条规定：“建设工程因转包、违法分包导致建设工程施工合同无效的，实际施工人要求转包人、违法分包人对工程欠款承担连带责任的，应予支持。前手转包人、违法分包人举证证明其已付清工程款的，可以相应免除其给付义务。发包人在欠付的工程款范围内承担连带责任。”

结合本案客观情况，润华公司并未向祥盛公司付清全部工程款，故判定其对祥盛公司的付款义务承担连带责任。这一认定同样符合现行《建设工程施工合同司法解释（一）》的立法精神。

3. 现行的《建设工程施工合同司法解释（一）》第 2 条规定，“招标人和中标人另行签订的建设工程施工合同约定的工程范围、建设工期、工程质量、工程价款等实质性内容，与中标合同不一致，一方当事人请求按照中标合同确定权利义务的，人民法院应予支持。招标人和中标人在中标合同之外就明显高于市场价格购买承建房产、无偿建设住房配套设施、让利、向建设单位捐赠财物等另行签订合同，变相降低工程价款，一方当事人以该合同背离中标合同实质性内容为由请求确认无效的，人民法院应予支持。”

本案中，涉案《让利协议》的签订系变相降低工程价款，背离中标合同的实质性内容，应属无效，应按中标合同进行工程款结算。

综观全案，法院针对本案中存在的不同合同无效情形及工程款结算、责任承担等分别进行了梳理和法律适用的释明，在本案民事判决上适用原《建设工程施工合同纠纷司法解释》和江苏省高级人民法院《关于审理建设工程施工合同纠纷案件若干问题的解答》相关规定进行审判，与《建设工程施工合同司法解释（一）》

规定相符,也符合案件客观事实,为复杂案件的法律适用提供了有价值的判例参考。

【相关依据】

《民法典》

第七百九十三条 建设工程施工合同无效,但是建设工程经验收合格的,可以参照合同关于工程价款的约定折价补偿承包人。

《建设工程施工合同司法解释(一)》(法释〔2020〕25 号)

第二条 招标人和中标人另行签订的建设工程施工合同约定的工程范围、建设工期、工程质量、工程价款等实质性内容,与中标合同不一致,一方当事人请求按照中标合同确定权利义务的,人民法院应予支持。招标人和中标人在中标合同之外就明显高于市场价格购买承建房产、无偿建设住房配套设施、让利、向建设单位捐赠财物等另行签订合同,变相降低工程价款,一方当事人以该合同背离中标合同实质性内容为由请求确认无效的,人民法院应予支持。

第九条第三项 (三)建设工程未经竣工验收,发包人擅自使用的,以转移占有建设工程之日为竣工日期。

江苏省高级人民法院《关于审理建设工程施工合同纠纷案件若干问题的解答》(2018 年第 3 号)

第二十三条 建设工程因转包、违法分包导致建设工程施工合同无效的,实际施工人要求转包人、违法分包人对工程欠款承担连带责任的,应予支持。前手转包人、违法分包人举证证明其已付清工程款的,可以相应免除其给付义务。发包人在欠付的工程款范围内承担连带责任。

裁判规则 3 中标后另行签订工程价款结算等补充协议与中标合同不一致的,另行签订的补充协议不得作为工程款结算依据

【案例信息】

名称:江苏合发集团有限责任公司(以下简称合发公司)与中亿丰建设集团股份有限公司(以下简称中亿丰公司)、霍高文建筑系统(广州)有限公司(以下简称霍高文公司)、镇江市城市干道工程建设办公室(以下简称镇江干道办)建设工程

施工合同纠纷

案号:(2019)苏民申 5455 号

法院:江苏省高级人民法院

【关联事实】

2010 年 10 月,镇江干道办、合发公司就镇江市体育会展中心项目(直立锁边屋面系统工程)Ⅰ标段、Ⅱ标段联合公开招标。招标文件中载明,本工程直立锁边金属屋面专业工程承包人需接受建筑幕墙及金属屋面工程承包单位(合发公司)的管理,专业工程承包人需向建筑幕墙及金属屋面工程总承包单位支付总承包服务费(指建筑幕墙及金属屋面工程总承包人对本专业工程实施统筹管理、协调和配合而发生的费用)为本工程中标价的 3%,由本专业工程承包人向建筑幕墙及金属屋面工程承包人支付。本合同价款采用固定价格方式确定。中亿丰公司与霍高文公司作为联合体投标并中标。

2010 年 12 月 24 日,发包人 1 镇江干道办、发包人 2 合发公司与联合体承包人中亿丰公司(原名称苏州二建建筑集团有限公司)、霍高文公司按中标结果签订两份《建设工程施工合同》,一份工程为镇江市体育会展中心项目(直立锁边屋面系统工程)Ⅰ标段,工程内容:施工图范围内体育场直立锁边屋面系统施工,建筑面积:体育场建筑面积约 54924 平方米,合同工期:42 日历天(具体开工日期以监理审批日期为准)。合同固定总价 19568208.7 元。另一份工程为镇江市体育会展中心项目(直立锁边屋面系统工程)Ⅱ标段,工程内容:施工图范围内体育会展馆、综合训练馆直立锁边屋面系统施工,建筑面积:体育会展馆建筑面积约 77536 平方米、综合训练馆建筑面积约 41115 平方米,合同固定总价 30896899.49 元,其余条款同前述合同。

2010 年 12 月 28 日,合发公司与中亿丰公司签订一份《补充协议》。该协议约定:承包人对于发包人在工程实施的过程中,对于发包人提供的深化图纸设计费用、技术支持与服务费用、发包人作为建筑幕墙与金属屋面总承包单位的总包配合费用等,承包人按照 200 元/平方米向发包人支付上述费用(体育场直立锁边屋面系统工程面积 17850 平方米,阳光板采光天窗按实际面积计算,综合训练馆直立锁边屋面系统工程面积 14080 平方米,体育会展馆直立锁边屋面系统工程面积为 13600 平方米,不锈钢排水天沟按展开米计算。面积暂定,工程数量的增减按实结算)。上述费用合计 910.6 万元。

【裁判理由】

法院根据有关法律和司法解释等相关规定,因合发公司提供的《补充协议》背离了中标合同的实质性内容约定,对中亿丰公司不能产生约束力,不能成为该工程结算的依据。

首先,涉案《补充协议》未加盖中亿丰公司有效印章,亦无中亿丰公司法定代表人或委托代理人签字,合发公司并未就《补充协议》中涉及的费用承担问题取得中亿丰公司的明确认可,协议的真实性无法认定。且该协议无论是否真实,均无法对中亿丰公司产生约束力。

其次,涉案《补充协议》系在涉案工程经招投标程序所签的施工合同之外形成的文件,根据该补充协议的内容及合发公司的主张,中亿丰公司应当另行支付各项费用合计 910.6 万元,此数额已经占到施工合同约定的固定总价的 18%,明显超过了工程招标文件规定的统筹管理、协调和配合而发生的费用为该工程中标价 3% 的比例,意味着中亿丰公司在与合发公司的施工合同中约定的可得工程价款明显减少。因此,上述《补充协议》已经构成对施工合同的实质性变更。

最后,原《建设工程施工合同纠纷司法解释(二)》第 1 条规定:"招标人和中标人另行签订的建设工程施工合同约定的工程范围、建设工期、工程质量、工程价款等实质性内容,与中标合同不一致,一方当事人请求按照中标合同确定权利义务的,人民法院应予支持。招标人和中标人在中标合同之外就明显高于市场价格购买承建房产、无偿建设住房配套设施、让利、向建设单位捐赠财物等另行签订合同,变相降低工程价款,一方当事人以该合同背离中标合同实质性内容为由请求确认无效的,人民法院应予支持。"据此,涉案《补充协议》即使真实,也因其背离了中标合同的实质性内容约定而不能成为该工程结算的依据。同时,合发公司也未提供有效证据证明其具有深化图纸设计的专门资质或其自行实际履行了深化图纸设计的工作内容。因此,合发公司要求中亿丰公司根据《补充协议》的约定承担深化图纸设计费、技术支持服务费、总包配合费合计 910.6 万元的申请再审理由,缺乏法律依据,不能成立。故,江苏省高级人民法院依法裁定驳回江苏合发集团有限责任公司的再审申请。

【案例评析】

本案申请再审的争议焦点是招标人与中标人另行签订的《建设工程施工合同》等相关协议约定的实质性内容与中标合同不一致时的工程款结算依据问题。

《建设工程施工合同司法解释(一)》第2条规定:"招标人和中标人另行签订的建设工程施工合同约定的工程范围、建设工期、工程质量、工程价款等实质性内容,与中标合同不一致,一方当事人请求按照中标合同确定权利义务的,人民法院应予支持。招标人和中标人在中标合同之外就明显高于市场价格购买承建房产、无偿建设住房配套设施、让利、向建设单位捐赠财物等另行签订合同,变相降低工程价款,一方当事人以该合同背离中标合同实质性内容为由请求确认无效的,人民法院应予支持。"

本案中,涉案的《补充协议》约定中亿丰公司应当另行支付的各项费用合计占了总工程款的18%,明显超过了工程招标文件规定的统筹管理、协调和配合而发生的费用为该工程中标价3%的比例,已经构成了对中标合同的实质性变更。因此涉案《补充协议》无效,同时不能成为工程款的结算依据。

此外,再审裁定回应了合发公司基于工程质量问题以及约定的付款比例约定问题提出的工程款结算依据,明确了在工程实际已经竣工验收合格的情况下,工程质量问题以及合同中关于工程款支付时间节点的约定,并不影响合发公司关于工程款支付义务的履行,对工程款支付义务与相关义务作了释明。

再审裁定在一审、二审的判决基础上,对涉案《补充协议》与中标合同的实质性内容不一致的事实以及该情形下工程款结算依据问题进行了深入探索,案件裁判更符合本案客观事实,适用法律更为恰当。同时,结合本案事实也明确了《建设工程施工合同司法解释(一)》第2条规定的具体适用场景,具有很好的案例指导意义。

【相关依据】

《民法典》

第一百五十七条　民事法律行为无效、被撤销或者确定不发生效力后,行为人因该行为取得的财产,应当予以返还;不能返还或者没有必要返还的,应当折价补偿。有过错的一方应当赔偿对方由此所受到的损失;各方都有过错的,应当各自承担相应的责任。法律另有规定的,依照其规定。

第七百九十三条第一款　建设工程施工合同无效,但是建设工程经验收合格的,可以参照合同关于工程价款的约定折价补偿承包人。

《建设工程施工合同司法解释(一)》(法释〔2020〕25号)

第二条　招标人和中标人另行签订的建设工程施工合同约定的工程范围、建设工期、工程质量、工程价款等实质性内容，与中标合同不一致，一方当事人请求按照中标合同确定权利义务的，人民法院应予支持。

招标人和中标人在中标合同之外就明显高于市场价格购买承建房产、无偿建设住房配套设施、让利、向建设单位捐赠财物等另行签订合同，变相降低工程价款，一方当事人以该合同背离中标合同实质性内容为由请求确认无效的，人民法院应予支持。

裁判规则 4 承包人未取得建筑施工企业资质致施工合同无效，经竣工验收合格工程款按合同约定结算

【案例信息】

名称：上海家家乐文化发展有限公司（以下简称家家乐公司）与上海欢歌文化传媒有限公司（以下简称欢歌公司）建设工程施工合同纠纷

案号：（2020）沪民申98号

法院：上海市高级人民法院

【关联事实】

2016年11月6日，家家乐公司（甲方）、欢歌公司（乙方）签订《项目施工合同》，约定：项目地点为上海市杨浦区安浦路×××号地下一层；项目内容为“梦幻雨境”和“雨中舞台”项目整体施工；施工调试时间为2016年11月10日至2017年1月10日。合同第二条（双方权利与义务）约定：“13.甲方承诺按照第三条中的约定向乙方按时支付该项目施工费用，若延期10天以上则乙方有权中止施工，直至甲方付款后再行施工，且乙方有权按照每逾期一日按应付款项千分之一的比例向甲方索要滞纳金；14.乙方承诺按期完成该项目的整体施工与调试，如因乙方原因产生的延期交接，则由乙方承担每逾期一日按合同总金额的万分之五的违约金，逾期累计超过15日的，甲方有权解除合同，且乙方承担违约责任，违约金为合同总金额的15%。如因甲方原因造成的延误，则由双方另行协商完工日期。15.乙方应严格按照附件二、三的标准施工，否则乙方承担返工责任，且合同约定时间不做顺延。若经甲方发现并要求更改但乙方拒绝更改的，甲方有权解除合同，双方根据实际情况结算费用，乙方承担违约责任，违约金为合同总金额的

20%，若违约金不足以抵扣甲方损失的，甲方有权要求乙方赔偿实际损失。”

合同第三条（费用条款）约定：“1. 合同含税总金额为195万元，其中‘梦幻雨境’总价为170万元、‘雨中舞台’总价为25万元；2. 在合同签订后的5个工作日内，甲方向乙方支付合同总金额的30%，即58.5万元；3. 在乙方完成外玻璃幕墙施工且甲方书面验收后的5个工作日内，甲方向乙方支付‘梦幻雨境’总金额的30%，即51万元；4. 在乙方完成喷淋系统安装且甲方书面验收后的5个工作日内，甲方向乙方支付‘梦幻雨境’总金额的25%，即42.5万元；5. 在乙方完成‘梦幻雨境’整体施工及调试，培训后且交接给甲方通过验收后的5个工作日内，甲方向乙方支付‘梦幻雨境’总金额的10%，即17万元；6. 在‘雨中舞台’完成整体施工及调试，培训后且交接给甲方通过验收后的5个工作日内，甲方支付乙方‘雨中舞台’总金额的65%，即162500元；7. 在整体交接日期开始的2年内，由乙方负责施工与质保的免费维护，甲方在第一年年底前向乙方支付合同总金额的2.5%，即48750元；在第二年年底前向乙方支付合同总金额的2.5%，即48750元；8. 如因质保原因而乙方在收到甲方书面通知后的10个工作日内未能处理或者回复的，则由甲方自行安排检修，费用从乙方的质保金中扣除；9. 甲方在每次收到乙方增值税发票后的5个工作日内向乙方付款，否则甲方有权不支付款项。”

2016年11月1日，欢歌公司开工。

2017年6月28日，家家乐公司正式运营“梦幻雨境”“雨中舞台”项目。

2016年11月10日至2018年9月20日，家家乐公司陆续向欢歌公司支付工程款，共计161.5万元，其中家家乐公司于2018年9月20日向欢歌公司转账3万元，明确用途为维修费——备注：雨境。

2018年10月，欢歌公司对“梦幻雨境”工程进行了维修，2018年10月19日，家家乐公司出具验收意见为：电磁阀、控制板已更换完毕，软件已经重新设置完成，迷宫模式已经取消。目前感应系统基本可用，但反应偏慢。

一审审理中，(1)欢歌公司认可至今已收到家家乐公司支付的161.5万元，但认为其中于2018年9月20日收到的3万元系维修费，不是工程款，因此家家乐公司至今支付了工程款158.5万元。对此，家家乐公司认为，其至今已支付了工程款161.5万元，于2018年9月20日支付的3万元系工程款，不是维修费，因财务人员只知道该笔款用于维修，故注明维修费，但该维修费并非工程交付之后的维修费，而是工程款的一部分。(2)欢歌公司称，家家乐公司逾期支付工程款对本公司的资金流造成很大的影响。(3)家家乐公司称，欢歌公司逾期交付案涉项目，致使本公司至今无法正常营业，质量非常差，达不到使用标准，口碑很差，对整体商誉有影响，目前门票的销售额极少。

【裁判理由】

二审法院认为，承包人未取得建筑施工企业资质或者超越资质等级的，建设工程施工合同无效，本案中，欢歌公司至今未取得建筑施工企业资质，其与家家乐公司签订的《项目施工合同》违反法律、行政法规的强制性规定，应当认定为无效。

但建设工程经竣工验收合格，承包人请求参照合同约定支付工程价款的，应予支持。建设工程未经竣工验收，发包人擅自使用，可视为发包人对工程质量的认可。结合本案，2017 年 6 月 28 日，家家乐公司正式运营，其已实际使用案涉工程，可以视为家家乐公司对工程质量的认可。欢歌公司有权请求家家乐公司支付工程款。再审法院上海市高有人民法院对上述认定结果予以支持，并驳回了家家乐公司的再审申请。

关于本案的工程款结算以及拖欠工程价款的利息计算问题。二审法院认为，欢歌公司与家家乐公司签订的《项目施工合同》系双方的真实意思表示，现法院参照该结算价格确定家家乐公司应付工程款金额。一审法院判决家家乐公司向欢歌公司支付工程款 286250 元并无不当。承包人向发包人请求支付的拖欠工程价款的利息在性质上属于法定孳息，该利息从工程欠款发生之时起算。现欢歌公司自愿自 2018 年 4 月 21 日起主张同期银行贷款利率支付利息，系其对自身权利的处分，符合法律规定，本院予以认可。

因合同无效，相关违约条款的约定亦无效。但欢歌公司未按照合同约定的工期施工，给家家乐公司造成损失应予赔偿。一审审理中，家家乐公司基于合同主张违约金，其诉讼的根本目的系要求以违约金填补损失。为减轻当事人讼累，本案将逾期竣工所致损失一并处理。本院认可一审法院确定的 3 万元的金额，对金额不作调整。

【案例评析】

1.《建设工程施工合同司法解释(一)》第 1 条第 1 款第 1 项规定："建设工程施工合同具有下列情形之一的，应当依据民法典第一百五十三条第一款的规定，认定无效：(一)承包人未取得建筑业企业资质或者超越资质等级的。"

建设工程承包要求承包人具备相应的建筑业企业资质。结合案件事实和审判过程，本案的承包人欢歌公司直至案件再审时仍未取得建筑施工企业资质，说明其以不具备建筑业企业资质的条件与家家乐公司签订的建设工程施工合同违反了法律、行政法规的强制性规定，法院判决该施工合同无效完全是正确的。

2. 原《建设工程施工合同纠纷司法解释》第 2 条规定："建设工程施工合同无效，但建设工程经竣工验收合格，承包人请求参照合同约定支付工程价款的，应予支持。"

结合本案事实，涉案工程虽未组织竣工验收，但发包人家家乐公司擅自使用工程，正式对外运营，并且在完工之后的两年内向施工人欢歌公司陆续支付过工程款，应当认为对工程质量的认可。据此，符合法律规定的工程竣工验收合格的情形，欢歌公司请求参照合同约定结算工程价款的主张，于法有据。判决中对于是否竣工验收的认定也符合现行《建设工程施工合同司法解释(一)》第 9 条第 3 项的精神。

这里提醒读者注意的是，《建设工程施工合同司法解释(一)》第 24 条规定，对涉案工程质量经竣工验收合格，该工程价款结算按实际履行合同的折价补偿，而不是参照合同约定结算工程价款。

3. 本案判决认定因建设工程施工合同无效导致其中的违约条款亦无效，但对于欢歌公司未按照合同约定的工期施工的违约行为，仍对其给家家乐公司造成的损失负有赔偿义务。法院结合案件基本事实、双方过错情况、当事人的诉讼目的等情况综合考虑，确定了赔偿金额。这一判决符合《建设工程施工合同司法解释(一)》第 6 条的精神，"建设工程施工合同无效，一方当事人请求对方赔偿损失的，应当就对方过错、损失大小、过错与损失之间的因果关系承担举证责任。损失大小无法确定，一方当事人请求参照合同约定的质量标准、建设工期、工程价款支付时间等内容确定损失大小的，人民法院可以结合双方过错程度、过错与损失之间的因果关系等因素作出裁判"。

综观全案，法院在本案民事判决上适用原《建设工程施工合同纠纷司法解释》进行审判，符合案件客观事实，也符合最高人民法院新出台有关司法解释的相关规定，但是工程价款结算上稍有区别，该案裁判思路具有前瞻性，具有很好的案例指导作用。

【相关依据】

《民法典》

第一百五十三条第一款　违反法律、行政法规的强制性规定的民事法律行为无效。但是，该强制性规定不导致该民事法律行为无效的除外。

第七百九十三条第一款 建设工程施工合同无效，但是建设工程经验收合格的，可以参照合同关于工程价款的约定折价补偿承包人。

《建设工程施工合同司法解释（一）》（法释〔2020〕25 号）

第一条 建设工程施工合同具有下列情形之一的，应当依据民法典第一百五十三条第一款的规定，认定无效：

（一）承包人未取得建筑业企业资质或者超越资质等级的；

（二）没有资质的实际施工人借用有资质的建筑施工企业名义的；

（三）建设工程必须进行招标而未招标或者中标无效的。

承包人因转包、违法分包建设工程与他人签订的建设工程施工合同，应当依据民法典第一百五十三条第一款及第七百九十一条第二款、第三款的规定，认定无效。

第六条 建设工程施工合同无效，一方当事人请求对方赔偿损失的，应当就对方过错、损失大小、过错与损失之间的因果关系承担举证责任。

损失大小无法确定，一方当事人请求参照合同约定的质量标准、建设工期、工程价款支付时间等内容确定损失大小的，人民法院可以结合双方过错程度、过错与损失之间的因果关系等因素作出裁判。

第二十四条 当事人就同一建设工程订立的数份建设工程施工合同均无效，但建设工程质量合格，一方当事人请求参照实际履行的合同关于工程价款的约定折价补偿承包人的，人民法院应予支持。

实际履行的合同难以确定，当事人请求参照最后签订的合同关于工程价款的约定折价补偿承包人的，人民法院应予支持。

裁判规则 5 承包人未取得建筑资质致合同无效，依据实际履行合同结算工程价款

【案例信息】

名称：海安众发建筑劳务有限公司（以下简称海安劳务公司）与江苏双楼建设集团有限公司（以下简称双楼建设公司）建设工程施工合同纠纷

案号：（2020）皖民终 565 号

法院：安徽省高级人民法院

【关联事实】

2011 年 7 月 26 日，双楼建设公司与来安碧桂园房地产开发有限公司签订的《碧桂园建设工程施工合同》[合同编号：碧施合字（2011）－第 067 号，以下简称《67 号合同》]，该合同对工程造价的计价方式进行了明确约定。

2011 年 10 月，双楼建设公司（甲方）与海安劳务公司（乙方）签订《单体工程内部承包施工协议》，约定双楼建设公司将其承包的来安碧桂园城市花园一期住宅总承包工程 2 号库 D 标段 19 号楼及相应地下室工程以内部承包的方式分包给海安劳务公司组织施工。乙方在完全同意并遵守甲方与建设单位就该项目所签订的《67 号合同》及相关协议的基础上，经甲乙双方平等协商，在共同遵守《67 号合同》的前提下，就该工程内部承包施工所涉相关事项达成如下协议：工程名称：来安碧桂园城市花园一期住宅总承包工程 2 号库 D 标段 19 号楼及相应地下室工程。承包范围：乙方承担由甲方与建设单位所订的《67 号合同》中约定的甲方承包范围内 D 区 19 号楼及相应地下室的土建工程（含管桩清理、接桩，不包括大面积的土方开挖和土方回填）；地下一层，建筑面积约 9403.38 平方米。19 号楼地上 30 层，建筑面积约 28830.6 平方米；土建工程施工（不含水电安装，可根据具体情况另行洽谈后确定）。承包方式：包工包料（除建设单位及甲方供应材料外，其余材料均为乙方自行采购，但必须确保设计和工程质量的要求）。建设单位供应材料按《67 号合同》中约定的结算办法时行结算。该工程结算造价按本工程的《施工合同》中相关协议条款的各项规定进行决算，工程竣工后按甲方、建设单位、审计部门审核后的工程量进行最终结算（含甲供材）。海安劳务公司向双楼建设公司出具的书面承诺书，载明："海安劳务公司严格遵守双楼集团与碧桂园房产签订的大合同及双楼集团与我方签订的片区承包协议。"

涉案工程于 2014 年 9 月 9 日通过竣工验收，于 2014 年 9 月 30 日竣工备案。

海安劳务公司的经营范围：建筑业劳务分包（凭资质证书承接业务）；建筑机械设备租赁服务（涉及许可的凭许可证经营）。海安劳务公司申请对涉案工程的市场价进行鉴定，因海安劳务公司未提供必要的鉴定材料，故被鉴定部门退回。海安劳务公司于本次交诉讼中再次提出对涉案工程造价按市场价或投标文件的计价方式进行司法鉴定。

经双楼建设公司与来安碧桂园房地产开发有限公司审核结算，来安碧桂园城市花园一期 2#车库（塔楼）住宅总承包工程审核工程造价为 520189883.45 元。其中，在扣除双楼建设公司对外分包的防水、门窗、栏杆分项工程后，海安劳务公司承包的 D 区 19 号楼及相应地下室的土建工程造价为 4845.3 万元。双楼建设公司就案涉工程陆续支付了海安劳务公司工程进度款，但因双方对工程总造价及已付款数额产生争议，未能最终结算。

原二审期间，双楼建设公司提交的《23 号合同》原件与《67 号合同》原件，均加盖有来安县建设局行政审批专用章，案涉 19#楼层高均为 30 层。经本院向滁州市莱安县相关部门调查备案的《23 号合同》与《67 号合同》，该两份备案合同对层高为 30 层的单方造价等内容（基本）一致。

【裁判理由】

法院依据海安劳务公司的经营范围与承包案涉工程要求的建筑业企业资质不匹配，认定双楼建设公司与海安劳务公司签订的《单体工程内部承包施工协议》因构成承包人未取得建筑施工企业资质签订的建设工程施工合同而无效。

本案中，海安劳务公司通过内部承包的方式承包了双楼建设公司作为总承包单位的安碧桂园城市花园一期住宅总承包工程的部分工程，该工程内容系土建工程施工。经查明，海安劳务公司的经营范围并不包括土建工程施工，即海安劳务公司不具备涉案工程相应的建筑企业资质，其余双楼建设公司签订的《单体工程内部承包施工协议》违反了法律和行政法规的强制性规定，应当认定无效。

涉案建设工程已竣工验收合格，根据原《建设工程施工合同纠纷司法解释》第 2 条之规定，该协议的结算条款应参照适用。

本案中，双方约定以《67 号合同》作为结算依据，且明确约定了工程款的结算方式。结合海安劳务公司向双楼建设公司出具的书面承诺书的内容，亦证明双方对依据《67 号合同》进行工程款结算一事达成了合意。同时，二审法院认为海安劳务公司提出的按照招标文件载明的工程款结算标准进行结算的主张系变更诉讼请求，且海安劳务公司并非招标程序中的当事人，双方亦无法达成合意，不予准许。

经二审法院组织双方对账，最终认定案涉已付工程款数额为 73234370.35 元，尚欠 2736629.65 元。该欠付款小于工程价款的 5%，属于保修金范围内。案涉工程于 2014 年 9 月 30 日经竣工验收备案，根据双方对保修金扣除及返还的约定，双楼建设公司于2015年10月15日前应支付工程款的97.5%，即74071725元（75971000元×97.5%），扣除已付工程款73234370.35元，相差837354.65元；于2016年10月15日前应支付工程款的99%，即74831130元（75971000元×99%），扣除已付工程款73234370.35元，相差1596759.65元；于2019年10月15日前应全额支付全部欠付款2736629.65元。双楼建设公司未能按照上述时间点案涉足额支付工程款，应支付逾期付款利息，海安劳务公司主张按人民银行同期同类贷款利率计算利息的标准符合法律规定，予以支持。

【案例评析】

1.《建设工程施工合同司法解释（一）》第1条第1款第1项规定："建设工程施工合同具有下列情形之一的，应当依据民法典第一百五十三条第一款的规定，认定无效：（一）承包人未取得建筑业企业资质或者超越资质等级的。"

本案中，海安劳务公司从双楼建设公司总承包工程中通过分包得到涉案土建工程。因海安劳务公司的经营范围并不包含土建工程，因此海安劳务公司系承包人未取得相应建筑资质签订建设工程施工合同，认定合同无效，于法有据。

2.《建设工程施工合同司法解释（一）》第24条规定："当事人就同一建设工程订立的数份建设工程施工合同均无效，但建设工程质量合格，一方当事人请求参照实际履行的合同关于工程价款的约定折价补偿承包人的，人民法院应予支持。

实际履行的合同难以确定，当事人请求参照最后签订的合同关于工程价款的约定折价补偿承包人的，人民法院应予支持。"

结合《民法典》第793条第1款规定："建设工程施工合同无效，但是建设工程经验收合格的，可以参照合同关于工程价款的约定折价补偿承包人。"

以上《民法典》及司法解释相关条款规定已经代替原《建设工程施工合同纠纷司法解释》第2条规定："建设工程施工合同无效，但建设工程经竣工验收合格，承包人请求参照合同约定支付工程价款的，应予支持。"

3.结合本案，双方提出了将总承包合同《67号合同》、招标文件、市场价等材料作为工程款的结算依据。法院裁判结合分承包双方的工程款结算事实以及合同约定、施工过程中的合意等，采取了以实际履行的合同作为工程款结算依据的裁判结果。这一判决也符合案件客观事实与裁判实践。

综观全案，法院在本案民事判决上也符合《建设工程施工合同司法解释（一）》

相关规定,但是涉案工程价款结算现行司法解释已调整为参照实际履行合同折价补偿,整体符合本案客观事实,也符合《民法典》相关规定精神,具有很好的案例指导作用。

【相关依据】

《民法典》

第一百五十三条第一款 违反法律、行政法规的强制性规定的民事法律行为无效。但是,该强制性规定不导致该民事法律行为无效的除外。

第七百九十三条第一款 建设工程施工合同无效,但是建设工程经验收合格的,可以参照合同关于工程价款的约定折价补偿承包人。

《建设工程施工合同司法解释(一)》(法释〔2020〕25号)

第一条 建设工程施工合同具有下列情形之一的,应当依据民法典第一百五十三条第一款的规定,认定无效:

(一)承包人未取得建筑业企业资质或者超越资质等级的;

(二)没有资质的实际施工人借用有资质的建筑施工企业名义的;

(三)建设工程必须进行招标而未招标或者中标无效的。

承包人因转包、违法分包建设工程与他人签订的建设工程施工合同,应当依据民法典第一百五十三条第一款及第七百九十一条第二款、第三款的规定,认定无效。

第二十四条 当事人就同一建设工程订立的数份建设工程施工合同均无效,但建设工程质量合格,一方当事人请求参照实际履行的合同关于工程价款的约定折价补偿承包人的,人民法院应予支持。

实际履行的合同难以确定,当事人请求参照最后签订的合同关于工程价款的约定折价补偿承包人的,人民法院应予支持。

裁判规则 6	承包人超越资质等级订立的建设工程施工合同无效,经竣工验收合格可按合同约定结算工程价款

【案例信息】

名称:徐州宏远建筑安装有限公司(以下简称宏远公司)与江苏泰美建设有限

公司（以下简称泰美公司）建设工程施工合同纠纷

案号：（2017）苏民终 1206 号

法院：江苏省高级人民法院

【关联事实】

徐州高铁港务投资有限公司系徐州港徐州港区顺堤河作业区煤炭码头一期工程陆域形成及地基处理施工项目 SDHMT－LY 标段的发包人，中交上海航道局有限公司是该工程的总承包人，宏远公司是该工程土建部分（包括地基）的承包人。

2011 年 11 月 15 日，宏远公司与泰美公司签订《桩基工程施工合同书》一份，将上述工程中的“亿吨港堆场湿喷桩工程”分包给泰美公司施工，约定：工程量约 30 万米（据实结算）；承包方式为包工包料；承包内容（以设计图纸为基础）为深层搅拌桩，桩长 8 米，桩径 500 毫米；合同价款为单价每米 33.3 元；如图纸变更或其他原因造成工程量增减，则增减部分与合同约定工程内容相同的，按合同计价据实结算，如与合同约定的工程内容相差甚远，则按相关或相近定额按实结算。合同签订后，泰美公司于 2011 年 12 月 20 日开始施工，施工依据为宏远公司提供的《水泥搅拌桩地基处理大样图》，2012 年 2 月 26 日宏远公司要求泰美公司停止施工。

2012 年 3 月 12 日，江苏省地矿局徐州物探测试工程研究所出具的编号为×××《基桩质量检测报告》一份，该检测报告载明：“本试点承载力特征值为 109.7KPA。未满足设计要求。”

2012 年 4 月，徐州市建设工程检测中心出具编号为×××的《基桩质量检测报告》一份，该检测报告载明：“本工程复合地基承载力特征值不满足设计要求。”

2012 年 5 月 20 日，江苏省交通规划设计院股份有限公司工程质量检测中心出具编号为×××的《徐州港徐州港区顺堤河作业区煤炭码头一期工程陆域形成及地基处理水泥搅拌桩部分检测报告》一份，该检测报告内容载明：“（1）从水泥搅拌桩单桩复合地基静载试验结果可以看出……不满足复合地基交工面地基承载力特征值（≥150% KPA）要求。（2）从全断面取芯试验结果看出，所抽检该工程 51 根水泥搅拌桩，检测桩长范围内取芯率在（55－71）%，不满足设计不低于 80% 的要求。（3）建议在后续施工过程中加强对水泥搅拌桩施工质量的控制，以确保水泥搅拌桩成桩质量。”

2012 年 10 月 18 日,上海航源港口工程质量检测有限公司出具编号为 × × ×《水泥土搅拌桩试验检测报告》一份,该检测报告载明:“本次试验的水泥桩按照《江苏省高速公路水泥土搅拌桩检评标准》进行统计打分,综合评定结果所有试验检测桩均为不合格。”

2012 年 8 月 26 日,徐州市交通工程质量监督处下发徐交质(2012)29 号“处罚通报”一份,认为“由于施工、监理单位对施工工艺控制不严等原因,造成了顺堤河作业区陆域场地项目在水泥搅拌桩施工中,出现水泥土搅拌不均匀,强度离散性大,复合地基承载力不足这一严重问题,给徐州市交通建设工程造成了极坏的影响和不可换回的经济损失”。

经“对承载力不满足设计要求部分区域按设计要求补桩施工”后,涉案工程于 2012 年 11 月 25 日交工,2013 年 1 月 31 日完成交工验收。

宏远公司已向泰美公司支付工程款 90 万元。

一审诉讼中,经泰美公司申请,一审法院委托鉴定机构对徐州亿吨港工程《水泥搅拌桩地基处理大样图》要求的复合地基承载力是否满足设计要求进行了鉴定,结果为“水泥地搅拌桩复合地基承载力特征值计算值为 96. 07KPA - 107. 12KPA,未达到设计说明中第二条‘地基处理技术要求’第 1 条的要求,即交面地基承载力特征值≥150% KPA”。宏远公司对该鉴定结果不予认可,认为应以 SDJZ201200001《地基承载力静载试验检测报告》作为鉴定依据。

【裁判理由】

法院依据承包人在建设工程施工合同签订时不具备相应等级的建筑施工企业资质等级的事实,认定涉案建设工程施工合同无效,因涉案工程已经竣工验收合格,可参照合同约定向发包人主张工程款。

本案中,涉案工程的宏远公司与泰美公司于 2011 年 11 月 15 日签订建设工程施工合同,整体工程于 2013 年 1 月 31 日完成交工验收。而实际承包人泰美公司直至 2014 年 2 月 27 日才获得基础专业承包贰级资质证书,故本案工程确实存在承包人超越建筑施工企业资质等级的情形。根据原《建设工程施工合同纠纷司法解释》的相关规定,承包人超越资质等级订立的建设工程施工合同应当认定无效。

双方建设工程施工合同虽然无效,但根据上述司法解释第 2 条的规定,建设工程经竣工验收合格的,承包人仍可以参照合同的约定向发包人主张工程款。宏远公司因此提出上诉,主张泰美公司施工质量不合格其无支付工程款的义务。江苏省高级人民法院认为，宏远公司提出的各项结论为“未满足设计要求”“不符合设计标准”的检测报告，缺乏对现场条件因素以及技术工艺的考量，均不足以证明泰美公司施工质量不合格，同时不予支持宏远公司据此提出的赔偿的反诉请求。

法院结合承包人向监理单位于 2012 年 3 月 31 日提交的“工程业务联系单”以及附件中载明的前期施工的水泥搅拌桩数量，确定泰美公司的实际施工水泥搅拌桩数量为 19700 根。江苏省高级人民院支持了一审法院根据合同价款确定的每根长尾 8 米，单价每米 33. 5 元，计算得到泰美公司已完工工程款数额为 5279600 元，减去宏远公司已支付的 90 万元，宏远公司还应向泰美公司支付工程款 4379600 元及利息。

【案例评析】

本案涉及承包人超越资质等级订立的建设工程施工合同无效情形下，工程款的结算问题。

1.《建设工程施工合同司法解释（一）》第 1 条第 1 款第 1 项规定，“建设工程施工合同具有下列情形之一的，应当依据民法典第一百五十三条第一款的规定，认定无效：（一）承包人未取得建筑业企业资质或者超越资质等级的”。

本案中，泰美公司承包的“亿吨港堆场湿喷桩工程”的承接要求承包人具备基础专业承包贰级资质证书。而泰美公司系在案涉工程完成交工验收的一年之后才获得相应的资质证书。结合泰美公司的经营范围、建筑资质等级登记的信息，说明其在签订建设工程施工合同的当时并不具备涉案工程要求的资质等级，属于典型的超越资质订立建设工程合同的行为。此情形下订立的建设工程施工合同无效。

2.《建设工程施工合同司法解释（一）》第 24 条规定：“当事人就同一建设工程订立的数份建设工程施工合同均无效，但建设工程质量合格，一方当事人请求参照实际履行的合同关于工程价款的约定折价补偿承包人的，人民法院应予支持。实际履行的合同难以确定，当事人请求参照最后签订的合同关于工程价款的约定折价补偿承包人的，人民法院应予支持。”

结合《民法典》第 793 条规定：“建设工程施工合同无效，但是建设工程经验收合格的，可以参照合同关于工程价款的约定折价补偿承包人。”

《民法典》及司法解释相关条款规定已经代替原《建设工程施工合同纠纷司法解释》第 2 条规定：“建设工程施工合同无效，但建设工程经竣工验收合格，承包人请求参照合同约定支付工程价款的,应予支持。”

3. 法院针对宏远公司提出的“未满足设计要求”的各项检测报告,明确了建设工程验收合格的标准。法院认为,单项施工项目的验收合格与否,应当综合现场地质条件、施工工艺以及施工项目的对象等内容进行全方位的评价,仅涉及单方面瑕疵的检测报告并不足以证明实际施工人的施工不合格。由于宏远公司未能充分证明泰美公司施工不合格的主张,因此应当认定泰美公司已完成施工项目的完工验收,在合同无效的情况下,仍可以参照合同约定支付工程价款。

值得注意的是,上述规定经过修改,承包人的工程款支付义务改为“折价补偿”义务。

综观全案,法院结合原《建设工程施工合同纠纷司法解释》的相关规定以及案件基本事实,对承包人超越资质等级订立的建设工程施工合同无效情形下的工程款结算问题作出分析,并借助此案对工程验收合格的评价标准作了有益探索,提供了有价值的参考。

【相关依据】

《民法典》

第一百五十三条第一款　违反法律、行政法规的强制性规定的民事法律行为无效。但是,该强制性规定不导致该民事法律行为无效的除外。

第七百九十三条第一款　建设工程施工合同无效,但是建设工程经验收合格的,可以参照合同关于工程价款的约定折价补偿承包人。

《建设工程施工合同司法解释(一)》(法释〔2020〕25 号)

第一条　建设工程施工合同具有下列情形之一的,应当依据民法典第一百五十三条第一款的规定,认定无效:

(一)承包人未取得建筑业企业资质或者超越资质等级的;

(二)没有资质的实际施工人借用有资质的建筑施工企业名义的;

(三)建设工程必须进行招标而未招标或者中标无效的。

承包人因转包、违法分包建设工程与他人签订的建设工程施工合同,应当依据民法典第一百五十三条第一款及第七百九十一条第二款、第三款的规定,认定无效。

第二十四条　当事人就同一建设工程订立的数份建设工程施工合同均无效,但建设工程质量合格,一方当事人请求参照实际履行的合同关于工程价款的约定折价补偿承包人的，人民法院应予支持。

实际履行的合同难以确定，当事人请求参照最后签订的合同关于工程价款的约定折价补偿承包人的，人民法院应予支持。

裁判规则7 必须招标未招标的建设工程合同无效，通过竣工验收参照合同约定结算

【案例信息】

名称：瑞安市汀田街道富里村股份经济合作社（以下简称富里村合作社）、瑞安市汀田街道强里村股份经济合作社（以下简称强里村合作社）与瑞安市耀光建筑工程有限公司（以下简称耀光公司）建设工程施工合同纠纷

案号：（2019）浙民终437号

法院：浙江省高级人民法院

【关联事实】

2013年1月20日，耀光公司与富里村合作社、强里村合作社签订意向协议书，约定：项目名称为富里村、强里村E地块（一期）旧村改造工程；该项目总拆建132间。甲方（富里村合作社、强里村合作社）村民建房户中约35%改造户自筹建设资金，自筹建设资金的改造户自负建设成本（自建户），包括地下室、商业用房及其他配套用房的工程建设费、税费、有关规费、电梯以及大小配套设施费等所有费用；另约65%的改造户建设资金由乙方（耀光公司）垫资，垫资方式为：建房户（指标252平方米）将安置面积74平方米权属让渡转让给耀光公司，改造户出资6万元（每自然间），乙方为建房户无偿建设160平方米住宅、商业18平方米（商业登记产权只能登记在村集体名下）及停车位1个（停车位不办理产权登记），村民让渡的74平方米房屋权益折抵安置房建设资金，该74平方米造价由耀光公司自负，且由耀光公司自由支配；工期1080天，以进场施工之日起计算；组成工程总造价为（暂定）133447476元，总承包造价就以此工程总造价下浮8%，暂定价与定价不下浮；村民建房户中约35%改造户工程款支付方式：乙方完成桩基工程量的50%，开始付实际工程量的85%，之后乙方在每月25日前报当月实际完成工程造价，经核定后甲方于次月5日前支付85%；工程预验收后五天支付95%；竣工验收

办理验收备案并结算后付至结算价 98%;剩余 2% 作为工程保修金,于结算后一年退还 1%,两年后退还 0.7%,屋面防水 5 年保修期满后 1 个月内全部付清。甲方村民自筹户的建设资金应及时到位,在次月 5 日前拨放工程款,延续 10 天内不计息,如超过 15 日,即从 6 日开始按应付工程款的 1.5% 月息计取,如延期时限超过 1 个月,施工单位有权停工,停工期的损失由业主方负全责,并计算损失费及 1.5% 利息。套房按 160 平方米计算,店面(包括店面属于集体)按 18 平方米计算,总计 178 平方米,停车位一个,以后按房管部门房产证上的面积计算,如果套房面积超出 160 平方米,按每平方米 10000 元价格补给乙方,如果套房面积少于 160 平方米,也按每平方米 10000 元价格补给甲方。富里村合作社、强里村合作社收取耀光公司履约保证金 100 万元。

2013 年 3 月 25 日,耀光公司进场施工。

2013 年 10 月 29 日,涉案工程项目认为该工程项目由耀光公司中标。

2014 年 5 月 27 日,耀光公司与富里村合作社、强里村合作社签订《建设工程施工合同》并予以备案。同日,双方签订《建设工程施工合同补充协议书》,约定:(1)根据中标结果签订并备案的《建设工程施工合同》约定的价款、计价方式和支付办法、违约责任等合同条款,仅作为备案之用,双方不实际执行。有关工程价款、计价方式和支付办法、违约责任等合同条款依照 2013 年 1 月 20 日签订的《工程代建意向协议书》及双方补充协议为准,《工程代建意向协议书》和补充协议未对有关项目的计价方式作出约定的,则未约定的计价方式以标书为准。(2)原投标预算中的工程电梯、只能弱电、燃气管道、绿化及附属等不计入招投标范围,另由富里村合作社、强里村合作社分包。

2015 年 4 月 9 日,涉案工程主体全部完工并通过验收。涉案工程于 2017 年 1 月 16 日通过竣工预验收,并于 2018 年 3 月 8 日通过竣工验收。富里村合作社、强里村合作社已支付耀光公司工程款 32852230 元。

2018 年 8 月 27 日,经双方协商,确定增加空调栏杆、阳台栏杆、圆形窗、电梯配合费、外墙涂料、真石漆(三层以下)等差价费用 105.16 万元。

2018 年 10 月 10 日,经双方协商确认,富里村合作社、强里村合作社已支付附属、绿化、电梯、煤气管道等交由他方施工部分工程款 1217.9 万元。

【裁判理由】

法院因案涉工程项目性质上属于法律规定必须进行招标的项目,而案涉工程未按照法律规定进行招标,认定建设工程合同无效。通过竣工验收的,工程款的结算可以按照合同约定进行。

本案的案涉施工项目系大型基础设施、公用事业等关系社会公共利益、公众安全的项目的法律规定必须进行招标的建设工程项目。而双方在签订意向书后在不久,承包人耀光公司便进场施工,直至 7 个月后才补办了招标程序。实际并未向社会公开招投标,属于“明招暗定”行为,违反了招标投标法的相关规定,应当认定案涉建设工程施工合同无效。

建设工程施工合同无效,但建设工程经竣工验收合格,承包人请求参照合同约定支付工程价款的,应予以支持。

因双方在一审阶段明确涉案工程造价以 2013 年 1 月 20 日签订的意向协议书约定的为准,即总价款 13344.7476 万元下浮 8%。同时双方协商一致确认绿化、附属、煤气管道等部分工程并非耀光公司施工,该部分工程款 1217.9 万元应在工程款中予以扣除。双方协商确定增加空调栏杆、阳台栏杆、圆形窗、电梯配合费、外墙涂料、真石漆(三层以下)等差价费用合计 105.16 万元。此外,参照双方实际履行的意向协议书第 5 条第 3 款的约定,65% 改造户建设资金由耀光公司垫资,每户出资 60000 元。富里村合作社、强里村合作社已支付耀光公司工程款 32852230 元。原审据此认定富里村合作社、强里村合作社应当支付耀光公司的工程款及套房面积补偿款合计为 1313.4781 万元,符合法律规定。因涉案合同无效,故富里村合作社、强里村合作社主张应按 50000 元出资计算套房面积补偿款缺乏依据,不予采信。

【案例评析】

本案涉及必须进行招标而未招标致建设工程施工合同无效情形下工程款的结算问题。

首先,关于案涉合同的有效性问题。结合《招标投标法》第 3 条规定:“在中华人民共和国境内进行下列工程建设项目包括项目的勘察、设计、施工、监理以及与工程建设有关的重要设备、材料等的采购,必须进行招标:(一)大型基础设施、公用事业等关系社会公共利益、公众安全的项目;(二)全部或者部分使用国有资金投资或者国家融资的项目;(三)使用国际组织或者外国政府贷款、援助资金的项目。前款所列项目的具体范围和规模标准,由国务院发展计划部门会同国务院有关部门制订,报国务院批准。法律或者国务院对必须进行招标的其他项目的范围有规定的,依照其规定。”

本案的建设工程项目系为富里村、强里村的旧村改造工程,属于关系社会公共利益的大型基础设施、公用事业项目,按照法律规定必须进行招标。而本案的招投标方在承包人进场施工的7个月后才象征性地举办了招标流程,实质上违反了招标投标法的规定,因此认定案涉建设工程施工合同无效,符合法律规定。

其次,案涉工程的工程款结算是参照实际履行合同折价补偿承包人。根据《民法典》第793条规定“建设工程施工合同无效,但是建设工程经验收合格的,可以参照合同关于工程价款的约定折价补偿承包人”以及《建设工程施工合同司法解释(一)》第24条规定:“当事人就同一建设工程订立的数份建设工程施工合同均无效,但建设工程质量合格,一方当事人请求参照实际履行的合同关于工程价款的约定折价补偿承包人的,人民法院应予支持。”

实际履行的合同难以确定,当事人请求参照最后签订的合同关于工程价款的约定折价补偿承包人的,人民法院应予支持。”

最后,由于本案的工程项目已经通过竣工验收,并支付了一定工程款,因此即使建设工程合同无效,仍可以按照合同约定进行工程款的结算。同时,结合实际的施工情况,对部分款项进行扣除,最后确定最终的工程价款。

综观本案,法院判决结合《招标投标法》的相关规定与案件基本事实,对形式合法、实质违法的建设工程招投标项目中的进行审判,通过此案明确了公共利益相关工程项目中招标程序的必要性以及公开性要求,符合最高人民法院新出台有关司法解释的相关规定,具有很好的指导意义。

【相关依据】

《民法典》

第一百五十三条第一款 违反法律、行政法规的强制性规定的民事法律行为无效。但是,该强制性规定不导致该民事法律行为无效的除外。

第七百九十三条第一款 建设工程施工合同无效,但是建设工程经验收合格的,可以参照合同关于工程价款的约定折价补偿承包人。

《招标投标法》

第三条 在中华人民共和国境内进行下列工程建设项目包括项目的勘察、设计、施工、监理以及与工程建设有关的重要设备、材料等的采购,必须进行招标:

(一)大型基础设施、公用事业等关系社会公共利益、公众安全的项目;

（二）全部或者部分使用国有资金投资或者国家融资的项目；

（三）使用国际组织或者外国政府贷款、援助资金的项目。

前款所列项目的具体范围和规模标准，由国务院发展计划部门会同国务院有关部门制订，报国务院批准。

法律或者国务院对必须进行招标的其他项目的范围有规定的，依照其规定。

《建设工程施工合同司法解释（一）》（法释〔2020〕25号）

第一条　建设工程施工合同具有下列情形之一的，应当依据民法典第一百五十三条第一款的规定，认定无效：

（一）承包人未取得建筑业企业资质或者超越资质等级的；

（二）没有资质的实际施工人借用有资质的建筑施工企业名义的；

（三）建设工程必须进行招标而未招标或者中标无效的。

承包人因转包、违法分包建设工程与他人签订的建设工程施工合同，应当依据民法典第一百五十三条第一款及第七百九十一条第二款、第三款的规定，认定无效。

第二十四条　当事人就同一建设工程订立的数份建设工程施工合同均无效，但建设工程质量合格，一方当事人请求参照实际履行的合同关于工程价款的约定折价补偿承包人的，人民法院应予支持。

实际履行的合同难以确定，当事人请求参照最后签订的合同关于工程价款的约定折价补偿承包人的，人民法院应予支持。

裁判规则8　投标人相互串通投标致中标无效，施工合同无效情况下的工程款按工程造价司法鉴定结算

【案例信息】

名称：浙江宏汇环境建设有限公司（原名为浙江金磊建设工程有限公司，以下简称金磊公司）与杭州市路灯管理所（原名为国网浙江省电力公司杭州供电公司路灯管理所，以下简称路灯管理所）建设工程合同纠纷

案号：（2019）浙01民再84号

法院：浙江省杭州市中级人民法院

【关联事实】

2008 年,运河集团公司(甲方)与路灯管理所(乙方)签订《杭州市拱宸桥桥西历史街区夜景照明工程委托建设协议》,约定的主要内容有:(1)由甲方委托乙方实施杭州市拱宸桥桥西历史街区夜景照明工程的代建,包括实施工程监理、工程招标、施工管理等工作。(2)工程要求在 2008 年 9 月 30 日前完成安装、通电及调试工作。(3)甲方负责及时提供工程的施工图和招标所需资料,负责工程变更联系单的确认签证。参与乙方组织的工程施工招标及标准通用灯具材料采购招标,包括投标单位确定、招标文件审查、评标及合同审查等。(4)乙方负责与中标单位签订合同。负责委托监理单位对工程进行监理。负责委托工程实施过程中跟踪审计工作的落实。(5)根据乙方组织的工程公开招标结果,本工程中标价为 795.0137万元。根据杭财基(2004)380 号、杭建计(2007)139 号、杭财基(2007)440 号等文件精神,经双方协商,本工程建设管理费按工程建设总造价的 4% 计取(含工程监理费)。因此,本工程合同价为 826.8142 万元。(6)在协议签订并生效后,甲方按合同价的 60% 支付给乙方;工程完工后支付至合同价的 80%;余款待工程竣工验收合格、完成移交手续并在工程决算审定后一次性结清。上述工程费用已包括工程建设期及维护期内的防盗安费用。路灯管理所确认截至 2009 年 7 月 21 日,运河集团公司已依约向该所支付款项 637.8 万元。

2008 年 8 月 1 日,路灯管理所委托浙江省成套招标代理有限公司对涉案工程进行招标,确定评标标准为经评审最低投标价法。招标单位联系人为何某。投标最高限价为 885.8971 万元。金磊公司(该公司委托楼正元为代理人签署投标文件、参加开标会议等)等七家投标人递交了投标文件。当月 18 日,涉案工程公开开标。经评标委员会评定并报建设行政主管部门备案,最终确定金磊公司以 795.0137 万元标价中标。

2008 年 8 月 27 日,路灯管理所(发包人)与金磊公司(承包人)签订《杭州市拱宸桥桥西历史街区夜景照明工程施工合同》,合同由协议书、通用条款、专用条款三大部分组成。协议书部分约定工程造价为 795.0137 万元。专用条款部分约定的主要内容有:(1)发包人派驻的工程师为王某生、何某,职权为对施工现场的质量、进度、文明施工进行管理和监督。合同价款采用固定价格合同方式确定。(2)采用固定价格合同,工程合同签订后,承包人应立即进场做开工之前准备工作,承包人提供以下资料后,业主支付工程款合同价的 20% 为工程备料款;工程进度款在承包人提供以下资料后按月支付月报产值的90%，工程进度款支付至合同价的90%止；工程竣工验收后，承包人提供以下资料，业主将付至决算审定价的95%等。(3)在履行合同过程中产生争议时，由当事人双方协商解决，协商不成的，依法向工程所在地的人民法院起诉，等等。

2009年7月14日，工程完成竣工验收，工程质量为经整改后合格。同年10月，金磊公司编制工程竣工决算书，决算总价为12202162元。同年11月，浙江明康工程咨询有限公司（监理单位）编制工程竣工决算审核书，核定总价为11082335元。至2009年7月23日，路灯管理所共向金磊公司支付工程款共计6059230元。2012年8月17日，金磊公司向运河集团公司和路灯管理所出具《承诺书》，承诺为妥善解决涉案工程有关问题，不再收取工程剩余尾款。

涉案工程实际承包人为冯某、陶某龙。两人挂靠金磊公司，以金磊公司名义对外施工。2013年8月，浙江省杭州市拱墅区人民检察院就该两人涉嫌行贿进行立案侦查。后于2014年8月12日以"事实不清，证据不足"决定撤销陶某龙涉嫌行贿案；于2014年9月5日以"不构成行贿罪"决定撤销冯某涉嫌行贿案。其间，在检察院的讯问笔录中，冯某、陶某龙均承认在涉案工程投标过程中，两人通过"围标"方式，最终以金磊公司的名义中标。

自2013年3月开始，耀信公司受杭州市审计局委托，对涉案工程的结算进行审核。同期，杭州市审计局向浙江省杭州市人民检察院致函，说明对涉案工程结算情况的初步审核意见。2013年11月5日，耀信公司出具浙耀基审（2013）第516号《工程造价咨询报告书》，审定工程造价为3322123元。运河集团公司、路灯管理所及金磊公司均在该报告书所附《政府投资项目工程造价协审结果表》上盖章，冯某、陶某龙亦在上面签字。该报告书还附《备忘录》一份，载明："根据杭州市拱墅区检察院及杭州市审计局要求核实杭州市拱宸桥桥西历史街区夜景照明工程项目成本，按照有关审计程序，由杭州市拱墅区检察院召集建设单位、代建单位、施工单位及实际承包人商量确定核实建设成本相关问题。经参加人员充分讨论，综合各方意见，达成如下纪要：(1)本项目实际于2008年9月28日安装完成，2009年7月14日竣工验收，至结算审计期间因商户、居民意见发生多次拆除整改，因此工程结算的灯具设备数量按2011年6月由运河集团公司委托的浙江省工程咨询有限公司与监理、代建及施工方现场核对的数量，以及2011年年底整改工程增加灯具按设计单位出具竣工图数量，本工程结算的电缆管线数量按照监理单位、代建单位及施工单位确认的数量计取费用。(2)经核实施工单位未按投标承诺提供灯具设备,也无法提供原始采购发票,因此本次结算灯具设备、电缆以及部分管线价格按照现场实际灯具设备品牌厂家出具的销售价格证明或检察院从施工单位搜查到的原始购销合同、销货清单价格,经协商另加25%合理利润计取。其他无相关资料的部分管线材料按施工当期浙江造价信息价格、杭州市造价信息价格计取费用,原清单部分灯具安装费用及其他相关项目按投标单价计取费用。(3)税金按照施工单位提交的总额为263568元实际缴纳税票计取并扣除原工程量清单部分税金。(4)合同质保期内2009年1月22日至2012年1月16日维保费用按检察院从施工单位搜查到的原始账册记录计取费用。(5)实际2012年1月至2013年8月维保工作由原施工单位负责,费用按《关于拱宸桥桥西历史街区夜景照明工程2012年后维护保养情况的说明》方案计取,具体造价为521474元,属于合同外部分,暂不计入本结算总造价。”运河集团公司、路灯管理所及金磊公司均在该《备忘录》上盖章,冯某、陶某龙亦在上面签字。2014年12月29日,路灯管理所依据耀信公司的《工程造价咨询报告书》向该院提起原审诉讼,要求金磊公司返还工程款273.7107万元等。原审审理期间,金磊公司及路灯管理所先后向该院提交申请书,要求对涉案工程的工程量及工程造价进行鉴定,并一致同意由韦宁公司进行鉴定。该院予以准许。2015年6月24日,韦宁公司向该院出具浙韦工审(2015年)第148号《杭州市拱宸桥桥西历史街区夜景照明工程的工程量及造价司法鉴定报告书》,鉴定结论为:“根据以上计算原则及方法,本次委托鉴定的杭州市拱宸桥桥西历史街区夜景照明工程(工程编号为××××)的工程量及工程造价,经核算工程造价为5010849元(该造价不含LED瓦面灯设备价格)。”在该鉴定报告的“其他事项说明”中,韦宁公司认为:“(1)涉案双方对‘LED瓦面灯’设备价格的结算价存在争议。路灯管理所认为所有的LED瓦面灯设备价应按市场行情进行组价,若按协议价计价,即(3170+1715)套×236.5元/套=1155303元(含税价格);金磊公司认为应据施工合同及补充协议的约定分别计价,即3170套×690元/套+1715套×236.5元/套=2592898元(含税价格)。本次鉴定过程中涉及的‘LED瓦面灯’设备价格项,施工合同范围内为3170套,其投标单价为690元/套;签订的补充协议及联系单增加1715套(补充协议为1520套,工程联系单为195套),其协议价为236.5元/套。(2)路灯管理所提出对甲供材料价款在该鉴定报告中列示,即户外落地配电箱5台由路灯管理所自主采购,共计181063.5元,该部分价款不属于本次鉴定范围核算项。以上事项可能会对本次鉴定结论形成影响,请委托方及鉴定报告使用者关注,争议部分建议由法院庭审解决。”路灯管理所及金磊公司对上述鉴定报告均无异议。2014年6月23日,浙江省杭州市拱墅区人民检察院以拱检未检刑诉(2014)1012号起诉书,指控被告人何某在负责涉案工程期间滥用职权,致使公共财产损失273.7107万元,向该院提出公诉。在该刑事案件开庭过程中,被告人何某对检察院提供的由耀信公司出具的《工程造价咨询报告书》未提出异议,其辩护人认为该证据无法证明国家的实际损失,即使存在国家利益损失,也是多因一果造成,另外还形成发包单位对施工单位追回的关系。被告人何某于2015年4月4日死亡。该院于2015年5月26日作出(2014)杭拱刑初字第384号刑事裁定书,裁定对该案终止审理。

另查明,浙江金磊建设工程有限公司于2016年11月1日经工商部门核准名称变更为浙江宏汇环境建设有限公司。

【裁判理由】

首先,根据在案有效证据足以证明案涉工程的实际承包人冯某、陶某龙存在以串通关系贿赂其他投标人的方式串通投标,抬高案涉工程的承包价,即通过“围标”的方式,最终以金磊公司名义中标的事实存在。因此,再审一审法院依照《招标投标法实施条例》第39条、《招标投标法》第53条、原《建设工程施工合同纠纷司法解释》第1条以及《合同法》第52条的规定,认定案涉《施工合同》无效并无不当。

其次,案涉工程在不同时期共存在三份工程造价报告结论:(1)耀信公司出具的《工程造价咨询报告书》系形成于本案诉讼前,并非通过司法委托而形成的工程造价报告。(2)根据前述分析,案涉《施工合同》因存在“围标”事实而应被认定为无效合同,而韦宁公司在本案原一审出具的《工程价款鉴定报告书》系建立在案涉《施工合同》为合法有效合同的前提下作出;且该鉴定结论中未包含双方争议的LED灯具的造价,据此,韦宁公司在本案原一审出具的《工程价款鉴定报告书》不能作为案涉工程造价款的计算依据。(3)本案再审一审审理过程中,一审法院再次委托有鉴定资质的韦宁公司对案涉工程造价进行了补充鉴定,韦宁公司向一审法院出具的《鉴定报告》中虽有三种鉴定意见,但其中4819907元(比例法)以及4961196元(差额法),这两个造价均不含双方争议的LED瓦面灯/W的设备价格,故这两个工程造价结论不是案涉工程的总造价,不能得到采信;另一鉴定意见为“套用工程预算定额结合委托移送资料,2016 年 4 月 12 日的情况说明中灯具实际采购价格结算的工程造价为 2964561 元,该造价含 LED 瓦面灯/W 的设备价格”,此鉴定意见是案涉工程的总造价,上述《鉴定报告》系一审法院委托并经有资质的鉴定机构作出,也经各方当事人质证,应确认为合法有效,该鉴定意见结论应予以采信。但基于案涉工程早已竣工,并经验收合格,且实际已经投入使用至今,结合 2013 年 11 月 1 日《备忘录》中各方当事人有关“经协商另加 25% 合理利润计取”的约定,故一审再审实体判处路灯管理所应付案涉工程款为 3322123 元,已付 6059230 元,金磊公司对多付的 2727107 元应当予以返还可予以维持。

最后,虽检察机关对案涉工程实际承包人冯某、陶某龙以“不构成行贿罪”决定撤销其涉嫌行贿案,但根据冯某、陶某龙及他人在检察机关的供述内容,并结合审计报告等有效证据已经形成证据链,足以证明案涉工程存在“围标”的事实,此与检察机关后续决定撤销冯某、陶某龙涉嫌行贿案,两者之间并不具有关联性,上诉人以此认为案涉工程“围标”行为无法认定的理由与本案查明的事实不符,本院不予采信,同时上诉人主张案涉《施工合同》应认定有效无事实和法律依据,本院不予支持。

【案例评析】

本案涉及投标人通过贿赂其他投标人串通投标,抬高案涉工程的承包价,以“围标”方式获取中标导致中标合同无效,据此签订的建设工程施工合同无效情形下工程款结算按工程造价司法鉴定结论执行。

1. 根据《招标投标法实施条例》第 39 条、《招标投标法》第 53 条以及《建设工程施工合同司法解释(一)》第 1 条的相关规定,法律禁止投标人之间为谋取中标或者排斥特定投标人而采取的其他联合行动的方式进行串通投标,投标人相互串通投标的,中标合同无效,据此签订的建设工程施工合同亦无效。

围标是一个招标投标的专业术语,也称为串通投标,它是指几个投标人之间相互约定,一致抬高或压低投标报价进行投标,通过限制竞争,排挤其他投标人,使某个利益相关者中标,从而谋取利益的手段和行为。本案中,实际承包人冯某、陶某龙自认通过“围标”方式获取中标,事实清楚、证据充分,认定案涉《施工合同》无效,符合相关法律规定。

2. 认定案涉《施工合同》无效的情形下,法院对案涉工程在不同时期共存在三份工程造价报告结论作出了分析。但是,法院基于工程价款虚高,采用工程造价司法鉴定意见进行工程价款结算。

《民法典》第793条第1款规定:"建设工程施工合同无效,但是建设工程经验收合格的,可以参照合同关于工程价款的约定折价补偿承包人。"《建设工程施工合同司法解释(一)》第24条规定:"当事人就同一建设工程订立的数份建设工程施工合同均无效,但建设工程质量合格,一方当事人请求参照实际履行的合同关于工程价款的约定折价补偿承包人的,人民法院应予支持。实际履行的合同难以确定,当事人请求参照最后签订的合同关于工程价款的约定折价补偿承包人的,人民法院应予支持。"

该工程价款结算仅是参考实际履行合同折价补偿承包人,并非应当执行实际履行合同折价补偿结算工程价款。法院根据案情采用工程造价司法鉴定结论进行涉案工程价款结算符合本案客观事实。

3.本案中,工程价款的约定存在虚高的情形,审理过程中经审计、鉴定得到的价款经各方当事人质证,应确认为合法有效,该工程造价司法鉴定意见结论应予以采信。同时结合案涉工程早已竣工,并经验收合格,且实际已经投入使用至今的事实以及2013年11月1日《备忘录》中各方当事人有关"经协商另加25%合理利润计取"的约定,故再审二审中对一审、再审实体判处路灯管理所应付案涉工程款为3322123元,已付6059230元,金磊公司对多付的2727107元应当予以返还可予以维持。这一判决在符合法律规定的基础上,尊重案件事实,判决结果合理得当。

综观全案,法院结合《招标投标法实施条例》、《招标投标法》以及《建设工程施工合同司法解释(一)》的相关规定以及案件基本事实,对投标人相互串通投标的行为导致的施工合同无效情形下的工程款结算问题作出判决,综合合同约定、司法鉴定意见以及工程竣工验收情况认定与执行工程造价,裁判标准严谨,对法律与事实把握有度,对复杂案件的工程造价认定问题提供了有意义的案例参考。

【相关依据】

《民法典》

第一百五十三条第一款 违反法律、行政法规的强制性规定的民事法律行为无效。但是,该强制性规定不导致该民事法律行为无效的除外。

第七百九十三条第一款 建设工程施工合同无效,但是建设工程经验收合格的,可以参照合同关于工程价款的约定折价补偿承包人。

《招标投标法》

第五十三条 投标人相互串通投标或者与招标人串通投标的,投标人以向招标人或者评标委员会成员行贿的手段谋取中标的,中标无效,处中标项目金额千分之五以上千分之十以下的罚款,对单位直接负责的主管人员和其他直接责任人员处单位罚款数额百分之五以上百分之十以下的罚款;有违法所得的,并处没收违法所得;情节严重的,取消其一年至二年内参加依法必须进行招标的项目的投标资格并予以公告,直至由工商行政管理机关吊销营业执照;构成犯罪的,依法追究刑事责任。给他人造成损失的,依法承担赔偿责任。

《招标投标法实施条例》

第三十九条 禁止投标人相互串通投标。

有下列情形之一的,属于投标人相互串通投标:

(一)投标人之间协商投标报价等投标文件的实质性内容;

(二)投标人之间约定中标人;

(三)投标人之间约定部分投标人放弃投标或者中标;

(四)属于同一集团、协会、商会等组织成员的投标人按照该组织要求协同投标;

(五)投标人之间为谋取中标或者排斥特定投标人而采取的其他联合行动。

《建设工程施工合同司法解释(一)》(法释〔2020〕25号)

第一条 建设工程施工合同具有下列情形之一的,应当依据民法典第一百五十三条第一款的规定,认定无效:

(一)承包人未取得建筑业企业资质或者超越资质等级的;

(二)没有资质的实际施工人借用有资质的建筑施工企业名义的;

(三)建设工程必须进行招标而未招标或者中标无效的。

承包人因转包、违法分包建设工程与他人签订的建设工程施工合同,应当依据民法典第一百五十三条第一款及第七百九十一条第二款、第三款的规定,认定无效。

第二十四条 当事人就同一建设工程订立的数份建设工程施工合同均无效,但建设工程质量合格,一方当事人请求参照实际履行的合同关于工程价款的约定折价补偿承包人的,人民法院应予支持。

实际履行的合同难以确定，当事人请求参照最后签订的合同关于工程价款的约定折价补偿承包人的，人民法院应予支持。

裁判规则9　招标人透露招标投标情况与行贿投标人串通投标的，中标无效，设计费用通过司法鉴定程序确定

【案例信息】

名称：上海市建筑材料工业设计研究院（以下简称上海建筑设计院）与高邮市人民医院（以下简称高邮医院）建设工程设计合同纠纷

案号：（2017）苏民终560号

法院：江苏省高级人民法院

【关联事实】

2004年8月5日，上海建筑设计院作为设计方通过招标与高邮医院作为发包方就江苏省高邮市人民医院新建病房大楼的工程设计签订《建设工程设计合同》。该合同第二条约定：按估算总投资4000万元，按费率3.675%，计算147万元，其中第五条说明第三项约定：实际设计费按工程决算总额、本合同确定的计取费率核定，当实际投资额相差30%（含）以上时，双方商定按本合同附件重新计算设计费收费基价（适当降低设计费），其他调整系数不变（包括让利比例）。合同签订后，双方履行了合同。2008年6月，该工程竣工，7月，该工程投入了使用，2012年2月22日，高邮市审计局对该项目出具的《审计报告》（邮审投报〔2012〕27号），该项目审计认定总投资额为134617536.01元人民币。其中工程决算总额（建安投资支出）为102989099.71元人民币。

据查，高邮医院病房楼整体设计方案系邀请招标，上海建筑设计院、上海众鑫建筑设计研究院有限公司（以下简称上海众鑫）、中国纺织工业设计院上海分院（以下简称中国纺织）三家投标，在《开标情况记录》上显示三家单位均符合国家规范要求，上海建筑设计院同时符合编制深度要求。上海建筑设计院、上海众鑫、中国纺织设计方案得分分别为80分、66分和60分，合计得分分别为90分、70.1分和64.9分。评标委员会五人中有原高邮医院基建办主任王某祥，其在招标人意见中同意评标委员会确定上海建筑设计院为第一中标人。

2004 年 10 月,上海建筑设计院出具高邮医院新建病房大楼设计概算书,其概算书编制说明中经济指标记载为总投资 84555081 元。

2012 年 8 月 21 日,高邮市人民检察院对上海建筑设计院本案工程设计项目委托代理人凌某进行了讯问,凌某陈述:在王某祥的引荐下,就与倪某表达了要做这个工程设计的意思,倪某跟我说了高邮医院的病房楼的外观要设计成 Y 型,他会尽力帮我争取到这个项目。在招标时,我就按照倪某提供给我的思路,将大楼设计成 Y 型,提供了招标所需要的一切材料,通过招标,上海市建筑材料工业设计研究院中了标,凌某后亦交代了 2008 年 10 月与 11 月向倪某行贿的一些情况。

凌某在 2012 年 8 月 21 日高邮市人民检察院的询问笔录中陈述:因为这个项目初期是我与高邮医院的倪某、王某祥等人接触,经过他们的帮忙,最后中标了。……在招标的时候,倪某将高邮医院新建病房楼的场地信息、病房楼的外观要设计成 Y 型等情况先行告诉了我,后来在招标过程中,我就按照倪某透露给我的信息准备了资料,最后中了标。倪某在 2012 年 8 月 4 日高邮市人民检察院的询问笔录中陈述:当时参与设计竞标的有三家单位,我在招标之前将高邮市人民医院新建病房楼的现场等相关信息详细、准确地告诉了凌某,而其他设计单位对现场并不熟悉只能靠猜测;凌某在来人民医院与我洽谈病房楼设计事项时,我将人民医院的初步设计意向如采取 Y 型方案等告诉了凌某,最后凌某以此方案设计并成功地中标。可以说,凌某的顺利中标离不开我的关心和帮助。

倪某在 2012 年 8 月 7 日、2012 年 8 月 17 日高邮市人民检察院的询问笔录中作出了相同的陈述。江苏省高邮市人民法院于 2013 年 4 月 12 日作出的(2013)邮刑初字第 0065 号刑事判决书中认定,2008 年 10 月至 2009 年春节前,倪某 2 次收受凌某所送人民币合计 10 万元,并为其在承接高邮市人民医院病房楼设计业务、支付设计费等方面谋取利益。

【裁判理由】

江苏省高级人民法院认为,《招标投标法》第 32 条第 2、3 款规定:投标人不得与招标人串通投标,损害国家利益、社会公共利益或者他人的合法权益。禁止投标人以向招标人或者评标委员会成员行贿的手段谋取中标。第 53 条规定,投标人与招标人串通投标的,投标人以向招标人或者评标委员会成员行贿的手段谋取中标的,中标无效。本案中,上海建筑设计院的委托代理人凌某在高邮市人民检察院的询问中陈述其在本案设计合同招标中存在与招标人串通,招标人泄露设计方案，该陈述与倪某的陈述相互一致。凌某其后向倪某进行了行贿，虽然发生在招投标之后，但行为上具有连续性，可以认定为以向招标人行贿的手段谋取中标。该串通投标和以行贿方式谋取中标行为侵犯了其他投标人的利益，扰乱了招投标秩序，违反了《招标投标法》的禁止性规定，故双方签订的建设工程设计合同应认定为无效，一审法院认定并无不当。

建设工程设计合同无效，双方在合同中约定的设计费用条款失去了合同的基础，不应当参照适用。此时上海建筑设计院对设计费用的具体数额负有举证责任，其应当通过鉴定程序予以确定，而上海建筑设计院在一审和本院二审中，经多次释明均未按照要求申请启动鉴定，应承担举证不能的后果。而且，即使参照设计合同约定，本案设计合同估算投资 4000 万元，按照审计报告实际投资也超过了 30%，在双方没有重新协商达成一致的情况下，设计合同约定的费率 3.675% 亦不能参照适用。一审法院驳回上海建筑设计院关于高邮医院支付拖欠的“高邮市人民医院新建病房大楼工程”设计费及逾期违约金共计 3014849.41 元的诉讼请求并无不当。

【案例评析】

1.《招标投标法》第 32 条规定：“投标人不得相互串通投标报价，不得排挤其他投标人的公平竞争，损害招标人或者其他投标人的合法权益。投标人不得与招标人串通投标，损害国家利益、社会公共利益或者他人的合法权益。禁止投标人以向招标人或者评标委员会成员行贿的手段谋取中标。”第 53 条规定：“投标人相互串通投标或者与招标人串通投标的，投标人以向招标人或者评标委员会成员行贿的手段谋取中标的，中标无效，处中标项目金额千分之五以上千分之十以下的罚款，对单位直接负责的主管人员和其他直接责任人员处单位罚款数额百分之五以上百分之十以下的罚款；有违法所得的，并处没收违法所得；情节严重的，取消其一年至二年内参加依法必须进行招标的项目的投标资格并予以公告，直至由工商行政管理机关吊销营业执照；构成犯罪的，依法追究刑事责任。给他人造成损失的，依法承担赔偿责任。”

本案中，上海建筑设计院的委托代理人凌某陈述其在本案设计合同招标中存在与招标人串通，招标人泄露设计方案，该陈述与倪某的陈述相互一致。其后发生的凌某向倪某行贿的行为与泄露设计方案的行为具有连续性，可以认定为以向招标人行贿的手段谋取中标。该串通投标和以行贿方式谋取中标行为侵犯了其他投标人的利益,扰乱了招投标秩序,违反了《招标投标法》的禁止性规定,故双方签订的建设工程设计合同应认定为无效,一审法院认定并无不当。

2.《民法典》第793条规定:"建设工程施工合同无效,但是建设工程经验收合格的,可以参照合同关于工程价款的约定折价补偿承包人。"设计费用的结算可以通过鉴定程序予以确定。在上海建筑设计院提出具体数额的情况下,其对该数额的计算负有举证责任。

3.本案中,案涉工程于2008年7月投入使用,符合验收合格的结算情形。而由于上海建筑设计院始终拒绝对设计造价进行鉴定,导致对其提出的设计费具体数额无法确定,合同约定的价款又与审计报告相差较大,双方无法就设计费用具体数额达成一致,因此驳回上海建筑设计院的诉讼请求并无不当。

综观全案,法院根据《招标投标法》的相关规定,对本案招投标过程中存在的招标人透露招标情况、与投标人串通投标以及投标人行贿等行为进行了整体性的评价,符合案件客观事实,也符合最高人民法院新出台有关司法解释的相关规定。法院还通过本案判决,明确设计费用的主张一方应该对具体数额的形成承担举证责任,未能充分举证证明的,应当承担不利后果,具有很好的案例指导作用。

【相关依据】

《民法典》

第一百五十三条第一款 违反法律、行政法规的强制性规定的民事法律行为无效。但是,该强制性规定不导致该民事法律行为无效的除外。

第七百九十三条第一款 建设工程施工合同无效,但是建设工程经验收合格的,可以参照合同关于工程价款的约定折价补偿承包人。

《招标投标法》

第三十二条 投标人不得相互串通投标报价,不得排挤其他投标人的公平竞争,损害招标人或者其他投标人的合法权益。投标人不得与招标人串通投标,损害国家利益、社会公共利益或者他人的合法权益。禁止投标人以向招标人或者评标委员会成员行贿的手段谋取中标。

第五十三条 投标人相互串通投标或者与招标人串通投标的,投标人以向招标人或者评标委员会成员行贿的手段谋取中标的,中标无效,处中标项目金额千分之五以上千分之十以下的罚款,对单位直接负责的主管人员和其他直接责任人员处单位罚款数额百分之五以上百分之十以下的罚款;有违法所得的,并处没收违法所得;情节严重的,取消其一年至二年内参加依法必须进行招标的项目的投标资格并予以公告,直至由工商行政管理机关吊销营业执照;构成犯罪的,依法追究刑事责任。给他人造成损失的,依法承担赔偿责任。

《建设工程施工合同司法解释(一)》(法释〔2020〕25号)

第一条　建设工程施工合同具有下列情形之一的,应当依据民法典第一百五十三条第一款的规定,认定无效:

(一)承包人未取得建筑业企业资质或者超越资质等级的;

(二)没有资质的实际施工人借用有资质的建筑施工企业名义的;

(三)建设工程必须进行招标而未招标或者中标无效的。

承包人因转包、违法分包建设工程与他人签订的建设工程施工合同,应当依据民法典第一百五十三条第一款及第七百九十一条第二款、第三款的规定,认定无效。

裁判规则10　因招投标人之间利害关系影响公正性致投标无效的,投标文件不应作为工程款结算依据

【案例信息】

名称:蒋某标与浙江安吉博瑞置业有限公司(以下简称博瑞置业)、浙江博瑞控股集团有限公司(以下简称博瑞集团)、安吉博瑞大酒店有限公司(以下简称博瑞大酒店)及浙江引拓建设有限公司(以下简称引拓公司)建设工程施工合同纠纷

案号:(2020)浙民终878号

法院:浙江省高级人民法院

【关联事实】

2013年1月28日,第三人引拓公司与蒋某标签订《工程施工承包意向书》,对工程概况、承包方式、质量、工期、工程款支付、结算方式等进行约定。

2013年8月,博瑞三公司发布施工招标文件,招标文件"43.合同价款支付及结算方式"作如下约定:"43.1　本工程合同采用固定价款合同,中标人在签订合同前提供施工图预算书。并由业主(招标人)按招标文件及中标人下浮率的要求,委托造价咨询机构审核后,经业主(招标人)与中标人双方确认后的价格作为合同价。"

2013 年 8 月 27 日，发包方博瑞三公司向引拓公司发送《中标通知书》，双方签订《建设工程施工合同》，对相关合同内容进行约定。合同暂定价为 128680000 元。专用条款 23.2 约定本合同价款采用可调价合同。后双方又签订《补充协议》，工程结算中约定结算编制按综合单价计价程序，人工、材料价格按工程施工期间《湖州市建设工程造价信息》平均价格计取等内容。

嗣后，引拓公司与蒋某标签订《项目经济承包责任合同》，确定蒋某标为该工程项目部的实际承包责任人，负责主持完成该工程的具体工作及承担风险。工程按引拓公司与建设单位所签订施工合同约定方式的结算，引拓公司将土建、水电安装工程按直接费下浮 3%；消防、暖通工程按直接费下浮 6% 承包给蒋某标。如有引拓公司指定分包的分项工程（如电梯、玻璃幕墙、智能、内装饰等），引拓公司按分项工程造价的 2.5% 支付给蒋某标作为配合费（主要设备除外），蒋某标不得再向配套工种收取任何费用。税金及管理费由引拓公司负责，其他费用开支由蒋某标负责。根据国家企业信用信息公示系统、公司登记基本情况显示，博瑞商贸、博瑞大酒店均系博瑞集团 100% 控股。引拓公司的控股股东亦系博瑞集团，占股 51%。

2013 年 9 月 23 日，蒋某标以项目经理身份参加设计交底和图纸会审纪要，技术负责人斯某东参加会议。

2013 年 10 月 20 日，引拓公司向发包方及监理公司出具《现场管理人员任命书》，决定增加蒋某标为该工程项目负责人，斯某东为项目技术负责人，配合引拓公司及项目经理负责案涉工程的进度、安全、质量及工程款结算等工作。

2013 年 10 月 18 日，案涉工程开工。

2015 年 11 月 20 日，业主单位、监理公司、承包单位在《博瑞广场、商场、大酒店工程验收签到单》“验收结论”栏注明“合格”。

2017 年 6 月 7 日，引拓公司向博瑞三公司提交案涉工程的造价结算书，送审造价为 159683693 元。

2017 年《安吉博瑞（百汇）商贸有限公司付款/报销审批单》载明，至当日应付款 124920290 元（不含 2016 年土建 331 万元、2016 年 10 月后安装 345 万元，不含土建联系单、总包配合费）。已付款 9953.6173 万元。

2018 年 1 月 23 日，案涉工程经建设、监理、勘察、设计、施工单位五方主体对整体工程竣工验收，结论为“合格”。

案涉工程价款经杭州经纬工程管理咨询有限公司鉴定后，出具鉴定意见为：“一、按照《建设工程施工合同》（备案合同）条款计算，可确定的工程造价为145572848元。不可确定的造价包括联系单36号高大支模延期拆除补偿费用486399元，加气混凝土砌块差额费用669587元，签证单57－1号地下室耐磨地坪费用146712元。二、按招标文件及中标通知书结算条款计算，可确定的工程造价为135948660元，不可确定的造价包括联系单36号高大支模延期拆除补偿费用486399元，加气混凝土砌块差额费用669587元，签证单57－1号地下室耐磨地坪费用146712元。工期延误损失按备案合同，可确定损失为1176904元，不可确定损失为880万元。按招标文件，可确定损失为1093139万元，不可确定损失为880万元。”

【裁判理由】

浙江省高级人民法院根据《招标投标法》及《招标投标法实施条例》的相关规定，因投标人与招标单位之间存在的利害关系足以影响招标公正性，投标人利用他人名义投标骗取中标结果，投标无效。

本案中，投标单位引拓公司和属于招标单位的博瑞商贸、博瑞大酒店均系博瑞集团控股，同时结合引拓公司确系在招投标前已与蒋某标签订《工程施工承包意向书》，且该意向书关于工程款结算方式等核心内容，与引拓公司和发包人博瑞三公司中标后签订的《建设工程施工合同》及《补充协议》的相关约定基本一致，亦与引拓公司和蒋某标事后签订的《项目经济责任承包合同》相关约定基本相同，故可以认定本案投标人与招标人存在利害关系并可能影响招标的公正性，相关投标无效。

关于发包人博瑞三公司与承包人引拓公司之间的工程款结算数额，争议核心系结算依据。因引拓公司的投标无效，案涉工程并非必须进行招标项目，而引拓公司和发包博瑞三公司人签订的《建设工程施工合同》和《补充协议》系其双方真实意思表示，且《建设工程施工合同》事后进行了备案并据此依约实际履行。故，双方工程款结算应当以《建设工程施工合同》和《补充协议》为依据，而非以认定投标无效的招投标文件。

根据鉴定机构出具的《工程造价鉴定意见书》及二审期间提交的回复函及附件等证据可以证实，按照《建设工程施工合同》结算条款计算，案涉工程可确定的工程造价为145572848元，而将土建、水电安装工程按直接费下浮3%，消防、暖通工程按直接费下浮6%后的工程造价为140422004元(含税金),《补充协议》约定的直接费下浮比例与《项目经济承包责任合同》约定一致。关于博瑞三公司提出《工程造价鉴定意见书》中部分项目金额有误的问题,一审已经进行了分析判定,同意其认定意见,不再赘述。因此,发包人博瑞三公司应当支付引拓公司案涉工程款共计140422004元。

【案例评析】

1.《招标投标法》第32条第1款规定:"投标人不得相互串通投标报价,不得排挤其他投标人的公平竞争,损害招标人或者其他投标人的合法权益。"《招标投标法实施条例》第34条规定:"与招标人存在利害关系可能影响招标公正性的法人、其他组织或者个人,不得参加投标。单位负责人为同一人或者存在控股、管理关系的不同单位,不得参加同一标段投标或者未划分标段的同一招标项目投标。违反前两款规定的,相关投标均无效。"

本案中,投标人引拓公司与两家招标单位公司同属于博瑞集团控股,存在足以影响招标公正性的利害关系。同时,在招标程序开始之前的7个月,投标人引拓公司已经就案涉工程的实质性内容与蒋某标签订意向书,即在招标开始之前已经确定工程的实际施工人。蒋某标借助引拓公司的名义获取案涉工程的实际施工权益。法院认定中标无效,符合法律规定。

2.根据《建设工程施工合同司法解释(一)》第1条第1款第3项的规定,"建设工程施工合同具有下列情形之一的,应当依据民法典第一百五十三条第一款的规定,认定无效:……(三)建设工程必须进行招标而未招标或者中标无效的。"

本案中,案涉工程的相关投标无效,但并未对建设工程施工合同的有效性作出相关评述。由于案涉工程在性质上并不属于法律规定必须进行招标的工程,验收合格后,符合双方真实意思表示的《建设工程施工合同》和《补充协议》可以作为工程款结算的依据。另根据《建设工程施工合同司法解释(一)》第24条第1款规定:"当事人就同一建设工程订立的数份建设工程施工合同均无效,但建设工程质量合格,一方当事人请求参照实际履行的合同关于工程价款的约定折价补偿承包人的,人民法院应予支持。"该工程价款结算应参照实际履行合同折价补偿承包人。

江苏省高级人民法院在本案民事判决上适用《招标投标法》《招标投标法实施条例》等进行审判,符合案件客观事实。需要提醒读者注意的是,最高人民法院新出台有关司法解释的相关工程价款结算规定也进一步调整为折价补偿方式结算工程价款，该案件裁判具有实际适用意义。

【相关依据】

《民法典》

第一百五十三条第一款　违反法律、行政法规的强制性规定的民事法律行为无效。但是，该强制性规定不导致该民事法律行为无效的除外。

第七百九十三条第一款　建设工程施工合同无效，但是建设工程经验收合格的，可以参照合同关于工程价款的约定折价补偿承包人。

《招标投标法》

第三十二条　投标人不得相互串通投标报价，不得排挤其他投标人的公平竞争，损害招标人或者其他投标人的合法权益。

投标人不得与招标人串通投标，损害国家利益、社会公共利益或者他人的合法权益。

禁止投标人以向招标人或者评标委员会成员行贿的手段谋取中标。

《招标投标法实施条例》

第三十四条　与招标人存在利害关系可能影响招标公正性的法人、其他组织或者个人，不得参加投标。

单位负责人为同一人或者存在控股、管理关系的不同单位，不得参加同一标段投标或者未划分标段的同一招标项目投标。

违反前两款规定的，相关投标均无效。

《建设工程施工合同司法解释（一）》（法释〔2020〕25 号）

第一条　建设工程施工合同具有下列情形之一的，应当依据民法典第一百五十三条第一款的规定，认定无效：

（一）承包人未取得建筑业企业资质或者超越资质等级的；

（二）没有资质的实际施工人借用有资质的建筑施工企业名义的；

（三）建设工程必须进行招标而未招标或者中标无效的。

承包人因转包、违法分包建设工程与他人签订的建设工程施工合同，应当依据民法典第一百五十三条第一款及第七百九十一条第二款、第三款的规定，认定无效。

第二十四条　当事人就同一建设工程订立的数份建设工程施工合同均无效，但建设工程质量合格，一方当事人请求参照实际履行的合同关于工程价款的约定折价补偿承包人的,人民法院应予支持。

实际履行的合同难以确定,当事人请求参照最后签订的合同关于工程价款的约定折价补偿承包人的,人民法院应予支持。

裁判规则 11	招标前就实质性内容进行谈判、串通投标致中标无效,建设工程合同无效,参照实际履行的合同以折价补偿方式结算工程款

【案例信息】

名称:安徽东昊建设有限公司(以下简称东昊公司)与马鞍山苏杭置地发展有限公司(以下简称苏杭公司)、马鞍山市花山区人民政府(以下简称花山区政府)建设工程施工合同纠纷

案号:(2019)皖民终 1260 号

法院:安徽省高级人民法院

【关联事实】

2012 年 10 月 20 日,马鞍山市花山区住房和城乡建设委员会与苏杭公司签订马鞍山市上湖小区一期安置房销售及回购协议,对苏杭公司建设的上湖小区的房屋销售给马鞍山市花山区住房和城乡建设委员会指定的拆迁户及安置房回购等有关事宜进行了约定。

2013 年 3 月 20 日,苏杭公司(发包人、甲方)与东昊公司(承包人、乙方)签订一份《补充协议》,该协议中与本案争议有关的主要约定有:(1)工程项目:花山区上湖安置房小区一期工程 1 某 -7 某住宅楼、地下、地下室防),商业楼、幼儿园及物业用房(总建筑面积约 12.0 万平方米)建设工程。(2)工程范围:除甲方直接发包和指定分包工程外的建筑、结构、水、电安装工程等所有工程。(3)工期:总日历天数 600 天,计划开工日期为 2013 年 4 月 1 日,计划竣工日期为 2014 年 12 月 31 日;约定的竣工验收日期以乙方承包的土建工程符合竣工验收条件,并且由五方责任主体验收合格日期为准。(4)工程造价暂定 251557986 元。

《补充协议》签订后,东昊公司进场施工,因苏杭公司未按规定对涉案工程进行招标、工程手续不完整等原因,工程被责令停工,后苏杭公司委托招标代理机构

对涉案工程进行招标，东昊公司取得了中标通知书。

2014 年 6 月 10 日，苏杭公司（发包人）与东昊公司（承包人）签订一份《建设工程施工合同》，苏杭公司将上湖安置房小区（一期）1 某 -7 某楼及地下室工程发包给东昊公司，工程承包范围为工程施工图纸范围内的施工总承包，合同价款为 251557986.51 元，合同工期为 2014 年 6 月 16 日至 2015 年 10 月 29 日，日历天数 500 天，等等。

东昊公司对涉案工程进行施工，涉案 1 某 -7 某楼及地下车库工程于 2015 年 9 月 11 日经过了苏杭公司及相关监理单位、设计单位、勘察单位的共同验收。苏杭公司确认涉案工程符合竣工验收条件，要求东昊公司先交付，后办理竣工验收手续。2015 年下半年，东昊公司实际交付工程，苏杭公司陆续将房屋交付给住户入住使用。

2015 年 7 月 4 日，苏杭公司与东昊公司签订变更合同协议书，约定：(1) 双方同意变更上湖安置房小区（一期）中的 16 某、17 某楼商业用房（含车库）、幼儿园及物业用房，乙方不再承建，由甲方另行发包；(2) 甲方给予乙方解除合同补偿 100 万元；(3) 甲方同意积极协调给乙方担保 1300 万元贷款事宜；(4) 乙方承诺确保上湖安置房小区（一期）按期交付。

2015 年 8 月 3 日，苏杭公司与东昊公司协商，苏杭公司给予东昊公司二次搬迁及重建费用 50 万元，此款不计入工程款。

一审中，东昊公司申请对涉案工程的造价进行鉴定，一审法院委托安徽众志工程咨询有限公司对涉案工程的造价进行了鉴定，主要意见如下：(1) 上湖安置房小区（一期）1 某 -7 某楼及地下室工程总造价 187001264.6 元，其中可确定部分 183142234.74 元（后调整为 182869816.78 元）；(2) 部分确定的造价 3501415.01 元（后调整为 3555539.37 元），主要是赶工费；(3) 有争议部分 357614.85 元（后调整为 294625.8 元），主要是甲供材商品砼的现场保管费；(4) 建议扣甲供材款按结算价 52699148 元，按甲供价 52044838 元。

苏杭公司已付工程款应为 82430197.92 元，已分批退回保证金 1900 万元，共提供甲供材的价款 52699148 元，代付水电费 100 万元。

【裁判理由】

法院依据涉案工程违反《招标投标法》关于不得在确定中标人之前就投标价格、投标方案等实质性内容进行谈判，招投标人串通投标的禁止性规定而中标无效,认定在招标前后分别签订的建设工程施工合同亦无效。

本案中,双方就涉案工程的发承包签订《补充协议》,其中对工程范围、工程款结算以及工期等建设工程施工相关的实质性内容进行了约定,甚至明确了承包人"顺利中标"双方再签正式工程承包合同的约定。承包人东昊公司中标后,双方又按照前述合同约定以及招投标程序,签订了"正式的工程承包合同"。上述两份合同分别因为违反了《招标投标法》第43条以及第53条的禁止性规定而同属于无效合同,双方应以参照实际履行的补充协议结算工程价款。

安徽省高级人民法院依据双方在中标前签订并在施工过程中实际履行的《补充协议》约定,对承包人东昊公司在二审中主张的4-7号楼赶工费、保管费、部分工程款、代付款等争议款项,结合工程中各项表单作出了认定,支持了东昊公司的部分上诉请求,认定涉案工程的工程价款为一审认定的183749675.54元,苏杭公司已支付东昊公司工程款应为82430197.92元,苏杭公司应支付东昊公司工程款43945336.12元(总价款183749675.54元-应扣除的2%质保金3674993.5元-已付工程款82430197.92元-甲供材52699148元-代付水电费100万元)。

【案例评析】

本案涉及招投标人在招标前对工程承包合同的投标范围、投标价格等实质性内容进行谈判,影响中标结果致使建设工程施工合同无效的情形下,工程款结算依据的确定问题。

1.结合《招标投标法》第3条"在中华人民共和国境内进行下列工程建设项目包括项目的勘察、设计、施工、监理以及与工程建设有关的重要设备、材料等的采购,必须进行招标:(一)大型基础设施、公用事业等关系社会公共利益、公众安全的项目;(二)全部或者部分使用国有资金投资或者国家融资的项目;(三)使用国际组织或者外国政府贷款、援助资金的项目。前款所列项目的具体范围和规模标准,由国务院发展计划部门会同国务院有关部门制订,报国务院批准。法律或者国务院对必须进行招标的其他项目的范围有规定的,依照其规定"以及国家发展和改革委员会《必须招标的工程项目规定》的相关精神,本案中,涉案工程系依法必须进行招标的工程建设项目,发包人与承包人在中标前即2012年10月20日签订的《补充协议》约定了工程承包的实质性内容,违反法律、行政法规的强制性规定,《补充协议》无效,事实清楚,于法有据。

2.结合《招标投标法》第43条规定,"在确定中标人前,招标人不得与投标人就投标价格、投标方案等实质性内容进行谈判”；第 53 条规定，“投标人相互串通投标或者与招标人串通投标的，投标人以向招标人或者评标委员会成员行贿的手段谋取中标的，中标无效，处中标项目金额千分之五以上千分之十以下的罚款，对单位直接负责的主管人员和其他直接责任人员处单位罚款数额百分之五以上百分之十以下的罚款；有违法所得的，并处没收违法所得；情节严重的，取消其一年至二年内参加依法必须进行招标的项目的投标资格并予以公告，直至由工商行政管理机关吊销营业执照；构成犯罪的，依法追究刑事责任。给他人造成损失的，依法承担赔偿责任”。再结合《建设工程施工合同司法解释（一）》第 1 条第 3 项的规定，建设工程必须进行招标而未招标或者中标无效的，建设工程施工合同应认定无效。

本案中，双方当事人在先订立《补充协议》并在施工期间实际履行了《补充协议》，可以合理认为发承包方之间存在招标前已经就投标价格、投标方案等实质性内容进行谈判、相互串通投标的行为，违反了《招标投标法》的禁止性规定，中标无效，据此签订的《建设工程施工合同》亦无效。事实上，双方也并没有实际履行这份合同。法院认定两份合同均无效，符合客观事实与法律规定。

3. 本案在确认两份合同均无效后，安徽省高级人民法院认定应当依据双方实际履行的《补充协议》进行工程款结算，并逐个对承包人提出异议的款项进行了分析，确定了最终的工程价款数额。

根据《民法典》第 793 条第 1 款“建设工程施工合同无效，但是建设工程经验收合格的，可以参照合同关于工程价款的约定折价补偿承包人”和《建设工程施工合同司法解释（一）》第 24 条“当事人就同一建设工程订立的数份建设工程施工合同均无效，但建设工程质量合格，一方当事人请求参照实际履行的合同关于工程价款的约定折价补偿承包人的，人民法院应予支持。实际履行的合同难以确定，当事人请求参照最后签订的合同关于工程价款的约定折价补偿承包人的，人民法院应予支持”的规定，该工程价款结算参照实际履行合同或协议进行折价补偿承包人。

综观本案，再审法院的判决结合《招标投标法》以及《建设工程施工合同司法解释（一）》的相关规定与案件基本事实，对应对招标程序形成的前后建设工程施工合同的效力进行认定，并结合实际履行情况确定作为工程款结算依据的合同。本裁判符合国家发展和改革委员会《必须招标的工程项目规定》的规定精神，借助本案明确了该规定施行前的开工建设项目招投标行为的审判与规范作出了指导，具有很好的实践参考意义。

【相关依据】

《民法典》

第一百五十三条第一款 违反法律、行政法规的强制性规定的民事法律行为无效。但是,该强制性规定不导致该民事法律行为无效的除外。

第七百九十三条第一款 建设工程施工合同无效,但是建设工程经验收合格的,可以参照合同关于工程价款的约定折价补偿承包人。

《招标投标法》

第三条 在中华人民共和国境内进行下列工程建设项目包括项目的勘察、设计、施工、监理以及与工程建设有关的重要设备、材料等的采购,必须进行招标:(一)大型基础设施、公用事业等关系社会公共利益、公众安全的项目;(二)全部或者部分使用国有资金投资或者国家融资的项目;(三)使用国际组织或者外国政府贷款、援助资金的项目。

前款所列项目的具体范围和规模标准,由国务院发展计划部门会同国务院有关部门制订,报国务院批准。

法律或者国务院对必须进行招标的其他项目的范围有规定的,依照其规定。

第四十三条 在确定中标人前,招标人不得与投标人就投标价格、投标方案等实质性内容进行谈判。

第五十三条 投标人相互串通投标或者与招标人串通投标的,投标人以向招标人或者评标委员会成员行贿的手段谋取中标的,中标无效,处中标项目金额千分之五以上千分之十以下的罚款,对单位直接负责的主管人员和其他直接责任人员处单位罚款数额百分之五以上百分之十以下的罚款;有违法所得的,并处没收违法所得;情节严重的,取消其一年至二年内参加依法必须进行招标的项目的投标资格并予以公告,直至由工商行政管理机关吊销营业执照;构成犯罪的,依法追究刑事责任。给他人造成损失的,依法承担赔偿责任。

《建设工程施工合同司法解释(一)》(法释〔2020〕25 号)

第一条 建设工程施工合同具有下列情形之一的,应当依据民法典第一百五十三条第一款的规定,认定无效:

(一)承包人未取得建筑业企业资质或者超越资质等级的;

(二)没有资质的实际施工人借用有资质的建筑施工企业名义的;

（三）建设工程必须进行招标而未招标或者中标无效的。

承包人因转包、违法分包建设工程与他人签订的建设工程施工合同，应当依据民法典第一百五十三条第一款及第七百九十一条第二款、第三款的规定，认定无效。

第二十四条　当事人就同一建设工程订立的数份建设工程施工合同均无效，但建设工程质量合格，一方当事人请求参照实际履行的合同关于工程价款的约定折价补偿承包人的，人民法院应予支持。

实际履行的合同难以确定，当事人请求参照最后签订的合同关于工程价款的约定折价补偿承包人的，人民法院应予支持。

裁判规则 12　承包人转包给个人致使施工合同无效，工程款结算参照合同约定结算

【案例信息】

名称：吴某军与安徽省绿乔园林工程有限公司（以下简称绿乔公司）建设工程施工合同纠纷

案号：（2021）皖民申 594 号

法院：安徽省高级人民法院

【关联事实】

2017 年 4 月，绿乔公司（原名为“滁州市诚润建设工程有限公司”，于 2019 年 1 月 9 日前变更为现名称）中标滁州市滁阳路（丰乐大道以西）绿化工程后，与建设单位滁州市重点工程建设管理处签订《建设工程施工合同》。该合同对工程进度款审核和支付主要约定如下：“按约支付已完合格工程量的 40% 进度款，工程完工后提交竣工验收申请，验收部门受理竣工验收申请（初验）后支付已完合格工程量的 20% 进度款；竣工验收（复验）合格、死亡苗木补栽后支付至已完合格工程量的 80% 工程款，竣工结算审核完成并经审计局备案且移交管养单位后付至结算总价的 100% 。”

绿乔公司（甲方）又将案涉工程转包给吴某军（乙方），双方签订《绿化工程协议书》1 份，主要约定：“经双方友好协商，针对滁阳路（丰乐大道以西）绿化工程进

行施工,乙方以甲方名义,但由乙方来完成;该项目由乙方按建设方要求和规定,遵纪守法,独立完成,实行自负盈亏,一切责任、义务由乙方承担;乙方按国家政策缴纳相关税费,甲方收取乙方的管理费8万元;工程中标价为849953元,以实际结算为准,工程款由重点局按合同相关条款支付给甲方后,甲方扣除乙方应缴纳的款项金额后,三日内支付给乙方等内容。"

2017年5月11日,吴某军通过银行转账方式支付绿乔公司工程保证金10万元,2017年9月1日,绿乔公司退还吴某军工程保证金8万元。

2017年6月18日,绿乔公司(施工单位)与安徽天翰工程咨询有限责任公司(监理单位)向建设单位滁州市重点工程管理处出具《关于滁阳路(丰乐大道以西)绿化工程已完合格工程量的证明》1份,内容主要为:"绿乔公司承建的滁阳路(丰乐大道以西)绿化工程已完成月进度计划,已完成整理绿地、香樟、乌桕、合欢、朴树、石楠树、桂花、色带海桐、红叶石楠等苗木栽植,所有进场苗木均自检合格,现已完成合格工程量831536.64元,按照合同约定申请支付已完工程量的40%,本次(第1期)申请支付工程款332614.66元。"

2017年7月25日,建设单位滁州市重点工程管理处、监理单位安徽天翰工程咨询有限责任公司确认案涉工程竣工并初验合格,工程进入养护期:2017年7月25日至2018年9月24日。

2018年11月8日绿乔公司支付工人工资33000元,2019年1月8日绿乔公司支付工人工资21400元。

在审理过程中,绿乔公司申请对案涉工程现有工程量按照中标合同中部分项工程量清单计价表予以鉴定,鉴定意见为:"1.若按中标单价且全部为合格苗木总价为:505175.35元;2.若将不合格苗木折半价:263064.98元;3.若按建设单位意见不合格苗木需挖走(未计挖运费用),余下苗木造价为:107616.12元。"经庭审质证后,吴某军对该鉴定意见有异议,认为鉴定结论不科学,安全是根据建设单位一方的意思做出来,现场清验的时间超过了养护期一年半时间是不合理的,该鉴定结论不能作为证据使用。绿乔公司对该鉴定意见无异议。

【裁判理由】

法院认为,绿乔公司作为涉案工程的承包方,将工程全部转包给吴某军的行为构成转包,违反法律、行政法规的禁止性规定,应当认定双方签订《绿化工程协议书》无效。绿乔公司中标涉案工程后与发包方签订《建设工程施工合同》,后又将该工程转包给吴某军，双方签订一份《绿化工程协议书》。吴某军系无相应资质的个人，该转包施工合同违反法律强制性规定，为无效合同。

虽然转包合同无效，但涉案工程已竣工验收（初验），根据原《建设工程施工合同纠纷司法解释》第2条规定，建设工程施工合同无效，但建设工程经竣工验收合格，承包人请求参照合同约定支付工程价款的，应予支持。本案中，涉案工程已由建设单位、监理单位于2017年7月25日确认竣工并初验合格，故吴某军作为实际施工人有权参照合同约定要求绿乔公司支付相应工程款。

综合合同约定、工程质量鉴定意见以及施工过程中的工程量证明的证据材料，二审判决确认涉案绿化工程已完成合格工程量为831536.64元，并认定吴某军以831536.64元为计算绿乔公司应付工程进度款的基数的主张，符合合同的约定，予以支持。同时，由于吴某军提出的证据不足以证明涉案工程已通过复验，故根据《建设工程施工合同》约定，法院认为吴某军二审、再审中提出的绿乔公司支付至80%工程进度款的条件尚未成就。绿乔公司应按照通过竣工验收初验的标准支付已完合格工程量60%的进度款。在扣除80000元管理费、54400元工人工资和已经支付的361679.67元后，确认绿乔公司欠付工程款数额为2842.31元（831536.64元×60% －361679.67元－80000元－54400元）。

【案例评析】

本案涉及承包人将承包工程转包给无相应资质的个人致使承包合同无效情形下工程款的结算问题。

1.《建设工程施工合同司法解释（一）》第1条第2款规定："承包人因转包、违法分包建设工程与他人签订的建设工程施工合同，应当依据民法典第一百五十三条第一款及第七百九十一条第二款、第三款的规定，认定无效。"

绿乔公司中标涉案工程并与建设单位滁州市重点工程建设管理处签订《建设工程施工合同》后，又将该工程通过《绿化工程协议书》全部转包给无相应资质的自然人吴某军，属于住房和城乡建设部《关于印发建筑工程施工发包与承包违法行为认定查处管理办法的通知》（建市规〔2019〕1号）第7条规定的承包单位承包工程后，不履行合同约定的责任和义务，将其承包的全部工程转给个人施工的行为，构成转包。转包合同因违反法律和行政法规的强制性规定而无效。

2. 原《建设工程施工合同纠纷司法解释》第2条规定："建设工程施工合同无效，但建设工程经竣工验收合格，承包人请求参照合同约定支付工程价款的，应予支持。”

3. 本案认定转包合同无效,在确认工程价款结算依据时,结合参考了转包合同中关于付款方式、管理费的约定,以及承包方与建设单位签订的《建设工程施工合同》中关于工程竣工验收程序的工程价款结算约定,确定了最终的应支付工程款,充分尊重双方合意。

综观全案,法院根据《建设工程施工合同司法解释(一)》的相关规定以及案件基本事实,对因承包人转包致施工合同无效中的工程款结算问题作出判决。在建设工程案件实践中,竣工验收的认定标准存在差异,针对竣工验收进行的工程款结算也根据合同约定存在不同情况。本案中,针对竣工验收设置了初验和复验两轮结算程序,要求法院结合事实与合同约定,对竣工验收情况作出准确认定。本案裁判标准严谨,对法律与事实把握有度,对复杂案件的工程造价认定问题提供了有意义的案例参考。

【相关依据】

《民法典》

第一百五十三条第一款 违反法律、行政法规的强制性规定的民事法律行为无效。但是,该强制性规定不导致该民事法律行为无效的除外。

第七百九十三条第一款 建设工程施工合同无效,但是建设工程经验收合格的,可以参照合同关于工程价款的约定折价补偿承包人。

《建设工程施工合同司法解释(一)》(法释〔2020〕25号)

第一条 建设工程施工合同具有下列情形之一的,应当依据民法典第一百五十三条第一款的规定,认定无效:

(一)承包人未取得建筑业企业资质或者超越资质等级的;

(二)没有资质的实际施工人借用有资质的建筑施工企业名义的;

(三)建设工程必须进行招标而未招标或者中标无效的。

承包人因转包、违法分包建设工程与他人签订的建设工程施工合同,应当依据民法典第一百五十三条第一款及第七百九十一条第二款、第三款的规定,认定无效。

住房和城乡建设部《关于印发建筑工程施工发包与承包违法行为认定查处管理办法的通知》

第七条 本办法所称转包,是指承包单位承包工程后,不履行合同约定的责任和义务，将其承包的全部工程或者将其承包的全部工程肢解后以分包的名义分别转给其他单位或个人施工的行为。

裁判规则 13　多次转包致施工合同无效情形下，实际施工人的工程价款可向发包人和转包人或者违法分包人主张

【案例信息】

名称：董某华与浙江昌泰建设有限公司（以下简称昌泰公司）、岱山县秀山村镇建设开发有限公司（以下简称秀山村镇建设公司）、陈某年建设工程施工合同纠纷

案号：（2019）浙民再 96 号

法院：浙江省高级人民法院

【关联事实】

秀山村镇建设公司与昌泰公司于 2011 年 9 月 23 日签订建设工程施工合同 1 份，约定由昌泰公司承建秀山村镇建设公司的秀山乡九子农民安置公寓工程。

陈某年向昌泰公司承包了上述工程，而后将该工程中的水电安装工程转包给董某华承建。

2014 年 1 月 8 日，秀山村镇建设公司委托岱山县求索工程代理有限公司对九子农民安置公寓工程进行工程造价鉴定，经核算，该工程的水电安装工程款为 1132281 元。

其间，陈某年支付董某华工程款 550000 元。

另查明，陈某年于 2006 年 8 月至 2015 年 1 月非昌泰公司员工。

【裁判理由】

法院依据董某华与陈某年之间的施工合同构成转包，违反了法律的禁止性规定，应认定为无效。

本案中，陈某年于 2006 年 8 月至 2015 年 1 月非昌泰公司员工，意即在讼争工程的发承包至完工验收期间，陈某年并非昌泰公司员工，双方之间亦不构成纯劳务分包。因此，昌泰公司从秀山村镇建设公司承包讼争工程后，将讼争工程转包给陈某年，陈某年又将水电安装工程转包给董某华，两次均属于建设工

程转包行为,董某华与陈某年之间的施工合同违反了法律的禁止性规定,应认定为无效。

施工合同虽为无效合同,但董某华实际完成了施工并交付使用,故陈某年应及时与董某华进行结算并支付相应的水电工程款。

关于董某华主张陈某年、昌泰公司、秀山村镇建设公司共同承担工程款的请求。再审法院纠正了二审判决依据合同相对性原则作出的判决内容,认定作为实际施工人的董某华,在工程完成竣工验收后,有权在欠付工程价款范围内向发包人主张付款责任。

本案中,案涉工程虽然尚未竣工验收,但秀山村镇建设公司于庭审中确认案涉工程于2015 年至2016 年投入使用至今,故该工程应视为此时间段内竣工验收。根据原《建设工程施工合同纠纷司法解释》第 26 条规定:“……实际施工人以发包人为被告主张权利的,人民法院可以追加转包人或者违法分包人为本案当事人。发包人只在欠付工程价款范围内对实际施工人承担责任。”董某华系案涉工程实际施工人,其有权就欠付工程款在 52661 元范围内向秀山村镇建设公司主张权利。昌泰公司虽主张其与陈某年之间没有合同关系,但其也并未举证证明存在其他的建设工程转包合同关系,亦未能举证证明其是否已就案涉工程的水电部分结算完毕,故在秀山村镇建设公司尚有欠款的情况下,董某华有权要求陈某年、秀山村镇建设公司支付未付工程款。根据董某华于庭审中自认内容,陈某年尚需支付469052.9 元,秀山村镇建设公司应在其欠付的 526616 元质保金范围内承担付款责任。

【案例评析】

本案涉及建设工程经过多次转包后的合同效力以及工程款付款责任的问题。

1.《建设工程施工合同司法解释(一)》第 1 条第 2 款规定:“承包人因转包、违法分包建设工程与他人签订的建设工程施工合同,应当依据民法典第一百五十三条第一款及第七百九十一条第二款、第三款的规定,认定无效。”

本案中,昌泰公司从秀山村镇建设公司承包讼争工程后,将讼争工程转包给陈某年,陈某年未经昌泰公司许可,又将整体工程中的水电安装工程转包给董某华,讼争工程经历了两次转包,应当认为,两次转包均违反了法律的禁止性规定,相应的建设工程施工合同应认定为无效。

2.《建设工程施工合同司法解释(一)》第 43 条第 2 款规定:“实际施工人以发

包人为被告主张权利的，人民法院应当追加转包人或者违法分包人为本案第三人，在查明发包人欠付转包人或者违法分包人建设工程价款的数额后，判决发包人在欠付建设工程价款范围内对实际施工人承担责任。”

3. 建设工程施工合同无效，但工程完成竣工验收的，可以依据合同约定进行工程价款结算。同时，由于本案涉及建设工程的多次转包，存在发包人、第一转包人、第二转包人以及实际施工人之间的工程付款关系。根据建设工程施工合同纠纷案件相关司法解释的规定，作为实际施工人的董某华已经实际交付工程，有权在欠付工程款范围内向发包人秀山村镇建设公司主张工程价款。

综观全案，法院对经历多次转包、涉及较多工程主体的案情进行了梳理，明确本案情形下的合同效力以及各主体关于工程款的权利及义务，符合案件客观事实，具有实践指导作用。

【相关依据】

《民法典》

第一百五十三条第一款　违反法律、行政法规的强制性规定的民事法律行为无效。但是，该强制性规定不导致该民事法律行为无效的除外。

第七百九十三条第一款　建设工程施工合同无效，但是建设工程经验收合格的，可以参照合同关于工程价款的约定折价补偿承包人。

《建设工程施工合同司法解释（一）》（法释〔2020〕25 号）

第一条　建设工程施工合同具有下列情形之一的，应当依据民法典第一百五十三条第一款的规定，认定无效：

（一）承包人未取得建筑业企业资质或者超越资质等级的；

（二）没有资质的实际施工人借用有资质的建筑施工企业名义的；

（三）建设工程必须进行招标而未招标或者中标无效的。

承包人因转包、违法分包建设工程与他人签订的建设工程施工合同，应当依据民法典第一百五十三条第一款及第七百九十一条第二款、第三款的规定，认定无效。

第四十三条第二款　实际施工人以发包人为被告主张权利的，人民法院应当追加转包人或者违法分包人为本案第三人，在查明发包人欠付转包人或者违法分包人建设工程价款的数额后，判决发包人在欠付建设工程价款范围内对实际施工人承担责任。

第二章

建设工程施工合同的履行问题

裁判规则 1	挂靠人可以就其所主张的挂靠相对方进行结算，无权突破合同相对性向建设工程的总包方主张工程款

【案例信息】

名称：上海市住安建设发展股份有限公司（以下简称住安公司）与袁某、王某飞建设工程施工合同纠纷

案号：（2018）沪民终 522 号

法院：上海市高级人民法院

【关联事实】

一、涉案工程合同签订情况

2012 年 9 月，新佘山公司作为发包人、住安公司作为承包人，双方就上海市松江区千新公路桃源路千新公路一号地块商品住宅工程签订了《施工总承包合同》一份……

2013 年 3 月 25 日及 3 月 30 日，住安公司作为总包方（甲方），景文同安公司作为分包方（乙方），双方分别就千新公路一号地块商品住宅项目涉及面积 141448 平方米，地下局部二层、地上三层签订了《消防安装工程分包合同》及《机电安装工程分包合同》，承包范围系施工图所包含的火灾自动报警系统、消火栓系统、消防喷淋系统的安装工程、施工图所包含的所有机电安装工程。

王某飞作为一期（甲方），袁某作为二期（乙方），于 2013 年 11 月 18 日签订《建筑工程（二期）协作协议》，双方约定工程名称：千新公路一号地块商品住宅

(佘山一品),工程面积为141448平方米,其中一期面积84248.54平方米,楼号为1－12,33－36、39－42、45－48号。二期面积567199.46平方米,楼号为13－30、31、32、37、38、43、44号。王某飞为总包驻工地代表,负责合同履行,对工程质量、进度、安全、治安进行检查、督促,办理验收、变更、登记手续和其他应由总包办理事宜。指派袁某为乙方驻工地代表,负责合同履行,按总包、业主要求组织施工,保质、保量、保安全生产、文明施工,按期完成施工任务,解决应由乙方办理的各项事宜;乙方承诺全面履行总包与建设单位签订的合同之所有条款。

2013年至2014年,住安公司作为发包方(甲方)、大华公司作为分包方(乙方),双方就千新公路一号地块商品住宅签订了三份《建筑工程分包合同》,承包范围及内容范围分别为地上三层、局部四层的屋面找平、防水及瓦片工程、外墙保温工程、外墙文化砖湿贴工程、石材及石材线条干挂工程、涂料及铝板工程、外墙天沟及雨水管工程、雨篷铝板工程、露台石材栏杆工程、外立面铁艺工程。

2014年4月30日,大华公司出具授权委托书二份,载明委托袁某、黄某之为大华公司的代理人,代理人根据授权,以大华公司名义签署、澄清、说明、补正、递交、撤回、修改佘山一品装饰工程(项目名称)施工、经济往来及处理有关事宜,其法律后果由大华公司承担。2015年4月8日,大华公司向住安公司出具《关于撤销及调整授权委托人的告知书》一份,载明委托袁某、黄某之为大华公司的代理人,全权代表大华公司处理关于千新公路一号地块商品住宅工程项目中外墙及部分室内装修装饰工程的一切相关事宜,如因该两位同志在处理过程中产生经济纠纷、法律责任,大华公司将承担所有责任。

二、工程竣工及结算

涉案工程于2016年8月30日取得《施工单位工程质量竣工报告(合格证明书)》,并于2016年12月8日经竣工验收备案。截至2017年1月22日,新佘山公司已经向住安公司支付了3.75亿元左右的工程款,约占总包合同的97%。

审理中,各方当事人均确认新佘山公司与住安公司就佘山一品总工程尚未结算,除住安公司与大华公司就工程款支付争议进行诉讼之外,住安公司与顶盈公司、顶豪公司、弘安公司均未进行结算。

【裁判理由】

本案的关键在于袁某以实际施工人的身份向住安公司主张工程款是否有法律依据,如果有法律依据,法院则应当追加相关的分包方作为案件当事人查明该事实,进而作出相应的结算;如果袁某的主张没有法律依据,则袁某应当与各分包方按照他们之间法律关系进行结算。对此,本院认为,不论是住安公司所主张的其将工程分包给各分包方,还是袁某所主张的其作为实际施工人以分包方的名义与住安公司签订了承包合同,根据合同相对性原则,这里存在两个法律法律关系,一个是建设工程法律关系,另一个是挂靠法律关系,各方的权利义务应当根据相关合同分别处理。作为建设工程法律关系,各分包方可以依据建设工程法律关系主张相应的工程款,而作为挂靠法律关系,袁某可以就其所主张的挂靠相对方进行结算,其无权利跨越合同相对性向建设工程的总包方住安公司主张工程款。故袁某以实际施工人的身份向总包方主张工程款,无论其事实上是不是实际施工人,均缺乏法律依据,本院依法不予支持。

【案例评析】

债权一般具有相对性,原则上不能对抗第三人。《民法典》第465条规定:“依法成立的合同,仅对当事人具有法律约束力,但是法律另有规定的除外。”债权人只能向债务人主张权利,这是债权与物权、知识产权等对世权的重要区别。

但是,在法律有特殊规定的情形下,实际施工人可以突破合同的相对性直接向发包人主张债权。《建设工程施工合同司法解释(一)》第43条规定:“实际施工人以转包人、违法分包人为被告起诉的,人民法院应当依法受理。实际施工人以发包人为被告主张权利的,人民法院应当追加转包人或者违法分包人为本案第三人,在查明发包人欠付转包人或者违法分包人建设工程价款的数额后,判决发包人在欠付建设工程价款的范围内对实际施工人承担责任。”但是,该条中所说的实际施工人乃是转包人和违法分包人的承包人。2015年最高人民法院召开的第八次全国法院民事商事审判工作会议指出:“对于《建设工程施工合同纠纷司法解释》第26条(《建设工程施工合同司法解释(一)》第43条)规定,目前实践中执行得比较混乱,要根据该条第一款规定严守合同相对性原则,不能随意扩大该条第二款规定的适用范围,只有在欠付劳务分包工程款导致无法支付劳务分包关系中农民工工资时,才可以要求发包人在欠付工程价款范围内对实际施工人承担责任,不能随意扩大发包人责任范围。”

挂靠,是指单位或个人以其他有资质的施工单位的名义承揽工程的行为,包括没有资质的单位或个人借用其他施工单位的资质承揽工程的;有资质的施工单位相互借用资质承揽工程的,包括资质等级低的借用资质等级高的,资质等级高的借用资质等级低的，相同资质等级相互借用的等情形。《建设工程施工合同司法解释（一）》第26条并未规定挂靠情形下实际施工人有权直接向发包人主张工程价款，因此挂靠人无权突破合同相对性直接向发包人主张工程价款。

但又有另一种观点认为，挂靠人可以直接向发包人主张工程价款，其原因在于虽然被挂靠人是与发包人签订建设工程施工合同的名义缔约者，但挂靠人才是建设工程施工合同的真实的承包人。对此，挂靠人、被挂靠人、发包人都是明知的，这属于典型的通谋虚伪行为。《民法典》第146条规定："行为人与相对人以虚假的意思表示实施的民事法律行为无效。以虚假的意思表示隐藏的民事法律行为的效力，依照有关法律规定处理。"因此，在挂靠这一情形中，挂靠人和发包人之间存在实质性的法律关系。

在本案中，法院认为在建设工程法律关系中，各分包方可以依据建设工程法律关系主张相应的工程款，而作为挂靠法律关系，实际施工人可以就其所主张的挂靠相对方进行结算，其无权利跨越合同相对性向建设工程的总包方主张工程款。

【相关依据】

《民法典》

第一百四十六条　行为人与相对人以虚假的意思表示实施的民事法律行为无效。以虚假的意思表示隐藏的民事法律行为的效力，依照有关法律规定处理。

《建设工程施工合同司法解释（一）》（法释〔2020〕25号）

第四十三条　实际施工人以转包人、违法分包人为被告起诉的，人民法院应当依法受理。实际施工人以发包人为被告主张权利的，人民法院应当追加转包人或者违法分包人为本案第三人，在查明发包人欠付转包人或者违法分包人建设工程价款的数额后，判决发包人在欠付建设工程价款的范围内对实际施工人承担责任。

裁判规则2	合同解除后，未完工程的机械费可以按照已完工程量比例确定

【案例信息】

名称：江苏南通二建集团有限公司（以下简称南通二建）、上海农村商业银行

股份有限公司浦东分行与上海佳程房地产开发有限公司(以下简称佳程房产公司)等建设工程施工合同纠纷

案号:(2020)沪民终433号

法院:上海市高级人民法院

【关联事实】

佳程房产公司通过协议招标,于2015年4月22日与南通二建签订施工合同。施工合同签订后,南通二建于2015年5月19日取得施工许可证后开工。2016年10月,南通二建与佳程房产公司签订《补充协议》,第一条约定:"为保证第三方监管及时提交监管报告及依据,保证本项目开发贷款在11月份不被终止,承包人配合在2016年10月20日在监管方要求的资金确认函上盖章(发包人明确该确认函内容不作为承包方实际收款的依据)……七、其他特别约定事项:1.本协议签署后,在总包合同的后续履行过程中,如任何一方再行违约,均不影响相对方依总包合同的约定,行使包括合同解除权在内的相关合同权利……"

2017年1月12日,南通二建提交《上海浦东佳程广场(G1-12地块)项目付款申请书》,载明本工程形象进度施工已完成至整体(两幢塔楼)主体结构封顶,支付至已完工程施工图预算造价的55%,累计已付款29740000元,本期申请付款金额69260000元。上海C有限公司浦东佳程广场监理项目部在该申请书批注确认工程进度,南通二建批注同意按合同节点,按成本部核定金额支付。

南通二建先后向佳程房产公司发送2017年1月13日工程款支付事宜的函、2017年2月13日停工的联系单,证明其曾要求佳程房产公司履行2016年补充协议所约定的形象进度施工完成至整体(两幢塔楼)主体结构封顶时佳程房产公司应支付工程款99000000元,扣除已付的29740000元,还应支付工程款69260000元;另因佳程房产公司拖欠工程款,恰逢春节前夕,南通二建面临工程施工人员、分包单位、材料商的索款压力,故从2017年1月28日起南通二建不得不停工。

南通二建于2017年8月18日向佳程房产公司发送《律师函》,重申要求佳程房产公司立即付清所拖欠的全部工程进度款,并与其磋商确定停工损失赔偿和工期顺延等事宜,否则将循司法途径解除施工合同。

2019年12月4日,原审法院组织各方当事人赴系争工程所在地点,就双方所争议的部分暗敷项目是否实际施工的问题进行现场查勘,双方一致确认:(1)1号楼地上和地下的弱电系统均未施工,应在审价金额中予以扣除;(2)1号楼的联动、广播、照明均已施工；(3)2 号楼的弱电项目、火灾报警系统已施工。另外，施工现场还留有两台塔吊和垂直运输机。

根据现场勘查结论及当事人一致确认意见，审价单位于 2019 年 12 月 10 日山某中世造鉴字[2018]第 0052 号补 3《工程造价鉴定补充说明(三)》，南通二建与佳程房产公司关于工程造价的异议及审价单位意见如下：

关于 1 号楼垂直运输机械费用各方观点如下：

南通二建：系争工程主体结构已封顶，需要垂直运输机械的工作量已经完成，该费用已实际发生，应全额计入工程量。

佳程房产公司：系争工程未完工，现仅为局部封顶，该项费用不应全部计取，应按 60% 打折计算。

审价单位：各方就计取比例无法达成一致，故审价单位以全额列入争议项目由法院确定。结构封顶后还需要垂直运输费用，包括砖墙结构施工和墙面的粉刷仍需要垂直运输机械。按照已经完工比例和总工程比例计算，建议按照 65% 计取。

【裁判理由】

南通二建与佳程房产公司对该费用的数额没有异议，双方争议点在于由于工程并未全部完工，垂直运输机械费的确定是否按照完工比例进行确定。本院认为，原审法院按照已完工比例确定垂直运输机械费比例，是基于系争工程的实际施工情况，有事实依据。南通二建要求全额支付，是认为合同不能继续履行的责任在于佳程房产公司，未施工部分的金额应当作为损失予以计算。但是，对于南通二建的损失其已另行主张并得到了支持，故工程款应当按实计算为妥。

【案例评析】

合同解除，是指在合同有效成立后，因一方或双方当事人的意思表示，使合同关系终了，未履行部分不继续履行，已履行部分依具体情形进行清算的制度。合同解除的类型有法定解除、合意解除和约定解除。《民法典》第 565 条第 2 款规定："当事人一方未通知对方，直接以提起诉讼或者申请仲裁的方式依法主张解除合同，人民法院或者仲裁机构确认该主张的，合同自起诉状副本或者仲裁申请书副本送达对方时解除。"合同解除的法律效果是尚未履行的，终止履行；已经履行的，根据履行情况和合同性质，当事人可以请求恢复原状或者采取其他补救措施，并有权请求赔偿损失。

在建设工程领域,合同解除的后果无法恢复原状,关于未完工程的结算,存在以下几种处理方式:

1. 按照已完工部分工程款比例计算。江苏省高级人民法院《关于审理建设工程施工合同纠纷案件若干问题的解答》(〔2018〕3 号)第 8 条规定:“建设工程施工合同约定工程价款实行固定总价结算,承包人未完成工程施工,其要求发包人支付工程款,发包人同意并主张参照合同约定支付的,可以采用‘按比例折算’的方式,即由鉴定机构在相应同一取费标准下计算出已完工程部分的价款占整个合同约定工程的总价款的比例,确定发包人应付的工程款。但建设工程仅完成一小部分,如果合同不能履行的原因归责于发包人,因不平衡报价导致按照当事人合同约定的固定价结算将对承包人利益明显失衡的,可以参照定额标准和市场报价情况据实结算。”

2. 按已完工程量的比例折算。《江苏省高级人民法院建设工程施工合同案件审理指南》第 7 条第 1 款中对“已完工部分验收合格工程的工程款结算”作出了规定:“在工程没有全部完工的情况下,有两种不同的方式来确认工程款,一是根据实际完成的工程量,以建设行政管理部门颁发的定额取费,核定工程价款,并参照合同约定最终确定工程价款;此时,对工程造价鉴定不涉及到甩项部分,只须鉴定其完工部分即可。二是确定所完工程的工程量占全部工程量的比例,按所完工程量的比例乘以合同约定的固定价款得出工程价款。”

3. 按照定额计算工程款后按照包干价下浮一定的比例。重庆市高级人民《法院关于当前民事审判若干法律问题的指导意见》第 15 条规定:“建设工程合同中当事人约定按固定价结算,或者总价包干,或者单价包干的,承包人按照合同约定范围完工后,应当严格按照合同约定的固定价结 算工程款。如果承包人中途退出,工程未完工,承包人主张按定额计算工程款,而发包人要求按定额计算工程款后比照包干价下浮一定比例的,应予支持。”

在本案中,案涉工程虽然已经结构封顶,但结构封顶后还需要垂直运输费用,包括砖墙结构施工和墙面的粉刷都仍需要垂直运输机械。法院根据已完工程量比例,酌情确定机械费以 65% 比例计算。

【相关依据】

《民法典》

第五百六十五条第二款　当事人一方未通知对方，直接以提起诉讼或者申请仲裁的方式依法主张解除合同，人民法院或者仲裁机构确认该主张的，合同自起诉状副本或者仲裁申请书副本送达对方时解除。

第五百六十六条　合同解除后，尚未履行的，终止履行；已经履行的，根据履行情况和合同性质，当事人可以请求恢复原状或者采取其他补救措施，并有权请求赔偿损失。

合同因违约解除的，解除权人可以请求违约方承担违约责任，但是当事人另有约定的除外。

裁判规则 3	合同约定先开票再付款，发包人未按期付款且未明确要求承包人先提供等额发票的，应当承担逾期付款的违约责任

【案例信息】

名称：上海正泽房地产有限公司（以下简称正泽公司）、上海龙盟房地产开发有限公司与上海信江园林装饰工程有限公司（以下简称信江公司）建设工程施工合同纠纷

案号：（2021）沪 02 民终 1793 号

法院：上海市高级人民法院

【关联事实】

2010 年 1 月 28 日，信江公司作为施工单位（乙方）、正泽公司作为建设单位（甲方），双方签订《施工承包合同》一份，约定由乙方承建甲方“合生御廷园一期园林建筑工程”（以下简称系争工程），合同约定开工日期 2010 年 4 月 20 日，竣工日期为 2010 年 6 月 18 日。关于工程款的支付方式约定如下：园林建筑工程竣工并移交，乙方向甲方提供齐备完善的竣工验收资料、结算资料且双方办妥结算手续后 30 日内，甲方向乙方支付至工程结算总价款的 95%。

系争工程于 2010 年 12 月 28 日通过竣工验收合格并交付建设单位。2012 年 3 月至 2013 年 3 月，双方进行工程结算，确认结算工程款为 2402985.46 元。

正泽公司付款如下:2010 年 4 月 30 日支付 139151.29 元、2010 年 5 月 21 日支付 139151.29 元、2010 年 7 月 29 日支付 594803.55 元、2010 年 9 月 2 日支付 200000 元、2010 年 10 月 22 日支付 80000 元、2010 年 12 月 1 日支付 702244.40 元、2013 年 11 月 27 日支付 403735.66 元。合计支付 2259086.19 元。

【裁判理由】

正泽公司上诉认为,付款条件未达成,且信江公司对拖延结算和付款也存在一定过错,故正泽公司不存在逾期付款行为,不应承担逾期付款的违约责任。对此本院认为,双方在《施工承包合同》中约定,系争工程竣工并移交,双方办妥结算手续后 30 日内,正泽公司向信江公司支付至工程结算总价款的 95%;工程验收合格并移交正泽公司后 24 个月,正泽公司为信江公司办理同期保修项目的保修终结手续后 28 个工作日,正泽公司将剩余保修金无息返还信江公司。系争工程于 2010 年 12 月 28 日通过竣工验收,双方于 2013 年 3 月 21 日最后确认工程总结算金额,然正泽公司至今未能付清全部工程款,违反了合同约定,应承担相应的违约责任。正泽公司虽在诉讼中抗辩双方约定先开具发票后付款,但其未提供证据证明在信江公司追讨工程余款的数年中,正泽公司曾要求信江公司必须先开具等额发票,而是多次向信江公司承诺付款,故正泽公司该上诉理由,本院难以采信。

【案例评析】

对于发票是否可以单独诉请履行或产生抗辩权,须从开具发票义务的法律性质来分析,即开具发票属于从合同义务还是附随义务。从给付义务,指仅具有辅助主给付义务的功能,其存在的目的不在于决定合同关系的类型,而是在于确保债权人的利益能够得到最大限度的满足。附随义务,指在合同关系存续及履行过程中的通知、协助、保密等义务。从给付义务与附随义务的区别有二:一是附随义务不能单独诉请履行,从给付义务可以单独诉请履行。二是附随义务原则上非属对待给付义务,不发生同时履行抗辩权。从给付义务的履行在其对合同目的达成确属必要时,可以与对方的给付构成对待给付产生同时履行抗辩权(先履行抗辩权)。

一、开具发票属于合同从给付义务,可以诉请履行

不论合同是否对发票进行约定,买方均可以依据《民法典》第 599 条请求开具发票。卖方开具发票的义务属于从合同义务,可以诉请履行。司法实践也倾向认

为开具发票的义务属于从合同义务。

上海市高级人民法院民事审判第二庭《关于合同纠纷案件审理中若干问题的讨论纪要之关于增值税专用发票的问题》规定，根据《合同法》第 136 条（现《民法典》第 599 条）、《买卖合同司法解释》第 7 条（现《最高人民法院关于审理买卖合同纠纷案件适用法律问题的解释（2020）》第 4 条）规定，出卖人除应履行交付标的物的主义务外，还应向买受人履行交付普通发票和增值税专用发票等有关单证和资料的从义务。虽然从合同义务相对主合同义务而言不具有独立性，但不影响买受人可以单独诉请法院判令出卖人履行交付发票的义务；又考虑到拒不开具发票行为却将造成买受人损失，其对此具有诉的利益，不应限制其对此起诉的权利。

山东省莱芜市中级人民法院《全市法院商事审判工作座谈会纪要》规定，在买卖合同纠纷中，经常遇到买受人诉请要求出卖人开具发票，特别是增值税专用发票的情况。一种长期存在的认识是：开具发票属于行政法律关系，不是民事法律关系，买受人要求开具发票的，法院应不予支持，但买受人可以要求出卖人赔偿因不开具发票而造成的无法抵扣税款等损失。《合同法》第 136 条（现《民法典》第 599 条）规定，"出卖人应当按照约定或交易习惯向买受人交付提取标的物单证以外的有关单证和资料"，此为买卖合同关系中的从给付义务。按照 2012 年《买卖合同司法解释》，该"有关单证和资料"包括保险单、保修单、普通发票、增值税专用发票、产品合格证、使用说明书等。据此，出卖人的开具发票义务，亦属于合同法从给付义务的范畴。作为合同义务，买受人诉请履行，或者诉请赔偿因不履行而产生的损失的，法院应予支持。

二、开具发票的义务能否产生同时履行抗辩权（或先履行抗辩权）应视情况而定

从合同义务可以诉请履行，但是一方的从给付义务能否与对方的给付义务视为对待给付的关系进而发生同时履行抗辩权（或先履行抗辩权），应视其对合同目的的达成是否必要而定。

1. 合同未对发票开具进行约定

在合同未对开具发票进行约定时，当事人依然可以依据《民法典》第 599 条请求开具发票。一般情况下，未履行开具发票的义务并没有到达使合同主给付义务目的落空的程度。但是也不排除在特定交易中，收款方不提供发票将导致合同目的无法实现，如在机动车买卖交易中，《机动车销售统一发票》会影响买方办理机

动车牌照，进而影响买方能否合法行驶，未开具发票可能导致买方无法实现合同目的。在建设工程施工合同中，施工方的主要义务是依照合同约定完成涉案工程，且工程能够验收合格并交付使用；对于发包方而言，支付工程款系其主要合同义务，即在涉案工程已完工且已结算的情况下，发包方应支付工程款，即双方的主合同义务分别是进行建设工程施工与支付工程款。建设工程承包方作为收款方虽具有法定的开具发票的义务。交付发票的义务与付款的义务并不对等，发包人不能以施工人未开具发票对抗其应履行付款义务。在其他合同中亦是如此。因此，我们认为在合同未对开具发票进行约定的情形下，开具发票属于从给付义务，可以单独诉请履行，但是通常情形下，未开具发票不会导致合同目的无法实现，不能产生同时履行抗辩权，即不能仅因对方未开具发票而拒绝付款。

2. 若合同对发票开具进行了约定

如果合同条款明确约定了增值税专用发票的开具为付款的条件，在此情况下，双方认为开具发票对合同目的是重要的，应当尊重合同当事人的意志，构成对待给付关系，可产生同时履行抗辩权或先履行抗辩权。收款方未按约开具发票显属违约，应承担违约责任，付款方不仅可单独诉请履行，亦可行使同时/先履行抗辩权即拒绝履行付款义务。

在本案中，合同虽然约定先开票再付款，但是发包人在承包人追讨工程款的过程中，从未要求其开具发票，而是承诺付款，因此法院并未认定发包人的抗辩成立。由此案可知，对于发包人而言，仅仅在合同中约定清楚先开票后付款是不足以形成迟延付款的抗辩理由，发包人还应当依据法律规定或合同约定时间，及时要求收款方开具发票。发包人付款后承包人不开具发票的，发包人应当尽早提起诉讼或向税务机关投诉解决。对于承包人而言，可以在合同中约定先付款后开票并且限定付款方要求开具发票的期限，超过期限未要求开具发票导致的损失由付款方承担。如果合同中已经明确约定了先开票后付款，并且发包人也通知先开具发票的，承包人应当及时开具发票，避免承受相应的损失。

【相关依据】

《民法典》

第五百二十五条 当事人互负债务，没有先后履行顺序的，应当同时履行。一方在对方履行之前有权拒绝其履行请求。一方在对方履行债务不符合约定时，有权拒绝其相应的履行请求。

第五百二十六条　当事人互负债务，有先后履行顺序，应当先履行债务一方未履行的，后履行一方有权拒绝其履行请求。先履行一方履行债务不符合约定的，后履行一方有权拒绝其相应的履行请求。

第五百九十九条　出卖人应当按照约定或者交易习惯向买受人交付提取标的物单证以外的有关单证和资料。

最高人民法院《关于审理买卖合同纠纷案件适用法律问题的解释》(法释〔2020〕17号)

第四条　民法典第五百九十九条规定的“提取标的物单证以外的有关单证和资料”，主要应当包括保险单、保修单、普通发票、增值税专用发票、产品合格证、质量保证书、质量鉴定书、品质检验证书、产品进出口检疫书、原产地证明书、使用说明书、装箱单等。

裁判规则 4	建设工程施工合同无效，总包方实际履行了管理义务的，应当计取管理费

【案例信息】

名称：上海华亚建设发展有限公司诉上海五隆置业发展有限公司（以下简称五隆公司）建设工程合同纠纷

案号：(2019)沪01民终3286号

法院：上海市第一中级人民法院

【关联事实】

2011年10月12日，经招投标程序，五隆公司作为发包人，长广公司作为承包人，签订《上海市建设工程施工合同》（以下简称施工合同）。

2011年12月28日，长广公司与上海D有限公司（以下简称D公司）签订《建筑工程项目内部承包合同》（以下简称承包合同），约定由D公司承包施工合同中涉及的10#、13#、14#、15#、16#、17#、18#房，合同暂定价70781021元。承包合同第2.1.1条约定，以长广公司同发包单位核实的结算价为准（包括甲供材料），D公司净上缴长广公司管理费为总造价的7.2%（含税金、管理费及企业利润所得税），工程所有公摊费用按施工实际面积分摊。

上海E有限公司(以下简称E公司)于2015年5月20日出具审价报告,其中工程审价审定单确认××镇××社区动迁房基地××地块配套商品房土建、安装工程审定总造价为272410262元,其中相应浦东新区配套商品房凌桥××地块土建审价(二队)汇总表即涉及华亚公司施工全部范围明确送审金额143532152元,审价金额103548481元,浦东新区配套商品房凌桥××地块水电安装审价汇总表即涉及华亚公司施工全部范围明确送审金额19623605元,审价金额10327920元。E公司就××镇××社区动迁房基地××地块配套商品房土建、安装工程审价收费出具情况说明,明确其中一队土建、安装审价费为1639243元,二队土建、安装审价费为1391454元。

【裁判理由】

长广公司通过招投标程序,自五隆公司承接××镇××社区××地块土建、安装工程、室外总体及绿化工程后,违法将其中部分工程分包给D公司,长广公司与D公司签订的相关建筑工程项目内部承包合同应属无效。

鉴于长广公司作为总包方对D公司的分包项目实施了管理工作,故长广公司要求参照合同约定计取管理费,本院予以采纳。根据合同约定的管理费为总造价的7.2%,华亚公司应向长广公司支付管理费8930509.63元。华亚公司认为法律规定合同无效情形下应没收管理费的上诉意见,本院不予采信。

【案例评析】

在建设工程施工领域,违法分包、转包、挂靠等方式承揽工程的情况十分常见,为维护建筑市场秩序,保证建设工程质量,法律、司法解释均规定了转包、违法分包、挂靠情形下签订的建设工程施工合同无效。例如,《建筑法》第29条第3款规定:“禁止总承包单位将工程分包给不具备相应资质条件的单位。禁止分包单位将其承包的工程再分包。”《民法典》第793条第1款规定:“建设工程施工合同无效,但是建设工程经验收合格的,可以参照合同关于工程价款的约定折价补偿承包人。”在司法实践中,建设工程施工合同无效但竣工验收合格后,对于人工费、材料费、施工机具使用费等直接费应参照合同约定支付,通常并无异议。但对于管理费是否仍应参照合同约定支付,主要存在以下几种观点:

第一种观点是参照合同约定说。这种观点认为,建设工程经竣工验收合格时,尽管建设工程施工合同无效,工程价款仍应参照合同约定支付,“管理费”属于建设工程价款的组成部分,故应参照约定处理。转包方、违法分包方、被挂靠方向转承包人、挂靠人主张管理费的,应予支持。

第二种观点是无效返还说。无效情形下合同约定的“管理费”属于“非法”所得,合同中的相关条款无效,应参照合同无效的处理方式。转包方主张应从支付的工程价款中扣除“管理费”的,不予支持;施工方主张返还“管理费”或者工程价款不扣除“管理费”的,应予以支持。

第三种观点是实际参与管理说。合同约定的“管理费”有的为建设工程价款的组成部分,有的为转包方的转包牟利。对于前者,在查明转包方实际参与了施工管理服务的情况下,可参照合同约定处理;对于后者,因转包方并未进行管理也无实际支出,故不存在对其投入折价返还的问题。在分配合同无效的后果时,应遵循诚信原则,不能使不诚信的当事人因合同无效而获益。

本案中,法院采取了第三种观点。长广公司通过招投标程序承包了涉案工程,但随后又将部分工程违法分包给 D 公司,因此案涉分包合同应属无效。但长广公司实际履行了相应的管理义务,法院判决应当按照合同约定计取相应的管理费。

【相关依据】

《民法典》

第七百九十三条第一款　建设工程施工合同无效,但是建设工程经验收合格的,可以参照合同关于工程价款的约定折价补偿承包人。

《建筑法》

第二十九条第三款　禁止总承包单位将工程分包给不具备相应资质条件的单位。禁止分包单位将其承包的工程再分包。

裁判规则 5	施工过程中发生材料变更,合同清单所列材料未发生变化的,价格应按合同价确定;合同清单以外的材料,按照市场价确定

【案例信息】

名称:上海皓科建设发展有限公司(以下简称皓科公司)与上海伊夫曼物业发

展有限公司(以下简称伊夫曼公司)建设工程施工合同纠纷

案号:(2019)沪01民终4400号

法院:上海市第一中级人民法院

【关联事实】

通过招投标方式,皓科公司承接了××酒店装修项目的施工工程。2015年5月18日,伊夫曼公司(发包人)与皓科公司(承包人)签订《××酒店装修项目施工合同》,约定:“工程名称:××酒店装修项目;工程地点:上海市闵行区××路××号;工程内容:装饰装修工程,合同工期:开工日期为2015年5月18日,竣工日期为2015年9月6日;合同价款:暂定金额为5004572元。”“23.合同价款与调整:23.2 本合同价款采用单价闭口,可调总价合同计价方式确定。(1)采用固定总价计价方式的,合同价款中包括的风险范围:不适用;风险费用的计算方法:不适用;风险范围以外合同价款调整方式:不适用。(2)采用固定单价计价方式的,合同单价的调整方法:按照招标文件约定。(3)采用其他计价方式的,合同价款的调整方法:不适用。”

2015年2月,伊夫曼公司与筑京公司签署《××酒店装修工程项目管理服务合同》,约定,由筑京公司为××酒店装饰工程提供项目管理服务,工程规模为2800平方米,项目建安造价:总投资12000000元,项目管理服务期限为:从合同签订之日起至工程竣工验收完成之日止。

2015年8月12日,筑京公司向伊夫曼公司出具关于部分增项工程量预算文件的说明,载明,“此次上报的增项工程量预算文件是应贵司要求,根据工程实际进度状况及补充工作内容,为了更好地把控工程投资总额而制定,不作为决算依据,仅供支付工程进度款参考,对于该文件说明如下:1.增补工作的主要内容:A.根据业主方使用功能要求进行的增加项,如:底层宴会厅扩展、办公区的扩展、门区的改造等;B.由于原有设备老化及能效原因,或使用功能变化,使原有设计无法满足现行使用要求,如宴会厅空调设备及××楼层水管更换等;C.招标文件未考虑或以暂定价形式确定的工作内容,如:拆除工程。2.工程量计算以设计图纸为依据,结合现场实际尺寸估算,具体数量以签证单为准。3.此预算原件可作为贵司控制总投资额的依据,也可作为支付工程进度款的依据。由于增项总额数量较大,建议支付款进度不超过总额的80%。4.决算依据需要提供严谨的签证单,与决算不符的以决算为准”。

工程施工过程中，皓科公司与工程监理单位上海B有限公司（以下简称B公司）之间形成过工程材料、构配件、设备报审表等材料。筑京公司、皓科公司及B公司之间亦形成了工程联系单、工程量签证单、材料确认单等书面材料，伊大曼公司于2016年1月13日在上述工程量签证单、工程联系单、材料确认单上盖章确认，并注明“以上施工项目工程量由监理审核确认”及“以上报价由审计公司审核”。

【裁判理由】

在不能认定双方重新就材料价格达成一致的情况下，合同清单所列材料未发生变化的，价格应按合同价确定；合同清单以外的材料，应当适用我国原《合同法》第62条的规定，按照市场价确定。针对双方的争议，一审委托的司法鉴定机构出具的鉴定意见及补充鉴定意见根据不同的计价原则，分别确定了系争工程的造价，即对于相应材料按照批价计算，系争工程造价为14017797元，而按照市场价计算，系争工程的造价为9151593.48元。一审采信后一鉴定意见确定系争工程的造价，依据充分。皓科公司主张应当采信前一鉴定意见，系其对《工程材料报价审批表》上伊夫曼公司特别注明内容的片面理解，并无任何依据。

【案例评析】

建设工程施工合同履行过程中，经常会发材料变更的情形。如果合同双方对变更后的材料价格有约定的，按照民法意思自治的原则，则应当按照合同约定进行结算。但若合同双方对变更材料价格无约定的，应当如何结算？对于变更后的材料价格，应当分成两部分来看待。如果变更后的材料，在原来的报价清单中有列明的，应当按照报价清单中的价格进行结算；如果变更后的材料，原来的报价清单中不存在，则应当按照市场价来确定。

《民法典》第511条第2项规定：“（二）价款或者报酬不明确的，按照订立合同时履行地的市场价格履行；依法应当执行政府定价或者政府指导价的，依照规定履行。”根据本条的规定，当合同对价款约定不明的，按照订立合同时履行地的市场价格履行。该条限定了适用市场价格的前提是订立合同时履行地的市场价格。对应到工程案件的材料变更的情形中，则应当是发生材料变更时候的市场价格。如果后续发生了材料价格的波动，只要是属于当事人可以预期的、正常商业风险范围内的波动，这个价格就是合理的。

而《建设工程价款结算暂行办法》提供了另外一种确定价格的方式,该办法第11条第2项规定:“工程价款结算应按合同约定办理,合同未作约定或约定不明的,发、承包双方应依照下列规定与文件协商处理:(二)国务院建设行政主管部门、省、自治区、直辖市或有关部门发布的工程造价计价标准、计价办法等有关规定”,即合同中没有约定的,应当按照国务院建设行政主管部门、省、自治区、直辖市或有关部门发布的工程造价计价标准、计价方法等有关规定。那么,对于不确定的材料的价格,究竟是采用市场价抑或是政府发布的有关指导价呢?

在本案中,法院采取了以市场价来确定变更后的材料的价格,这是因为相比于地方政府发布的指导价,市场价能更好地反映材料的真实成本,更有利于平衡双方的利益关系。因此,如果通过市场价能够确定材料价格的,则应当按照市场价来确定变更材料的价格。

【相关依据】

《民法典》

第五百一十一条第(二)项 当事人就有关合同内容约定不明确,依据前条规定仍不能确定的,适用下列规定:(二)价款或者报酬不明确的,按照订立合同时履行地的市场价格履行;依法应当执行政府定价或者政府指导价的,依照规定履行。

《建设工程价款结算暂行办法》

第十一条第(二)项 工程价款结算应按合同约定办理,合同未作约定或约定不明的,发、承包双方应依照下列规定与文件协商处理:(二)国务院建设行政主管部门、省、自治区、直辖市或有关部门发布的工程造价计价标准、计价办法等有关规定。

裁判规则6 实际施工人不享有建设工程价款优先受偿权

【案例信息】

名称:何某富与上海三花颐景置业有限公司(以下简称三花公司)等建设工程施工合同纠纷

案号:(2021)沪01民终5739号

法院:上海市第一中级人民法院

【关联事实】

涉案工程发包方为三花公司,2014 年,三花公司与世方公司签订《建设工程施工承包合同》,对工程概况、施工范围、结算、价款支付等进行了约定。同年,世方公司(甲方)又与何某富(乙方)签订《世方公司惠南民乐基地 M05 - 01 地块项目建安工程内部承包管理协议书》,约定何某富愿意行使世方公司与三花公司中建设单位对乙方的所有要求及义务,并承担由此产生的乙方的一切责任及后果。世方公司按照建设单位结算总价的 8% 作为管理成本及税费,世方公司收到建设单位支付的项目工程款后,扣除 8% 税管费后,余额支付给乙方。

2019 年,何某富、三花公司和世方公司签订《工程结算审核意见确认书》,确定涉案工程最终结算价为 8526.4142 元,其中何某富及世方公司署期为 2019 年 3 月 3 日,三花公司署期为 2019 年 9 月 5 日。各方一致确认,涉案工程的工程款由三花公司向世方公司支付,世方公司收到后支付给何某富。

【裁判理由】

工程款优先受偿权是法定权利,对于享有该权利的主体也是有法律明确规定的,不能通过当事人之间的约定来变更法律的规定。据此,本院认为何某富主张其作为挂靠人可以直接向三花公司主张工程的理由缺乏依据,本院不予采信。

【案例评析】

《民法典》第 807 条规定:“发包人未按照约定支付价款的,承包人可以催告发包人在合理期限内支付价款。发包人逾期不支付的,除根据建设工程的性质不宜折价、拍卖外,承包人可以与发包人协议将该工程折价,也可以请求人民法院将该工程依法拍卖。建设工程的价款就该工程折价或者拍卖的价款优先受偿。”而承包人的范围非常广泛,如总承包人、分承包人、违法分包的承包人、转包人、挂靠承包人、内部承包人等。根据《民法典》第 788、791 条的规定,承包人至少包括勘察人、设计人、专业分包人、施工承包人。因此,在实践中关于优先受偿权的主体存在争议。在具体的司法审判中,对于勘察人、设计人不享有优先受偿权基本达成了共识。对专业分包人、实际施工人、挂靠人是否享有优先受偿权则存有分歧。根据最高人民法院民事审判第一庭编著的《最高人民法院新建设工程施工合同司法解释（一）理解与适用》，实际施工人不享有建设工程价款优先受偿权。实际施工人可以通过《建设工程施工合同司法解释（一）》第44条规定的工程款代位权来保障其合法权益。

《建设工程施工合同司法解释（一）》第35条对《民法典》第807条中的"承包人"进行了明确的限缩解释，确认"与发包人订立建设工程施工合同的承包人"才享有优先受偿权。文义理解，与发包人订立建设工程施工合同的承包人应理解为与发包人直接签订了书面建设工程施工合同或者直接存在承包关系的承包人，不包括勘察人、设计人、实际施工人以及次承包人和合法的分包人等中间的承包人。这是因为《建筑法》第28、66条规定禁止转包，《民法典》第791条也明文规定不得转包，这些规定都具有法律的强制性，应当为包括实际施工人在内的所有人遵守，如果赋予实际施工人以优先受偿权，势必会对其违法行为客观上予以鼓励。

当然，也有观点认为，《建设工程施工合同司法解释（一）》第35条采取了一种非限定性的表述，并没有排除其他的主体。因此，对于其他主体能否优先受偿权，仍有待在司法实践中进一步明确，以更好地解决争议，统一裁判规则。

在本案中，作为实际施工人的何某富要求其享有优先受偿权，法院以优先受偿权具有法定性为由并未支持其诉讼请求。

【相关依据】

《民法典》

第八百零七条　发包人未按照约定支付价款的，承包人可以催告发包人在合理期限内支付价款。发包人逾期不支付的，除根据建设工程的性质不宜折价、拍卖外，承包人可以与发包人协议将该工程折价，也可以请求人民法院将该工程依法拍卖。建设工程的价款就该工程折价或者拍卖的价款优先受偿。

《建设工程施工合同司法解释（一）》（法释〔2020〕25号）

第三十五条　与发包人订立建设工程施工合同的承包人，依据民法典第八百零七条的规定请求其承建工程的价款就工程折价或者拍卖的价款优先受偿的，人民法院应予支持。

裁判规则 7	实际施工人请求支付工程价款的，应当以实际施工人与违法分包人之间签订的合同为结算依据

【案例信息】

名称：上海秋元华林建设集团有限公司（以下简称秋元华林公司）、浙江省建工集团有限责任公司（以下简称浙江建工集团）与中铁城建集团第三工程有限公司（以下简称中铁建设集团）建设工程施工合同纠纷

案号：（2020）沪 03 民终 44 号

法院：上海市第三中级人民法院

【关联事实】

2008 年 12 月，沿海铁路浙江公司与中铁建设集团签订《新建铁路甬台温线奉化等八个站房及站场相关工程第Ⅱ标段施工合同》1 份，约定发包人沿海铁路浙江公司接受承包人中铁建设集团对于新建铁路甬台温线奉化等八个站房及站场相关工程第Ⅱ标段的施工投标，双方共同达成协议，签约合同价为 181810186 元等内容。

2009 年 3 月 4 日，中铁二十二局集团有限公司与浙江建工集团签订《建设工程施工专业分包合同》（以下简称合同一），约定中铁二十二局集团有限公司向浙江建工集团分包新建铁路甬台温线奉化等八个站房及站场相关工程第Ⅱ标段——雁荡山站钢结构、幕墙、内装修等工程，分包合同价款暂定 58955043 元等内容。

2009 年 4 月 7 日，中铁二十二局六公司（后更名为中铁城建三公司）与秋元华林公司签订《建设工程施工专业分包合同》（以下简称合同二），约定中铁二十二局六公司向秋元华林公司分包甬台温铁路宁波至温州段新建工程雁荡山站房内装修工程，分包合同价款暂定 8069863 元等内容。

2009 年（日期为签订合同二后），秋元华林公司又与浙江建工集团签订《建设工程施工专业分包合同》（以下简称合同三），约定浙江建工集团向秋元华林公司分包甬台温铁路宁波至温州段新建工程雁荡山站房内装修工程，分包合同价款暂定 6199495 元等内容。

合同三与合同二除关于工程价款的约定不一致外，其他条款均大体一致。

案涉工程施工过程中还产生签证 12 份，涉及设计变更等合同外工程，共计工程款为 1951060.83 元。

雁荡山铁路工程已于2009年10月1日整体交付并实际运行使用。

【裁判理由】

本院认为，针对秋元华林公司的上诉，各方当事人形成的二审争议焦点在于涉案工程结算纠纷应参照的合同依据究竟为中铁城建三公司与秋元华林公司签订的合同，还是秋元华林公司与浙江建工集团签订的合同。秋元华林公司坚持适用与中铁城建三公司合同结算的理由在于涉案工程属于法定必须经过招投标的工程，该合同为备案迎检合同，也是秋元华林公司认可的涉案工程唯一有效合同。但合同相对性系合同法之基本原理，浙江建工集团并非中铁城建三公司与秋元华林公司合同的缔约方或参与者。现秋元华林公司却要求在与浙江建工集团的工程结算中适用浙江建工集团并非缔约主体的合同为结算依据，显然既有悖于合同相对性原则，亦有悖于法理人情。从原审详细描述的数份与本案工程有关的合同订立、履约顺序，直至(2010)沪铁中民初字第23号案件中涉案各方当事人自愿就涉案工程结算最终达成的两两相对的结算、付款次序以及权利义务关系可见，秋元华林公司自愿认可了其涉案工程的结算对象是浙江建工集团，则当然应当适用他们两者之间的合同进行结算。现秋元华林公司枉顾自己之前作出的真实意思表示，主张援引与中铁城建三公司签订的合同与浙江建工集团结算，显然无法得到支持。

【案例评析】

为规避法律和行政法规对工程施工资质和招投标程序的要求，建工市场中借用资质，层层违法转包、违法分包等现象较为普遍。违法分包合同、转包合同与承包合同在结算条款、违约责任等具体合同条款上都高度一致，在实际施工人请求支付工程价款时，究竟以哪一份合同为结算依据，存在以下两种观点：

第一，以承包合同为结算依据。理由是承包合同与转包合同具有牵连关系，不能作为完全相互独立的合同看待。另外，实际施工人提交的结算资料普遍存在“水分”。如果本案按照结算资料支持实际施工人主张的工程价款，而在发包人与承包人的另案诉讼中发包人提出有效抗辩，则可能导致承包人承担巨额价差损失。

第二，以违法分包合同为依据。承包合同与违法分包合同仅具有事实上的牵连关系而非法律上的牵连关系，分属于独立合同。在当事人双方无特殊约定的前提下,实际施工人主张工程价款,不应以承包合同的结算为前提。即便在发包人与承包人、承包人与实际施工人的不同诉讼中可能会出现工程价款差异,但此种差异乃是两个合同事实牵连关系的体现,不能作为其具有法律牵连的理由。

在本案中,关于案涉工程存在两份合同,即承包人与违法分包人签订的合同三和违法分包人与实际施工人签订的合同二。法院最终以合同的相对性原则,认定应当以违法分包人与实际施工人签订的合同二为结算的依据。

【相关依据】

《民法典》

第四百六十五条　依法成立的合同,受法律保护。

依法成立的合同,仅对当事人具有法律约束力,但是法律另有规定的除外。

《建筑工程施工发包与承包违法行为认定查处管理办法》

第六条　存在下列情形之一的,属于违法发包:

(一)建设单位将工程发包给个人的;

(二)建设单位将工程发包给不具有相应资质的单位的;

(三)依法应当招标未招标或未按照法定招标程序发包的;

(四)建设单位设置不合理的招标投标条件,限制、排斥潜在投标人或者投标人的;

(五)建设单位将一个单位工程的施工分解成若干部分发包给不同的施工总承包或专业承包单位的。

裁判规则 8	项目特征描述与施工图纸不一致的,由此造成的返工费用由发包人承担

【案例信息】

名称:含山县龙亢水务有限公司(以下简称龙亢公司)、江苏神龙海洋工程集团有限公司(以下简称神龙公司)建设工程施工合同纠纷

案号:(2020)皖民终 661 号

法院:安徽省高级人民法院

【关联事实】

龙亢公司建设的含山县含城自来水长江引水管道工程取水泵站相关工程(项目编号:HSJC－2014－001)于2014年1月23日对外公开招标,神龙公司中标该工程。2014年3月8日,龙亢公司(作为发包人)与神龙公司(作为承包人)签订一份《建设工程施工合同》。

合同签订后,神龙公司依约完成了全部施工任务,该工程合同工期为300日历天,实际开工时间为2014年3月8日,2015年12月主体结束,2016年6月20日竣工验收,实际工期832日历天。

除招投标确定范围内的工程,含城自来水长江引水管道工程取水泵站工程存在合同外变更工程。施工结束后,神龙公司向龙亢公司提交了包括41项变更签证的结算送审资料,送审总价20206144.24元。针对案涉工程的41项变更签证工作联系单,龙亢公司委托安徽恒信腾达项目管理咨询有限公司进行审核,其中15项因签证意见不予计取或涉及的主要责任描述不清等原因未予审核,该15项包括编号为L003、L005、L010、L025、L026、L027、L028、L029、L030、Z003、Z004＋Z005、Z007、Z008、Z009、Z010的变更签证,上述15项神龙公司报送金额共计为2150945.90元。

在案件审理期间,经神龙公司申请,该院委托安徽皖工工程咨询研究院有限公司(以下简称皖工公司)对案涉工程进行工程造价鉴定,神龙公司预交鉴定费60000元。2019年9月24日,皖工公司出具皖工造字(2019)1－007号含山县含城自来水长江引水管道工程中取水泵站相关工程的工程造价鉴定报告(以下简称鉴定报告)。鉴定结论:"……(二)根据提供资料有争议部分。5.联系单Z008埋地钢管外防腐返工增加造价:763617.33元。"

【裁判理由】

一审法院认为,龙亢公司与神龙公司对鉴定结论中认定联系单Z008埋地钢管外防腐返工增加造价金额为763617.33元均无异议,但均认为应当由对方承担增加费用。本项费用的产生是因为钢管防腐做法清单项目特征与施工图描述不一致造成的返工增加费用。《建设工程工程量清单计价规范》(GB 50500－2013)中第9－4－1条规定:"发包人在招标工程量清单中对项目特征的描述,应被认为是准确的和全部的,并且与实际施工要求相符合。承包人应按照发包人提供的招标工程量清单,根据项目特征描述的内容及有关要求实施合同工程,直至项目被改变为止。”第9－4－2条规定:“承包人应按照发包人提供的设计图纸实施合同工程,若在合同履行期间出现设计图纸(含设计变更)与招标工程量清单任一项目的特征描述不符,且该变化引起该项目工程造价增减变化的,应按实际施工的项目特征,按本规范第9.3节相关条款的规定重新确定相应工程量清单项目的综合单价并调整合同价款。”因此,发包人龙亢公司对项目特征的描述应当是准确和全面的,在施工图纸与项目特征描述不一致时,承包人神龙公司应当按照项目特征描述进行施工,因发包人龙亢公司提供的清单项目特征与施工图描述不一致而造成的返工增加费用应当由发包人龙亢公司承担。

二审法院认为,联系单Z008为埋地钢管外防腐返工增加造价金额。该项费用的产生是因为钢管防腐做法清单项目特征与施工图描述不一致造成的返工增加费用。一审鉴于该返工增加费系因发包人龙亢公司提供的清单项目特征与施工图描述不一致而造成的情况,判决龙亢公司对此承担责任亦无不当。

【案例评析】

项目特征是构成分部分项工程清单项目、措施项目自身价值的本质特征,是确定综合单价的前提,也是区分其他清单项目的依据和履行合同的基础。工程量清单项目的特征决定了工程实体的实质内容,直接决定了工程实体的自身价值(价格),应予以详细而准确的表述和说明。

《建设工程工程量清单计价规范》(GB 50500－2013)第4.1.2条规定:“招标工程量清单必须作为招标文件的组成部分,其准确性和完整性应由招标人负责。”第5.2.3条规定:“分部分项工程和措施项目中的单价项目,应根据拟定的招标文件和招标工程量清单项目中的特征描述及有关要求确定综合单价计算。”第9.4.1条规定:“发包人在招标工程量清单中对项目特征的描述,应被认为是准确的和全面的,并且与实际施工要求相符合。承包人应按照发包人提供的招标工程量清单,根据项目特征描述的内容及有关要求实施合同工程,直到项目被改变为止。”第9.4.2条规定:“承包人应按照发包人提供的设计图纸实施合同工程,若在合同履行期间出现设计图纸(含设计变更)与招标工程量清单任一项目的特征描述不符,且该变化引起该项目工程造价增减变化的,应按实际施工的项目特征,按本规范第9.3节相关条款的规定重新确定相应工程量清单项目的综合单价,并调整合同价款。”《建设工程工程量清单计价规范》就其性质而言为强制性国家标准,在司法审判层面属效力性强制性规范抑或管理性强制性规范存在争议。

实践中,如果招标人提供的工程量清单中有关项目特征的描述存在漏项、错误等问题,则在合同履行过程中(特别是在结算阶段)发承包双方容易产生争议。实践中大多法院往往判决由发包人承担主要责任,但如果承包人对项目特征未尽审慎注意义务,且未按照《建设工程工程量清单计价规范》的规定与发包人就涉争项目重新确定单价或向其提出追加工程价款的要求,自身亦存在一定过错,承包人也可能承担部分责任。

因项目特征描述不清导致工程造价发生变化的,合同价款如何调整?《民法典》第511条第2项规定:"价款或者报酬不明确的,按照订立合同时履行地的市场价格履行;依法应当执行政府定价或者政府指导价的,依照规定履行。"《建设工程工程量清单计价规范》第9.3条规定了以下几种处理方式:(1)采用已标价工程量清单中类似项目的单价。(2)参考工程造价管理机构发布的信息价格和承包人报价浮动率进行确定单价。(3)根据有合法依据的市场价格确认单价。本案中,双方对因项目特征描述不符而变更部分增加的造价金额并无异议,法院直接以双方认可的鉴定金额确定工程价款。

【相关依据】

《民法典》

第五百一十一条第二款 价款或者报酬不明确的,按照订立合同时履行地的市场价格履行;依法应当执行政府定价或者政府指导价的,依照规定履行。

《建设工程工程量清单计价规范》

4.1.2 招标工程量清单必须作为招标文件的组成部分,其准确性和完整性应由招标人负责。

5.2.3 分部分项工程和措施项目中的单价项目,应根据拟定的招标文件和招标工程量清单项目中的特征描述及有关要求确定综合单价计算。

9.3.1 因工程变更引起已标价工程量清单项目或其工程数量发生变化时,应按照下列规定调整:

1 已标价工程量清单中有适用于变更工程项目的,应采用该项目的单价;但当工程变更导致该清单项目的工程数量发生变化,且工程量偏差超过15%时,该项目单价应按照本规范第9.6.2条的规定调整。

2 已标价工程量清单中没有适用但有类似于变更工程项目的,可在合理范围内参照类似项目的单价。

3 已标价工程量清单中没有适用也没有类似于变更工程项目的,应由承包人根据变更工程资料、计量规则和计价办法、工程造价管理机构发布的信息价格和承包人报价浮动率提出变更工程项目的单价,并应报发包人确认后调整。承包人报价浮动率可按下列公式计算:

招标工程:

承包人报价浮动率 L = (1 - 中标价/招标控制价) ×100% (9.3.1 -1)

非招标工程:

承包人报价浮动率 L = (1 - 报价/施工图预算) ×100% (9.3.2 -2)

4 已标价工程量清单中没有适用也没有类似于变更工程项目,且工程造价管理机构发布的信息价格缺价的,应由承包人根据变更工程资料、计量规则、计价办法和通过市场调查等取得有合法依据的市场价格提出变更工程项目的单价,并应报发包人确认后调整。

9.4.1 发包人在招标工程量清单中对项目特征的描述,应被认为是准确的和全面的,并且与实际施工要求相符合。承包人应按照发包人提供的招标工程量清单,根据项目特征描述的内容及有关要求实施合同工程,直到项目被改变为止。

9.4.2 承包人应按照发包人提供的设计图纸实施合同工程,若在合同履行期间出现设计图纸(含设计变更)与招标工程量清单任一项目的特征描述不符,且该变化引起该项目工程造价增减变化的,应按照实际施工的项目特征,按本规范第9.3节相关条款的规定重新确定相应工程量清单项目的综合单价,并调整合同价款。

裁判规则9	依法不属于必须招标的建设工程,若中标合同无效,与中标合同实质内容不一致的其他合同未违反法律行政法律的效力性强制规定,且为双方当事人实际履行的合同,可以以该合同作为工程款结算依据

【案例信息】

名称:中铁上海工程局集团有限公司(以下简称中铁上海公司)诉上海亿佰建筑劳务有限公司(以下简称亿佰公司)建设工程施工合同纠纷

案号:(2020)沪01民终385号

法院:上海市第一中级人民法院

【关联事实】

2015 年 10 月 11 日,中铁上海公司(甲方)以中铁上海工程局集团有限公司黄浦江上游水源地连通管工程 C5 标项目经理部的名义和亿佰公司(乙方)签订编号为中铁上海市政 C5 标项目部(劳分)字(2015) -008 的《建设工程施工劳务分包合同》(以下简称工程合同一)

2016 年 1 月 10 日,原告向被告提交投标文件[编号:中铁上海市政 C5 标项目部(劳分)字(2016) -001],投标项目为中铁上海市政 C5 标项目部(劳分)字(2016) -001 的沉井下沉工程,投标总报价为 5110259.49 元。同日,被告出具中标通知书,通知确定原告作为沉井下沉工程的中标单位,并要求原告持中标通知书和被告签订《劳务分包合同》及办理进场手续。

2016 年 1 月 18 日,被告(甲方)以中铁上海公司黄浦江上游水源地连通管工程 C5 标项目经理部的名义和原告(乙方)签订编号为中铁上海市政 C5 标项目部(劳分)字(2016) -001 的《建设工程施工劳务分包合同》(以下简称工程合同二)。

2016 年 3 月 4 日,廖某林以中铁上海公司黄浦江上游水源地连通管工程 C5 标项目经理部的名义出具情况说明一份,载明:中铁上海工程局公司黄浦江上游水源地连通管工程 C5 标项目经理部与亿佰公司签订的编号为"中铁上海市政 C5 标项目部(劳分)字(2016) -001"、项目为"中铁上海局集团有限公司黄浦江上游水源地连通管 C5 标项目经理部"的《建设工程施工劳务分包合同》,当时是为了应付我部上级部门及公司流转及检查之用。

一审审理中,原告称双方签订的工程合同一系双方真实意思表示,签订工程合同二是为了配合被告内部检查、审计所用。被告称双方签订的工程合同二系双方真实意思表示,签订工程合同一是为了给工人购买社保所用。被告另称其采取的是先进场、再招标的方式。原、被告均确认本案系争工程项目不属于必须招投标的工程。原、被告另确认在进行招投标之前对工程内容进行过磋商。原告另确认其于 2015 年 10 月进场施工。被告另确认原告于 2015 年 10 月进场施工,其在招标过程中,并未对于已经完成的工程进行结算,也未通知原告停止施工。

【裁判理由】

一审法院认为,首先,从法律适用的角度来看,根据相关司法解释的规定,发包人将依法不属于必须招标的建设工程进行招标后，与承包人另行订立的建设工程施工合同背离中标合同的实质性内容，当事人请求以中标合同作为结算建设工程价款依据的，人民法院应予支持，但上述规定的前提在于双方之间签订的中标合同应属有效合同。……综合在案证据及当事人的陈述，可以反映亿佰公司、中铁上海公司虽然进行了招投标的流程，但该次招投标违反了《招标投标法》、原《合同法》中的强制性、效力性规定，应属无效，双方根据招投标所签订的工程合同二亦应属无效合同。

因工程合同一为真实有效的合同，而工程合同二系属无效，在亿佰公司、中铁上海公司之间存在两组不同结算的情况下，基于工程合同一所签订的结算材料，更符合双方的合同约定和实际履行，也系双方当事人的真实意思表示，故一审法院采纳亿佰公司的主张，以《沉井下沉劳务分包工程量结算单》作为双方的工程量的结算。

二审法院认为，查本案合同一业经建设工程网上备案，签约后亿佰公司进场施工履约，而合同二系双方事后补签，该合同标的工程并非法定需招标项目，本案劳务施工项目亦无任何证据表明经合法、公开之招标程序进行，上诉人所谓以招标方式签约显然缺乏事实依据，此为其一。

其二，中铁上海公司的项目副经理廖某在（合同履行期间）2016 年 3 月 4 日出具的情况说明明确指出，工程合同二系为应付上级部门及公司流转及检查之用。一审期间廖某表示该说明应亿佰公司要求出具，内容不完全属实，但正如原判所指出，该说明中涉及内容廖某始终未能作出合理解释，又无任何证据表明表意人当时受欺诈、胁迫或有其他影响意思表示正确性的不当压力存在，在现有证据条件下，该情况说明载明内容具备适格之证明力。

其三，就施工履行行为而言，施工过程明显和工程合同一而非合同二相符；中铁上海公司主张签订合同一当时系为购买社保而作，但显然此类用途合同无须进行工程量结算，这与双方结算中已签订的《沉井下沉劳务分包工程量结算单》相矛盾。同时法庭注意到，两份合同项下结算文件确认的工程量相差明显，而本案工程早已完工，实际工程量显然是客观确定，发包人中铁上海公司具有明显优势举证证明实际工程量，但其一审、二审均未予以证明，本院不能采信。

【案例评析】

《建设工程施工合同司法解释（一）》第 2 条第 1 款规定："招标人和中标人另

行签订的建设工程施工合同约定的工程范围、建设工期、工程质量、工程价款等实质性内容，与中标合同不一致，一方当事人请求按照中标合同确定权利义务的，人民法院应予支持。”该条适用的前提是中标的合同有效，即招投标程序合法且中标有效。如果存在《招标投标法》规定以下情形的，则中标无效：(1)招标代理机构违反法律规定，泄露应当保密的与招投标活动有关的情况和资料的，或者与招标人、投标人串通损害国家利益、社会公共利益或者他人合法权益的；(2)依法必须招标的项目的招标人向他人透露已获取招标文件的潜在投标人的名称、数量或者可能影响公平竞争的有关招标投标的其他情况的，或者泄露标底的；(3)投标人相互串通投标或者与招标人串通投标的，投标人以向招标人或者评标委员会成员行贿手段谋取中标的；(4)投标人以他人名义投标或者以其他方式弄虚作假、骗取中标的；(5)依法必须进行招标的项目，与投标人就投标价格、投标方案等实质性内容进行谈判的，等等。如果中标的合同无效，就不能简单地以中标合同作为计算工程价款的依据。

《民法典》第 793 条第 1 款规定：“建设工程施工合同无效，但是，建设工程经验收合格的，可以参照合同关于工程价款的约定折价补偿承包人。”根据该条规定，在建设工程施工合同无效的前提下，可以参照合同中关于工程价款的约定折价补偿承包人。但是，当存在多个无效合同的情形时，应当参照哪一份合同作为结算的依据？在过往的司法实践中存在四种处理方式：(1)以中标价为准；(2)以中标合同为准；(3)以最后签订合同为准；(4)以实际履行合同为准。《建设工程施工合同司法解释(一)》第 24 条综合采纳了后两种观点，如果能够确定实际履行合同的，一方当事人可以参照实际履行合同关于工程价款的约定折价补偿承包人，如果实际履行的合同难以确定的，当事人可以请求参照最后签订的合同关于工程价款的约定折价补偿。确定实际履行合同可以根据施工过程中发包人、承包人以及监理的往来签证、会议纪要、通知、函件、工程款支付凭证等证据综合判断。如果当事人提供的工程款支付凭证、会议纪要、往来签证等与某一份建设工程施工合同的约定内容保持一致的，可以认为该份建设工程施工合同是实际履行的合同。

在本案中，双方当事人签订了《合同一》《合同二》两份合同，其中《合同一》签订时间在《合同二》之前。由于违反了《招标投标法》的规定，法院认定《合同二》属于无效合同，在中标合同均无效的前提下，不能参照中标合同来折价补偿承包人,需要依据实际履行来确定工程价款。法院以承包人在履行过程中的项目经理出具的“情况说明”,认定了《合同一》是实际履行的合同。

【相关依据】

《民法典》

第七百九十三条第一款　建设工程施工合同无效,但是建设工程经验收合格的,可以参照合同关于工程价款的约定折价补偿承包人。

《建设工程施工合同司法解释(一)》(法释〔2020〕25 号)

第二条第一款　招标人和中标人另行签订的建设工程施工合同约定的工程范围、建设工期、工程质量、工程价款等实质性内容,与中标合同不一致,一方当事人请求按照中标合同确定权利义务的,人民法院应予支持。

第二十四条　当事人就同一建设工程订立的数份建设工程施工合同均无效,但建设工程质量合格,一方当事人请求参照实际履行的合同关于工程价款的约定折价补偿承包人的,人民法院应予支持。

实际履行的合同难以确定,当事人请求参照最后签订的合同关于工程价款的约定折价补偿承包人的,人民法院应予支持。

裁判规则 10	因甲供材料不足而导致停工窝工,分包人与承包人结算时放弃该停工窝工损失的,承包人依然可以向发包人主张停工窝工损失

【案例信息】

名称:龙域集团有限公司(以下简称龙域公司)与江苏省建筑工程集团有限公司(以下简称江苏建工公司)建设工程施工合同纠纷

案号:(2019)沪民终 479 号

法院:上海市高级人民法院

【关联事实】

2013 年 11 月 12 日,江苏建工公司、龙域公司以直接发包方式签订编号为 D－06－2013－030《建设工程施工合同》。该合同约定:江苏建工公司承接龙域公司位于本区文翔路×××号(临时门牌号)《龙域集团有限公司(龙域产业园)生产用房及配套设施建设》项目一期(4#、5#厂房)工程;签约合同价为 141794250 元,其中材料和工程设备暂估金额为 68994250 元、合同价格形式为按人工单价、按实调整等。该合同附件(保修书、廉洁协议、责任协议书,落款均为 2013 年 11 月 18 日)另对其他相关事宜作了约定。

2014 年 3 月至 6 月,江苏建工公司、龙域公司以及康舒特监理多次召开工地例会纪要。其中,江苏建工公司要求龙域公司解决钢模生产厂家提供施工方案并进行技术交底,专业分包以及其他甲供材料的提供不足或未到现场……

2014 年 3 月至 7 月,江苏建工公司就甲供料、回填土、施工机械、篱笆、扣件质量以多份工作联系单与龙域公司交涉,并抄送康舒特监理。2014 年 3 月至 2015 年 6 月,康舒特监理就现场管理、施工质量、材料备案、施工安全、主体结构验收、工期延误等事宜以工作联系单的形式通知江苏建工公司并抄送龙域公司。

2015 年 5 月 25 日和 5 月 27 日,相关职能部门向江苏建工公司出具 26 号局部暂缓施工指令单和 153 号整改指令单,其原因是未提供材料进场复试报告,未办理防水专业分包备案。

【裁判理由】

对江苏建工公司主张的停窝工损失问题,根据工程造价鉴定意见书,对因甲供材料不足及逾期而造成的损失 2084519 元(273820 元 + 1034444 元 + 541717元 + 234538 元)全部予以认定,因为甲供料的不足及逾期系龙域公司原因所致。对因调整施工方案而造成的损失 541717 元,因方案的临时调整系龙域公司单方提出,故对由此造成的损失应全部由龙域公司承担。

关于停窝工损失的认定。春川公司放弃向江苏建工公司主张停窝工损失赔偿是双方协商且江苏建工公司给予其另外一些条件作为对价从而达成的合意,该合意仅约束春川公司和江苏建工公司双方当事人,并不对并非合同当事人的龙域公司发生法律效力,故龙域公司以江苏建工公司并非实际施工人不存在直接损失为由主张江苏建工公司无权向龙域公司主张停窝工损失缺乏依据,该上诉理由不予支持。

【案例评析】

建设工程施工合同纠纷中,发包人的主要义务是支付建设工程价款,但是如果合同约定了发包人应当承担提供材料等义务的,如果发包人违反约定,未能按照约定的时间提供材料，将可能影响承包人的施工进度，导致工期延误。承包人还会面临着停工、窝工等情况，造成损失。在当事人约定了甲供材的情况下，发包人提供建筑材料不符主要有两种情形：一是迟延提供建筑材料，二是提供的材料质量不符合合同约定或者法律规定。提供合格的材料，不仅是合同约定，还是法定义务，《建设工程质量管理条例》第 14 条第 1 款规定："按照合同约定，由建设单位采购建筑材料、建筑构配件和设备的，建设单位应当保证建筑材料、建筑构配件和设备符合设计文件和合同要求。建设单位不得明示或者暗示施工单位使用不合格的建筑材料、建筑构配件和设备。"《建设工程施工合同司法解释（一）》第 13 条第 1 款第 2 项规定："发包人具有下列情形之一，造成建设工程质量缺陷，应当承担过错责任：（二）提供或者指定购买的建筑材料、建筑构配件、设备不符合强制性标准。"为了避免风险，法律还禁止在约定乙供材料的情形下，甲方指定建筑材料供应方。《建筑法》第 25 条规定："按照合同约定，建筑材料、建筑构配件和设备由工程承包单位采购的，发包单位不得指定承包单位购入用于工程的建筑材料、建筑构配件和设备或者指定生产厂、供应商。"

即便在"甲供料""甲指乙供"的情况下，承包人亦不能完全免除其应承担的义务。依法对建筑材料、建筑构配件、设备等进行检验检测，是承包人应承担的一项法定义务。例如，承包人必须按照消防设计要求、施工技术标准和合同约定检验消防产品和具有防火性能要求的建筑材料、建筑构配件和设备的质量，使用合格产品，保证消防施工质量。《建设工程质量管理条例》第 29 条规定："施工单位必须按照工程设计要求、施工技术标准和合同约定，对建筑材料、建筑构配件、设备和商品混凝土进行检验，检验应当有书面记录和专人签字；未经检验或者检验不合格的，不得使用。"

在本案中，因发包人迟延提供甲供材料导致工程逾期，由此造成的停工窝工损失，法院最终判决由发包人承担。

本案还值得注意的一点是，在本案中，分包人放弃向承包人主张停工窝工损失，此时承包人依然能向发包人主张停工窝工损失。这说明了建设工程承包合同与分包合同之间不具有法律上的牵连关系，承包人与分包人之间的关于权利义务清理的结算文件并不能约束发包人。在本案中，分包人放弃向承包人索赔停工窝工损失的前提是承包人给予了分包人其他方面的补偿，这是两者对自身权利义务的处置和安排，不能约束到第三人。如果此时不允许承包人向发包人主张损失，则承包人则会额外承担让利给分包人的损失,对承包人并不公平。

【相关依据】

《民法典》

第八百零三条 发包人未按照约定的时间和要求提供原材料、设备、场地、资金、技术资料的,承包人可以顺延工程日期,并有权请求赔偿停工、窝工等损失。

《建筑法》

第二十五条 按照合同约定,建筑材料、建筑构配件和设备由工程承包单位采购的,发包单位不得指定承包单位购入用于工程的建筑材料、建筑构配件和设备或者指定生产厂、供应商。

《建设工程施工合同司法解释(一)》(法释〔2020〕25号)

第十三条 发包人具有下列情形之一,造成建设工程质量缺陷,应当承担过错责任:

(一)提供的设计有缺陷;

(二)提供或者指定购买的建筑材料、建筑构配件、设备不符合强制性标准;

(三)直接指定分包人分包专业工程。

承包人有过错的,也应当承担相应的过错责任。

《建设工程质量管理条例》

第十四条第一款 按照合同约定,由建设单位采购建筑材料、建筑构配件和设备的,建设单位应当保证建筑材料、建筑构配件和设备符合设计文件和合同要求。

裁判规则11 转包人有证据证明垫付了转承包人的应付的工人工资、机械租赁费的,在结算时应予以扣除

【案例信息】

名称:袁某斌、福建省荔隆建设工程有限公司(以下简称荔隆公司)、海宁融信房地产开发有限公司(以下简称融信公司)、厦门和枫园林有限公司、厦门吉辉贸易有限公司、蔡某玲建设工程施工合同纠纷

案号:(2021)浙民终880号

法院:浙江省高级人民法院

【关联事实】

融信公司与荔隆公司签订《融信［海宁融信澜庭］项目施工总承包合同合同协议书》(合同载明的签订时间是 2018 年 6 月 10 日),约定:融信公司将海土字 18004 号地块海宁融信澜庭项目工程(工程地点:斜桥镇姚九线北侧、庆万路西侧)发包给荔隆公司施工。

袁某斌(乙方)与荔隆公司(甲方)签订《福建省荔隆建设工程有限公司工程项目内部经营承包责任协议》一份(协议的落款时间为 2018 年 5 月 1 日),约定,乙方代表甲方参与《海土字 18004 号地块海宁融信澜庭项目》(以下简称本项目)投标和谈判,甲方与融信公司(以下简称发包方)就该项目签订了《融信［海宁融信澜庭］项目施工总承包合同合同协议书》(以下简称《施工合同》);在甲方对施工质量、安全、进度等方面监管的前提下,乙方内部承包经营［海土字 18004 号地块海宁融信澜庭项目］项目,全面负责组织该项目施工。第 2.5 条约定,项目施工过程中的主要材料、劳务、主要机械租赁及模板、脚手架租赁合同,乙方必须经甲方相关部门会签审核后以甲方的名义采购,否则,甲方除直接在乙方的工程款和履约保证金中扣除上述发生的全部款项外,有权解除合同并拒绝支付乙方工程款。

袁某斌对翰德天成公司垫付民工劳务费情况汇总表中的支付 2019 年 1 月班组劳务费合计 7275340 元、荔隆公司因涉案工程诉讼累计对外付款金额 5114021.86 元、荔隆公司已知尚需支付的诉讼未结清付款金额 4727335 元、荔隆公司为维稳需要替袁某斌垫付 75% 的农民工工资 1739703 元无异议,本院予以确认。对 2020 年 1 月支付的劳务费 5634493 元及税金 276129.36 元,因袁某斌已于 2019 年 1 月停工,故虽无袁某斌方签字,但荔隆公司提交了班组民工工资支付承诺书及工资单四十份,翰德天成公司付款单据及明细、回单四份,澜庭劳务税金计算明细、会议纪要二份予以佐证,在袁某斌无证据予以反驳的情况下,本院予以确认。

【裁判理由】

在二审阶段,荔隆公司提交了荔隆公司通过翰德天成公司垫付民工劳务费情况汇总表、施工劳务分包合同及补充协议、2018 年各班组工资汇总表、班组民工工资支付承诺书及工资单四十份,翰德天成公司付款单据及明细、回单四份,澜庭劳务税金计算明细、会议纪要二份,袁某斌对翰德天成公司垫付民工劳务费情况汇总表中的支付2019年班组工资及税金合计7631882.3元予以认可,虽对2020年1月支付的劳务费及税金共计5910622.4元不予认可,但在荔隆公司已提交班组民工工资支付承诺书及工资单四十份,翰德天成公司付款单据及明细、回单四份,澜庭劳务税金计算明细等证据予以佐证的情况下,相应劳务款项及税金应予扣除,原审未予认定及扣除,存有不当。此外,对于袁某斌无异议的荔隆公司于2020年10月、12月支付农民工工资1739703元亦应予以扣除。

根据《内部承包合同》第2.5条的约定,项目施工过程中的主要材料、劳务、主要机械租赁及模板、脚手架租赁合同,乙方必须经甲方相关部门会签审核后以甲方的名义采购,否则,甲方除直接在乙方的工程款和履约保证金中扣除上述发生的全部款项外,有权解除合同并拒绝支付乙方工程款。荔隆公司向嘉兴吴淞建筑设备租赁有限公司支付的1684600元,荔隆公司提交了荔隆公司与嘉兴吴淞建筑设备租赁有限公司签订的机械设备租赁合同一份及增值税专用发票十八张,袁某斌对荔隆公司与嘉兴吴淞建筑设备租赁有限公司签订的机械设备租赁合同并未提出异议,故应予确认。原审对该笔款项未予确认,存有不当。

【案例评析】

关于转包人直接向转承包人的债权人履行债务的法律定性,实践中存在以下理论:

一种观点是债务加入说。债务加入,也称为并存的债务承担,是指债务人并不脱离原合同关系,第三人加入债的关系之后,与债务人共同向债权人履行债务。转承包人与其债权人(如农民工)之间存在一个债权债务关系,作为第三人的转包人往往会与转承包人、农民工之间签订一个代为付款承诺书,约定由转包人直接向农民工支付工资,后转承包人与农民工之间的债权债务关系消灭。债务加入的法律后果是转包人与转承包人共同对农民工程承担连带债务,类似于连带责任保证。以上为典型的债务加入类型,实际上,债务加入的构成要件包括:(1)原债权债务关系有效存在;(2)第三人与债务人约定第三人作为新债务人加入该债的关系来承担债务;(3)原债务人债务并不减免;(4)将此债务加入的情形通知债权人,或者第三人向债权人表示愿意加入债务,债权人未在合理期限内明确拒绝。根据《民法典》第519条的规定,实际承担超过了自己份额的连带债务人,有权就超出部分在其他连带债务人未履行的份额范围内向其追偿。根据该理论,转包人有权扣除其已经支付劳务工人工资。

另一种观点是第三人履行说。第三人履行,是指第三人以自己的名义有意识地清偿债务人的债务。《民法典》第523条规定:“当事人约定由第三人向债权人履行债务,第三人不履行债务或者履行债务不符合约定的,债务人应当向债权人承担违约责任。”依据该条,第三人履行构成要件需要债务人与债权人之间达成合意,只需依当事人约定即可,其法律后果是债权债务消灭。如果第三人不履行清偿义务的,债权人只能请求债务人承担违约责任。第三人履行与债务加入的区别在于:(1)就构成要件上来说,第三人履行仅需债权人和债务人之间存在一个第三人履行的协议即可。而债务加入则需要第三人以明确的意思表示同意加入债权债务关系中来,该意思表示可以向债务人作出,也可以向债权人作出。(2)就法律后果而言,债权人债务人之间的第三人履行协议并不使第三人负担义务;而在债务加入中,第三人是加入了债权人和债务人之间的债权债务关系的,第三人负有履行义务。(3)第三人履行的法律后果不同。对于债务加入,第三人履行完毕后,依《民法典》连带责任的有关规定取得对债务人的追偿权;对于第三人履行协议,第三人履行完毕后,其是否有权利向债务人追偿,需要依据其与债务人之间的法律关系确定。

笔者认为,判断转包人向建筑工人代付工资的行为究竟是构成债务加入抑或是构成第三人履行,需要根据当事人的意思表示具体分析。如果转包人、转承包人以及建筑工人之间的代付款协议明确约定,转包人的代付行为仅为代转承包人履行支付义务,不承担其他的债权债务关系,此种情形毫无疑问属于第三人履行。但实践中更多的是转承包人、转包人、劳务工人之间一起签订一个代付款协议,若三人均未明确其意思表示,此种情形究竟为第三人履行或债务加入?笔者认为,这种情形构成第三人履行比较合适,首先,债务加入需要明确的意思表示,其次,转包人并无义务为转承包人的债务承担连带责任;最后,转包人因其支付行为并没有获得额外的利益,转包人现行垫付劳务工人工资,而后在结算的时候将相应份额的工程款扣除,本来就增加了其资金占用成本,如果再要求其对转承包人的债务承担连带责任,则对其明显不公平。

在本案中,转包人与转承包人存在约定:“项目施工过程中的主要材料、劳务、主要机械租赁及模板、脚手架租赁合同,乙方(转承包人)必须经甲方(转包人)相关部门会签审核后以甲方的名义采购,否则,甲方除直接在乙方的工程款和履约保证金中扣除上述发生的全部款项外，有权解除合同并拒绝支付乙方工程款。”在实际施工过程中，转包人实际垫付了劳务工人工资、机械租赁费、材料费等相关费用。对于转包人支付的劳务工人工资，应当视为第三人履行。在转包人完成支付之后，其有权根据《内部承包合同》的约定，从工程款中予以扣除。

【相关依据】

《民法典》

第五百一十九条 连带债务人之间的份额难以确定的，视为份额相同。

实际承担债务超过自己份额的连带债务人，有权就超出部分在其他连带债务人未履行的份额范围内向其追偿，并相应地享有债权人的权利，但是不得损害债权人的利益。其他连带债务人对债权人的抗辩，可以向该债务人主张。

被追偿的连带债务人不能履行其应分担份额的，其他连带债务人应当在相应范围内按比例分担。

第五百二十三条 当事人约定由第三人向债权人履行债务，第三人不履行债务或者履行债务不符合约定的，债务人应当向债权人承担违约责任。

第五百五十二条 第三人与债务人约定加入债务并通知债权人，或者第三人向债权人表示愿意加入债务，债权人未在合理期限内明确拒绝的，债权人可以请求第三人在其愿意承担的债务范围内和债务人承担连带债务。

裁判规则 12 发包人擅自使用未经竣工验收的工程，以建设工程转移占有之日为竣工日期

【案例信息】

名称：武安顶峰热电有限公司（以下简称顶峰公司）、河南省大成建设工程有限公司（以下简称大成公司）建设工程施工合同纠纷

案号：（2021）浙民终 43 号

法院：浙江省高级人民法院

【关联事实】

2014 年 8 月 25 日，顶峰公司作为发包人与大成公司作为承包人签订《建设工程施工合同》一份……竣工验收合格后，承包人于 30 日内提交结算资料，发包人

于收到完整的结算资料之日起 90 日内自行委托或委托审计机构进行审计，审计结算经双方确认之日起 30 日内付至经确认结算额的 95%，余款 5% 为质保金。

2015 年 6 月 15 日，案涉工程经各方签署《竣工验收证书》，其上对工程的质量评估载明"以上完工工程经我公司自检合格，符合设计图纸和国家验收规范的要求和规定，资料完整，并从 2014 年 11 月 18 日至今已正常运行 133 天，运行情况良好"。

双方均认可：案涉工程于 2014 年 11 月 18 日投入使用；大成公司已经提供发票 15104939 元。

【裁判理由】

一审法院认为，根据合同约定，工程竣工日期应为 2014 年 11 月 15 日，大成公司主张其 2014 年 11 月 15 日工程竣工并交付顶峰公司，但未有效举证，且双方均确认工程系于 2014 年 11 月 18 日投入使用，故一审以 2014 年 11 月 18 日作为工程竣工日期，在工程已经实际投入使用且顶峰公司不能举证其系依约定进行试运行的情况下，顶峰公司主张以 2015 年 6 月 15 日竣工验收合格之日作为竣工日期亦缺乏依据。

二审法院认为，根据原《建设工程施工合同纠纷司法解释》第 14 条的规定，"当事人对建设工程实际竣工日期有争议的，按照以下情形分别处理……（三）建设工程未经竣工验收，发包人擅自使用的，以转移占有建设工程之日为竣工日期"。本案涉案工程双方均确认于 2014 年 11 月 18 日投入使用，故一审以 2014 年 11 月 18 日作为工程竣工日期，符合法律规定。在工程已实际投入使用且顶峰公司不能举证其系依约定进行试运行的情况下，一审对顶峰公司主张以 2015 年 6 月 15 日竣工验收合格之日作为竣工日期的理由未予支持，并无不当。

【案例评析】

确定建设工程竣工日期，其法律意义涉及给付工程款的本金及利息起算时间，计算停工窝工损失，确定逾期竣工时间等诸多问题。

如果建设工程未经竣工验收发包人就擅自使用的，则以转移占有建设工程的日期作为工程竣工的日期。

根据《建筑法》和《民法典》的有关规定，建设工程未经竣工验收，不得交付使用。然而，在实践中，经常发生发包人出于各种原因在工程未经竣工验收即擅自使用工程的情形。从法律层面分析，发包人接收建设工程属于受领行为。竣工验收合格后发包人接收建设工程的行为,属发包人认可了承包人义务的履行,因而可以发生清偿的法律后果,使债务人的债务归于消灭。建设工程竣工验收不合格的,发包人享有拒绝受领的权利,若发包人擅自使用未经竣工验收的建设工程,可以认为发包人放弃了拒绝受领的权利,以事实行为认可了建设工程质量合格,发生债务消灭的法律效果,而债务消灭的时间则是转移占有之日。

基于上述原因,《建设工程施工合同司法解释(一)》第 9 条第 3 项明确规定,建设工程未经竣工验收,发包人擅自使用的,以转移占有建设工程之日为竣工日期。实践中,法院对于"发包人擅自使用"的标准首先是看双方是否一致认可,如果双方不认可的,法院要根据建筑物的功能和性质,以是否实现了案涉工程的目的为依据判断是否实际使用。本案中,双方一致认可案涉工程于 2014 年 11 月 18 日投入使用,法院也据此认定竣工日期为 2014 年 11 月 18 日。

值得注意的是,发包人擅自使用并不免除承包人全部的质量责任。根据《建设工程施工合同司法解释(一)》第 14 条的规定,承包人仍需在建设工程的合理使用寿命内对地基基础工程和主体结构质量承担民事责任。

【相关依据】

《民法典》

第七百九十九条 建设工程竣工后,发包人应当根据施工图纸及说明书、国家颁发的施工验收规范和质量检验标准及时进行验收。验收合格的,发包人应当按照约定支付价款,并接收该建设工程。

建设工程竣工经验收合格后,方可交付使用;未经验收或者验收不合格的,不得交付使用。

《建设工程施工合同司法解释(一)》(法释〔2020〕25 号)

第九条 当事人对建设工程实际竣工日期有争议的,人民法院应当分别按照以下情形予以认定:

(一)建设工程经竣工验收合格的,以竣工验收合格之日为竣工日期;

(二)承包人已经提交竣工验收报告,发包人拖延验收的,以承包人提交验收报告之日为竣工日期;

(三)建设工程未经竣工验收,发包人擅自使用的,以转移占有建设工程之日为竣工日期。

裁判规则 13　合同约定承包人未在约定期限内提出工期顺延申请视为工期不顺延，承包人未在约定期限内提出顺延申请但能提出合理抗辩的，工期应予顺延

【案例信息】

名称：宁波康尔房地产开发有限公司（以下简称康尔公司）、宁波华鼎建设有限公司（以下简称华鼎公司）建设工程施工合同纠纷

案号：（2019）浙民终 1182 号

法院：浙江省高级人民法院

【关联事实】

2010 年 12 月 28 日，康尔公司作为发包人，华鼎公司作为承包人，双方签订《建设工程施工合同》一份，内容包括第一部分协议书（以下简称协议书）、第二部分通用条款（以下简称通用条款）、第三部分专用条款（以下简称专用条款）。开工日期：2010 年 12 月 28 日，竣工日期：2012 年 1 月 8 日，合同工期总日历天数 680 天。通用条款 13.2 约定：承包人在 13.1 款情况发生后 14 天内，就顺延的工期以书面形式向工程师提出报告。工程师在收到报告后 14 天内予以确认，逾期不予确认也不提出修改意见，视为同意顺延工期。专用条款 13.1 约定：双方约定工期顺延的其他情况：因发包人原因造成的工期延误，工期须经总监理工程师和发包人派驻的工程负责人在相应文件中共同签证盖章后予以顺延。

2010 年 10 月 28 日，华鼎公司向康尔公司汇入资信押金 1000 万元。华鼎公司于 2011 年 1 月 20 日对 A 地块工程开工，于 2011 年 6 月 2 日对 B 地块工程开工。A 地块工程，2012 年 10 月 24 日一层结顶，2013 年 11 月 9 日主体结顶。B 地块工程，2011 年 9 月 26 日 1 号楼地上一层结顶，2011 年 10 月 15 日 2 号楼地上一层结顶，2011 年 12 月 1 日 3 号楼地上一层结顶。

2012 年 9 月 16 日，康尔公司（甲方）与华鼎公司（乙方）签订《补充协议二》一份，约定：甲乙双方原有约定的资信押金人民币 1000 万元，经协商在本协议签订后，甲方在 2012 年 9 月 20 日前先归还乙方资信押金人民币 800 万元，其余 200 万元继续按月向乙方支付每月 1% 的利息，并于 A 地块结顶后还清；如果上述款项人民币 1000 万元未能如期到位，则工期顺延。

2012 年 10 月 12 日，设计院、建设单位、监理单位、施工单位联合召开了“工程

复工”专题会议纪要,明确会议纪要主要议题为工程复工。2012 年 11 月 22 日 3 号楼主体结顶,2013 年 1 月 3 日 1、2 号楼主体结顶;2014 年 7 月 30 日 B 地块报竣工验收,2014 年 8 月 8 日竣工复验。根据《补充协议二》约定,康尔公司按期向华鼎公司归还资信押金 800 万元,其余 200 万元资信押金未予归还。2015 年 9 月 11 日,双方当事人在宁海县人民法院主持下协商解除了《建设工程施工合同》、《补充协议书》和《补充协议二》。B 地块工程于 2014 年 7 月 30 日通过竣工验收,A 地块工程尚未竣工验收。

宁波弘正工程咨询有限公司于 2019 年 4 月 18 日出具宁弘司鉴(2019)03 号工程造价咨询报告书(以下简称鉴定报告),“鉴定意见”栏载明:(1)A 地块主体结顶的实际工期为 393 天,而《补充协议(二)》约定的计划工期为 220 天,故工期延误天数为 173 天,工期延误主要责任属于施工方;(2)从复工起算日开始至法院指定时间 2015 年 4 月 21 日,A 地块实际施工工期为 921 天,而《补充协议(二)》约定的计划工期为 490 天,故工期共延误 431 天,若 2014 年 3 月 29 日的《会议纪要》真实有效,则业主方主要责任工期延误天数为 172 天,施工方主要责任工期延误天数为 259 天(方案一);若该《会议纪要》无效,则业主方主要责任工期延误天数为 52 天,施工方主要责任工期延误天数为 379 天(已含主体结顶工期延误节点 173 天)(方案二);(3)B 地块 1 号楼主体完工实际工期为 150 天,《补充协议(二)》约定的计划工期为 28 天,故工期延误天数为 122 天,工期延误主要责任属于施工方。该鉴定报告另确认 A 地块及 B 地块 1 号楼开工日期为 2012 年 10 月 12 日,并在“特别说明”栏载明:关于施工方负主要责任的部分工期,由于业主方(发包人)施工方案未能及时确定、多次变更施工图纸、出具了许多工程技术变更联系单以及工程款未能及时到位,对施工工期有一定影响,但由于双方未提供相应的资料补充说明及施工网络计划,无法确认关键线路,也无法确认上述因素是否影响了施工总工期,从而无法查证确认延误的具体天数。

【裁判理由】

根据原《建设工程施工合同纠纷司法解释(二)》第 6 条第 2 款的规定,当事人约定承包人未在约定期限内提出工期顺延申请视为工期不顺延,按照约定处理,但承包人提出合理抗辩的除外。本案中,华鼎公司未在约定期限内、以约定形式和程序提出工期顺延申请,但其在 2014 年 3 月 29 日的会议中明确提出由于业主方原因导致其工期延误 4 个月并要求业主方在 5 天内回复,但康尔公司未对此作出回应，且现有证据可以证明涉案工程施工过程中确实存在图纸多次修改、施工方案未能及时确定等情形，故可视为华鼎公司已作出合理抗辩，一审法院采信鉴定报告中的意见和理由，对该 4 个月工期予以扣除。

【案例评析】

本案例涉及逾期索赔失权条款及承包人的合理抗辩。逾期索赔失权条款来自 FIDIC1999 版《施工合同条件》第 20.1 条的规定，即如果承包商未能在 28 天的索赔期限内发出索赔意向通知，其竣工时间将不再被延长，承包商也无权得到附加的工程款项，并且业主将有权免除关于索赔的所有责任。住建部发布的 2013 版《施工合同示范文本》引入了这一条款，[①]并将该条款适用范围扩展到发包人的索赔，即发包人也应在知道或应当知道索赔事件发生后 28 天内通过监理人向承包人提出索赔意向通知书，发包人未在前述 28 天内发出索赔意向通知书的，丧失要求赔付金额和(或)延长缺陷责任期的权利。对于逾期失权条款，浙江和广东两地省高级人民法院出具的法律意见对其效力予以认可。《建设工程施工合同司法解释(一)》第 10 条认可了逾期失权条款的效力，并增加了一个但书规定，即如果发包人在约定期限后同意工期顺延或者承包人提出合理抗辩的除外。

至于合理抗辩究竟有哪几种情形，法律并没有明确规定，这给司法裁量留下了极大的空间。本案则为我们提供一种考察合理抗辩标准的参考。

笔者认为，承包人能够提出的抗辩的理由主要包括以下三类：

其一，索赔失权制度与诉讼时效制度类似，若出现《民法典》第 194 条关于诉讼时效中止的“障碍”或者类似事由，承包人可以此抗辩。“障碍”可以使诉讼时效中止的原因在于，当事人不行使权利是由于客观原因造成的而不是怠于行使权利[②]。承包人若不是怠于进行索赔，应阻却失权制度。

其二，承包人通过《会议纪要》《备忘录》《现场签证》等证据，能够证明确实存在工期顺延的事由。设立逾期失权条款的目的即是及时保留翔实的证据，避免工程竣工后的索赔出现难以举证的问题。如果承包人证据充分，能够证明确实存在工期顺延的事由，即满足了逾期失权条款的初衷，应当视为合理抗辩。

---

① 参见《建设工程施工合同(示范文本)(GF－2013－0201)》第 19.1 条规定：“(1)承包人应在知道或应当知道索赔事件发生后 28 天内，向监理人递交索赔意向通知书，并说明发生索赔事件的事由；承包人未在前述 28 天内发出索赔意向通知书的，丧失要求追加付款和(或)延长工期的权利。”

② 参见陈甦主编：《民法总则评注》(下册)，法律出版社 2017 年版，第 1394 页。

其三，承包人通过其他方式证明发包人曾经同意工期顺延的。类似于诉讼时效制度，发包人在期限过后的同意被视为逾期失权的例外，如果承包人能够证明发包人同意工期顺延的，应被视为合理抗辩。

具体到本案中，承包人在2014年3月29日的会议中明确提出，由于业主方原因导致其工期延误4个月并要求业主方在5天内回复。并且，提供了涉案工程施工过程中确实存在图纸多次修改、施工方案未能及时确定等情形的证据，证明了确实存在工期顺延的事由，被法院采纳为合理抗辩。

作为承包人，一定要留存好工期顺延的证据，如果合同约定了逾期失权条款，而承包人又没有在合同约定的期限内提出工期顺延的，承包人还可以通过工期确实存在顺延的事由的证据来进行合理抗辩。

【相关依据】

《民法典》

第一百九十四条 在诉讼时效期间的最后六个月内，因下列障碍，不能行使请求权的，诉讼时效中止：

（一）不可抗力；

（二）无民事行为能力人或者限制民事行为能力人没有法定代理人，或者法定代理人死亡、丧失民事行为能力、丧失代理权；

（三）继承开始后未确定继承人或者遗产管理人；

（四）权利人被义务人或者其他人控制；

（五）其他导致权利人不能行使请求权的障碍。

自中止时效的原因消除之日起满六个月，诉讼时效期间届满。

《建设工程施工合同司法解释（一）》（法释〔2020〕25号）

第十条 当事人约定顺延工期应当经发包人或者监理人签证等方式确认，承包人虽未取得工期顺延的确认，但能够证明在合同约定的期限内向发包人或者监理人申请过工期顺延且顺延事由符合合同约定，承包人以此为由主张工期顺延的，人民法院应予支持。

当事人约定承包人未在约定期限内提出工期顺延申请视为工期不顺延的，按照约定处理，但发包人在约定期限后同意工期顺延或者承包人提出合理抗辩的除外。

裁判规则 14	建设工程施工合同无效，因工期延误而造成的损失，发包人和承包人均有过错的，应该按照其过错程度来确定责任承担比例

【案例信息】

名称：临泉县兴达房地产开发有限公司（以下简称临泉兴达公司）、安徽阜阳建工集团有限公司（以下简称阜阳建工集团）建设工程施工合同纠纷

案号：（2020）皖民终 622 号

法院：安徽省高级人民法院

【关联事实】

2002 年 8 月 15 日，沪洋公司与十四冶公司签订《上海沪芦高速公路工程合同协议书（5 标）》。

2011 年 3 月 28 日，临泉兴达公司作出"东方明珠小区建设项目工程施工招标文件"。2011 年 6 月 29 日，临泉兴达公司与阜阳建工集团签订《建设工程施工合同》，约定将该公司开发建设的阜阳东方明珠小区建设项目工程发包给阜阳建工集团。合同工期约定开工日期以监理签发的开工令为准，竣工日期顺延至 500 天。合同工期总日历天数 500 天。工程变更不得影响总工期。

2011 年 8 月 30 日，双方签订《协议书》，约定双方签订中标价为 4688 万元的合同是为便于施工许可证的办理，仅用于合同备案，双方履约执行 2011 年 6 月签订的合同价款为 5900 万元的施工合同。2011 年 9 月 16 日，双方又签订《东方明珠小区建设项目工程合同补充协议》，约定将基坑支护工程发包给阜阳建工集团施工，承包范围为按临泉兴达公司认可的基坑支护图纸施工，包工包料，工程造价暂定为 200.3 万元，有效工期为 30 天。

2015 年 1 月 9 日，临泉兴达公司组织建设单位、施工单位、设计单位、监理单位、勘察单位对 4#、5#楼工程分别出具工程验收报告，均达到合格标准，开工日期均为 2012 年 1 月 1 日，竣工日期均为 2015 年 1 月 9 日，4#楼工程规模 4338.3 平方米，5#楼工程规模 1333.8 平方米。2015 年 2 月 15 日，临泉兴达公司组织建设单位、施工单位、设计单位、监理单位、勘察单位对 1#、2#、3#楼工程分别出具工程验收报告，均达到合格标准，开工日期均为 2012 年 1 月 1 日，竣工日期均为 2015 年 2 月 15 日，1#楼工程规模 13659 平方米，2#楼工程规模 13659 平方米，3#楼工程

规模8036.47平方米。2015年12月23日,临泉兴达公司组织建设单位、施工单位、设计单位、监理单位、勘察单位对物业管理楼工程出具工程验收报告,达到合格标准,开工日期为2012年1月1日,竣工日期为2015年12月23日,工程规模656平方米。2016年5月19日,临泉兴达公司组织建设单位、施工单位、设计单位、监理单位、勘察单位对人防地下室工程出具工程验收报告,达到合格标准,开工日期为2012年1月1日,竣工日期为2016年5月19日,工程规模3963平方米。2017年2月10日,阜阳市公安消防支队颍东区大队作出阜东公消竣复查字[2017]第0001号建设工程竣工验收消防备案复查意见书,认为涉案工程在消防方面不具备使用条件,竣工消防备案复查不合格,再次责令整改,待复查。

2014年12月底,临泉兴达公司迫于购房业主要求交房的压力,在涉案房屋未经竣工验收的情况下,接收全部涉案工程,逐步将涉案房屋交付购房户使用,并向部分购房业主支付3010673.67元。2014年12月底,临泉兴达公司迫于购房业主要求交房的压力,在涉案房屋未经竣工验收的情况下,接收全部涉案工程,逐步将涉案房屋交付购房户使用,并向部分购房业主支付3010673.67元。

【裁判理由】

双方于2011年6月签订的《建设工程施工合同》约定案涉工程工期为500天。从监理单位开工令的签发时间以及监理日志显示的阜阳建工集团进场时间看,均发生在2012年1月1日之前。从案涉工程验收报告记载的开工时间看,案涉工程的单体部分开工日期均为2012年1月1日。按照2012年1月1日作为开工日期计算,阜阳建工集团理应在2013年6月之前完成施工。而竣工验收报告记载的各单体的竣工日期最早的为2015年1月9日,最迟的为2016年5月19日。从上述时间角度阜阳建工集团已存在逾期竣工。阜阳建工集团虽主张2014年下半年其已完工、2014年年底临泉兴达公司已交付业主使用,但其提供的证据并不足以完全证明其该主张。

至于逾期竣工的原因,双方均认为系对方所致。但从双方提供的证据看,均不能证明逾期竣工的原因完全系一方所致。本案存在明招暗定、先进场后完善手续的情形。在施工过程中,双方也就工程范围、施工条件、工程价款支付等发生争议。一审在综合考量工期延误的原因以及双方责任的大小基础上,确定临泉兴达公司对工期延误承担40%责任、阜阳建工集团承担60%责任并无不当。

在确定双方责任比例的情况下,进而确定临泉兴达公司对因工期延误造成的逾期交房损失承担40%责任、阜阳建工集团对因工期延误造成的逾期交房损失承担60%责任并无不当。至于逾期交房损失金额问题，一审认定损失金额为3010673.67元。临泉兴达公司上诉虽对该金额提出异议，但考虑到一审已向其释明其他损失，可待其证据充分后，另行主张。

【案例评析】

通说认为，合同无效后的赔偿责任属于缔约过失责任。《民法典》第157条对承担缔约过失责任的承担方式进行了规定："民事法律行为无效、被撤销或者确定不发生效力后，行为人因该行为取得的财产，应当予以返还；不能返还或者没有必要返还的，应当折价补偿。有过错的一方应当赔偿对方由此所受到的损失；各方都有过错的，应当各自承担相应的责任。法律另有规定的，依照其规定。"由此可知，合同无效后，承担缔约过失责任为过错责任，并且可适用过失相抵规则，双方对订立无效合同都有过错的，应当根据过错程度，各自承担相应的责任，即应根据各方主观恶意和违背诚实信用原则的程度来确定各自责任大小，按照各自的责任分担损失。例如，山东省高级人民法院《关于审理建筑工程承包合同纠纷案件若干问题的意见》第41条规定："建筑工程承包合同被确认无效后，应按合同当事人缔约过错程度确定各自应当承担的责任。合同被确认无效后尚未履行的，由此造成的经济损失，根据双方当事人的过错程度，予以合理负担。"

本案中，一审法院认定2011年6月双方签订的《建设工程施工合同》因存在串通投标违法行为在性质上属于无效合同，因此临泉兴达公司基于无效合同主张违约责任无任何法律依据。法院认定逾期竣工的原因由双方共同导致，并根据双方过错的大小确定当事人的责任承担。值得注意的是，合同无效后，赔偿损失的范围是以实际发生的损失为限的，不应当包括赔偿期待利益损失，这主要是因为无效合同的处理原则是以恢复原状为原则。因此，本案确定的损失金额为已经实际发生的3010673.67元。

【相关依据】

《民法典》

第一百五十七条 民事法律行为无效、被撤销或者确定不发生效力后，行为人因该行为取得的财产，应当予以返还；不能返还或者没有必要返还的，应当折价补偿。有过错的一方应当赔偿对方由此所受到的损失；各方都有过错的，应当各自承担相应的责任。法律另有规定的,依照其规定。

第五百条 当事人在订立合同过程中有下列情形之一,给对方造成损失的,应当承担损害赔偿责任:

(一)假借订立合同,恶意进行磋商;

(二)故意隐瞒与订立合同有关的重要事实或者提供虚假情况;

(三)有其他违背诚实信用原则的行为。

《建设工程施工合同司法解释(一)》(法释〔2020〕25号)

第六条 建设工程施工合同无效,一方当事人请求对方赔偿损失的,应当就对方过错、损失大小、过错与损失之间的因果关系承担举证责任。

损失大小无法确定,一方当事人请求参照合同约定的质量标准、建设工期、工程价款支付时间等内容确定损失大小的,人民法院可以结合双方过错程度、过错与损失之间的因果关系等因素作出裁判。

裁判规则15 建设工程施工合同解除并不免除承包人应当担负的保修责任,工程质量保证金的返还可以参照合同约定

【案例信息】

名称:1038中国建筑一局(集团)有限公司(以下简称中建一局公司)、昆山台湾映像文化发展有限公司(以下简称台湾映像公司)建设工程施工合同纠纷

案号:(2018)苏民终1038号

法院:江苏省高级人民法院

【关联事实】

2012年12月,台湾映像公司(发包方)与中建一局公司(承包方)签订施工总承包合同,台湾映像公司将位于2#、3#地块商业用房项目发包给中建一局公司实施总承包建设,包工包料。2#地块合同绝对工期为527日历天(含春节20日历天),开工日期暂定为2013年2月25日(土方开挖开始),整体竣工日期为2014年7月15日。……第38.9条约定:“总承包商施工范围内的工程竣工结算总价的5%作为工程保修金扣留,其中:防水工程竣工结算总价的5%作为防水工程保修金。在总承包商提交请款单以及业主开具付款单时,除非合同中另有约定,依

照本合同第51.1款关于质量保修期的约定，保修金的返还额度如下：1）进入保修期后满1年，扣除总承包商的质量缺陷造成的索赔和雇用其他施工单位修复费用后，支付除防水工程保修金之外的剩余保修金总额的40%；2）进入保修期后满两年并且总承包商获得保修责任终止证书后，扣除总承包商的质量缺陷造成的索赔和雇用其他施工单位修复费用后，支付除防水工程保修金之外的剩余全部保修金；3）防水工程进入保修期满后五年，扣除总承包商的质量缺陷造成的索赔和雇用其他施工单位修复费用后，支付剩余全部防水工程保修金。

合同签订后，中建一局公司于2012年10月进场施工，施工过程中因结构布局调整、设计图纸变更、程序未报验、施工未经验收等原因多次被监理单位要求就单体建筑或施工工序暂停施工。

2015年4月7日，中建一局公司向台湾映像公司发出《解除合同通知书》，提出因台湾映像公司未能按照合同约定支付工程款项，在中建一局公司发出暂停工作通知后仍然持续违约，构成根本违约，故通知施工总承包合同自台湾映像公司收到本解除合同通知书之日起7天后解除，请在合同解除后，尽快联系中建一局公司，安排人员受领已建工程、材料或设备等。该邮件2015年4月16日被签收。台湾映像公司确认前台签收，且项目经理李某明收到该解除通知的电子邮件。中建一局公司称于2015年4月23日退场，涉案工程尚未与台湾映像公司交接。

【裁判理由】

关于质保金应否扣留问题。中建一局公司主张涉案合同已解除，台湾映像公司应全额支付工程款，不应扣留工程价款5%的质保金。本院认为，涉案工程系未完工程，虽因台湾映像公司付款违约，中建一局公司依约解除了施工总承包合同，但质量保修义务系中建一局公司的法定义务，该义务不因合同解除而终止，中建一局公司仍应对其已施工部分承担保修责任。由于涉案工程至今尚未进行后续施工，且中建一局公司已无法掌控后续工程施工及验收使用，故若按台湾映像公司主张仍依照合同约定的自工程竣工备案完成并移交业主之日起算质量保修期，则对中建一局公司明显不公平。

对于工程保修金问题，涉案施工总承包合同通用条款第38.9条约定："总承包商施工范围内的工程竣工结算总价的5%作为工程保修金扣留，其中：防水工程竣工结算总价的5%作为防水工程保修金。1）进入保修期后满一年……支付除防水工程保修金之外的剩余保修金总额的40%；2）进入保修期后满两年……支付除防水工程保修金之外的剩余全部保修金；3）防水工程进入保修期满后五年……支付剩余全部防水工程保修金。所有保修金均为无息返还。”鉴于涉案合同已解除，故可参照此约定处理工程保修金的返还。

【案例评析】

《民法典》第 566 条第 1 款规定：“合同解除后，尚未履行的，终止履行；已经履行的，根据履行情况和合同性质，当事人可以请求恢复原状或者采取其他补救措施，并有权请求赔偿损失。”对建设工程合同，合同解除时，合同中的质量保证金条款是否亦受合同解除影响从而产生工程质量保证金返还的法律效果？这就需要考察质量保证金条款是否属于独立《民法典》第 567 条规定的“结算和清理条款”。《建设工程质量保证金管理办法》第 2 条第 1 款规定：“本办法所称建设工程质量保证金（以下简称保证金）是指发包人与承包人在建设工程承包合同中约定，从应付的工程款中预留，用以保证承包人在缺陷责任期内对建设工程出现的缺陷进行维修的资金。”根据该定义，工程质量保证金显然具有一定的担保性质。《民法典》第 566 条第 3 款规定：“主合同解除后，担保人对债务人应当承担的民事责任仍应当承担担保责任，但是担保合同另有约定的除外。”质量保证金作为保证承包人履行维修义务的一种担保，在承包人仍应履行保修义务的前提下，发包人则有权扣留相应的质量保证金。

但是，实践中也存在诸多“烂尾楼”或者长期处于停工状态的工程，对于客观上无法竣工的工程，缺陷责任期一直未能起算，相应地，质保金返还期限也就一直未能届满。这种情形下，发包人一直扣留质量保证金显然也对承包人不公平。《建设工程施工合同司法解释（一）》第 17 条规定也未涵盖上述情形，这显然属于法律的空白。

本案中，法院认定建设工程保修义务是承包人的法定义务，建设工程施工合同的解除并不能免除承包人的保修义务。而对于质量保证金的返还，由于案涉工程在合同解除后长达 4 年未能竣工验收，法院以合同解除之日起算缺陷责任期，判定工程质保金参考合同约定予以返还。

【相关依据】

《民法典》

第五百六十六条 合同解除后，尚未履行的，终止履行；已经履行的，根据履行情况和合同性质，当事人可以请求恢复原状或者采取其他补救措施，并有权请求赔偿损失。

合同因违约解除的，解除权人可以请求违约方承担违约责任，但是当事人另有约定的除外。

主合同解除后，担保人对债务人应当承担的民事责任仍应当承担担保责任，但是担保合同另有约定的除外。

《建设工程质量保证金管理办法》

第二条第一款　本办法所称建设工程质量保证金（以下简称保证金）是指发包人与承包人在建设工程承包合同中约定，从应付的工程款中预留，用以保证承包人在缺陷责任期内对建设工程出现的缺陷进行维修的资金。

裁判规则 16	已经投入使用的建筑工程，即使存在质量问题，也属于工程质量保修的范围，发包人无权以此为由拒付工程款

【案例信息】

名称：上海数众投资管理有限公司（以下简称数众公司）与上海市安装工程集团有限公司（以下简称安装公司）建设工程施工合同纠纷

案号：（2019）沪民终 72 号

法院：上海市高级人民法院

【关联事实】

2014 年 10 月 28 日，数众公司（发包方）与安装公司（承包方）签订《上海国际集控数据平台（数众云）项目建设工程 EPC 总承包合同》。该合同第二部分《通用条款》第 14. 12. 4 款约定，发包方在接到承包方根据第 14. 12. 1 款约定提交的竣工结算报告和完整的竣工结算资料的 30 日内，未能提出修改意见，也未予答复的，视为发包方认可了该竣工结算资料作为最终竣工结算资料。

2015 年 4 月 30 日，安装公司、数众公司及监理单位上海宝钢工程咨询有限公司签署《竣工验收报告》，监理验收意见一栏载明，符合要求，验收合格。

2016 年 6 月 28 日，安装公司向数众公司发出《告知函》，载明，双方签订《上海国际集控数据平台（数众云）项目建设工程 EPC 总承包合同》后，安装公司按约于2015年4月30日项目按期完工并交付业主方使用,同时,安装公司于2016年1月已正式递交结算书。根据双方合同约定,数众公司应于2016年5月1日支付5000万元及相应利息(利息从2015年5月1日至2016年5月1日)776.25万元,共计到期合同款57762500元,但仅收到数众公司支付的应付款中的1500万元,到期应付款中尚有42762500元未予支付。

【裁判理由】

数众公司主张系争工程存在严重质量问题,其可据此拒付工程款,并要求安装公司对质量问题予以修复,如安装公司拒绝修复,则要求判令安装公司按修复造价鉴定结果支付修复费用。安装公司则表示系争工程是在一、二层楼,如果存在如数众公司所说的重大质量问题,甚至主体结构也有问题的话,数众公司又怎敢继续在三、四层楼又建造了机房。对此,本院认为,系争工程于2015年4月30日办理竣工验收,数众公司及监理单位已确认验收合格,说明工程符合质量要求。投入使用后,在安装公司的质量回访记录表、征求质量意见书上,数众公司均未反映有质量问题。在双方关于工程款支付的往来函件中,也只反映数众公司对拖欠工程款表示歉意,亦从未提及工程存在质量问题,直至本案诉讼之前,均无证据显示其曾向安装公司提出过质量问题,并要求安装公司承担修复责任。数众公司一审中提供的同济大学建筑设计研究院(集团)有限公司出具的安全性评估、结构承重可行性评估及加固措施方案载明,该公司是接受案外人委某,在将对本案系争工程外的三、四层承重加固进行可行性研究的背景下出具的相关报告,数众公司现以此证明系争工程主体存在质量问题,缺乏依据,其申请对质量问题进行鉴定,一审法院认为有拖延诉讼之嫌,未予准许,本院予以认同。工程投入使用后发生的质量问题,应由安装公司在保修期内承担责任,安装公司已明确表示对于保修期内的质量问题,愿意予以修复,因此不存在直接判决支付修复费用的问题。

【案例评析】

建设工程的竣工验收,是指建设工程已按照设计要求完成全部工作任务,准备交付给发包人投入使用前,由发包人或者有关主管部门依照国家关于建设工程竣工验收制度的规定,对该项工程是否合乎设计要求和工程质量标准所进行的检查、考核工作。《民法典》第788条第1款规定:"建设工程合同是承包人进行工程建设,发包人支付价款的合同。"承包人的合同义务是提供质量合格的建设工程,发包人的主要合同义务则是支付工程价款。竣工验收合格后,代表当时的工程质量是满足合同要求的,发包人就应当按照约定支付价款。在工程建设实践中,竣工报告批准后,承包人应当按照国家有关规定或合同约定的时间、方式向发包人提出结算报告,办理竣工结算。发包人在收到结算报告后,应当及时给予批准或者提出修改意见,在合同约定的时间内支付工程款。承包人在收到工程款后将竣工的工程交付发包人,发包人接收该工程。但是在现实中,有的发包人为了拖延支付工程款,在验收后迟迟不进行工程结算。发包人无正当理由在收到结算报告后迟延办理结算的,应当承担相应的违约责任。

建设工程保修期一般自建设工程竣工验收合格之日起算,不得低于法律规定的最低保修期限。《建设工程质量管理条例》第 40 条第 3 款规定:“建设工程的保修期,自竣工验收合格之日起计算。”《房屋建筑工程质量保修办法》第 8 条规定:“房屋建筑工程保修期从工程竣工验收合格之日起计算。”

在本案中,建设工程已经于 2015 年 4 月 30 日竣工验收合格,根据合同约定发包方应当支付工程价款。此时已经进入了质量保修期内,在投入使用后,发包人也未曾主张过工程质量问题。法院也据此认定,发包人应当支付相应的工程价款。

【相关依据】

《民法典》

第七百八十八条第一款　建设工程合同是承包人进行工程建设,发包人支付价款的合同。

《建设工程质量管理条例》

第四十条第三款　建设工程的保修期,自竣工验收合格之日起计算。

《房屋建筑工程质量保修办法》

第八条　房屋建筑工程保修期从工程竣工验收合格之日起计算。

第三章

建设工程施工合同的解除问题

裁判规则 1 合同履行前提丧失，合同解除

【案例信息】

名称：淮安市淮宁钢结构有限公司（以下简称淮安淮宁公司）与上海宝冶集团有限公司（以下简称上海宝冶公司）建设工程施工合同纠纷

案号：(2020)沪0113民初1523号

法院：上海市宝山区人民法院

【关联事实】

2016年4月，淮安淮宁公司和上海宝冶公司签订《建筑安装工程施工专业分包合同》，由上海宝冶公司提供加工图纸及原料配件，淮安淮宁公司负责钢结构的制作、除锈、探伤、防腐、材料卸货、涂漆及运输至工地的工作。

2016年8月上海宝冶公司与淮安淮宁公司签订《钢结构制作补充协议》，约定2018年6月10日前，淮安淮宁公司需保质保量完成1900吨成品，分两次交付，第一次2018年7月15日前交付850吨，第二次2018年8月15日前交付1050吨。淮安淮宁公司最后一次向上海宝冶公司发货日期为2018年8月11日，双方确认截至起诉前，上海宝冶公司共收到淮安淮宁公司发出的三批货，共941.16吨。

【裁判理由】

《合同法》第268条（已被《民法典》第787条替代）规定，定作人可以随时解除承揽合同，造成承揽人损失的，应当赔偿损失。第287条（已被《民法典》第808条替代）规定，本章没有规定的，适用承揽合同的有关规定。上海宝冶公司与业主

的合同已经解除，导致上海宝冶公司与淮安淮宁公司签订的合同无再履行的必要。故一审法院判决解除淮安淮宁公司与上海宝冶公司签订的《建筑安装工程施工专业分包合同》《钢结构制作补充协议》。

【案例评析】

本案例涉及解除合同的问题。淮安淮宁公司和上海宝冶公司签订的《建筑安装工程施工专业分包合同》《钢结构制作补充协议》是双方真实意思表示，合同内容不违反法律、法规强制性规定，两份合同有效。但因上海宝冶公司与业主的合同解除，淮安淮宁公司和上海宝冶公司之间的合同已无必要履行，上海宝冶公司只能请求解除合同。

本案的合同的性质属于承揽合同，且淮安淮宁公司未完成双方约定的工作，上海宝冶公司在《民法典》实施前可依据原《合同法》第268、287条（现《民法典》第787、808条）解除合同。

【相关依据】

《民法典》

第七百八十七条　定作人在承揽人完成工作前可以随时解除合同，造成承揽人损失的，应当赔偿损失。

第八百零八条　本章没有规定的，适用承揽合同的有关规定。

裁判规则2　一方迟延履行债务致使不能实现合同目的的，合同解除

【案例信息】

名称：江苏德龙镍业有限公司（以下简称德龙镍业公司）与上海宝冶集团有限公司（以下简称宝冶公司）建设工程施工合同纠纷

案号：(2018)苏09民初256号

法院：江苏省盐城市中级人民法院

【关联事实】

2016年3月16日江苏德龙镍业公司与宝冶公司签订《建设工程施工合同》，约定由宝冶公司承包德龙镍业公司施工炼钢主厂房车间建筑及安装工程。后因

德龙镍业公司原因导致炼钢主厂房车间建筑及安装（二期）工程建设地点、建设规模发生变化，2017年8月双方协商一致签订《炼钢主厂房车间建筑及安装（二期）施工合同补充协议三》（以下简称《补充协议三》）以对原合同进行增补，约定宝冶公司于2017年10月15日前完成7727吨构件集港。但截至2018年4月，宝冶公司集港构件为4290.67吨。

【裁判理由】

《合同法》第94条（已被《民法典》第563条替代）第4款规定："当事人一方迟延履行债务或者有其他违约行为致使不能实现合同目的，当事人可以解除合同。"宝冶公司在合同履行期限届满半年多后仅交付一半多的货物，使得德龙镍业公司的合同目的难以实现，德龙镍业公司有权请求解除合同，一审法院判决予以支持。

《合同法》第96条（已被《民法典》第565条替代）规定，当事人一方依照本法第93条第2款、第94条的规定主张解除合同的，应当通知对方。合同自通知到达对方时解除。对方有异议的，可以请求人民法院或者仲裁机构确认解除合同的效力。德龙镍业公司起诉要求解除《补充协议三》的诉状副本向宝冶公司送达的时间是2018年7月23日，一审法院确认《补充协议三》于该日解除。

《合同法》第97条（已被《民法典》第566条替代）规定，合同解除后，尚未履行的，终止履行；已经履行的，根据履行情况和合同性质，当事人可以请求恢复原状、采取其他补救措施，并有权请求赔偿损失。德龙镍业公司以宝冶公司违约解除合同并造成其损失，要求宝冶公司赔偿损失，一审法院予以支持。

【案例评析】

本案例涉及合同的解除，包括合同法定解除权、合同解除程序和合同解除的效力。德龙镍业公司与宝冶公司签订的《建设工程施工合同》和《补充协议三》是双方真实意思表示，合同内容不违反法律法规强制性规定，两份合同有效。其中《补充协议三》对《建设工程施工合同》的交货时间、交货方式作了变更，宝冶公司应按照《补充协议三》约定履行合同义务。但宝冶公司在《补充协议三》约定的履行期限届满半年之后交付的货物总量约为合同约定货物总量的一半，构成迟延履行债务，致使德龙镍业公司不能实现合同目的，德龙镍业公司有权解除合同。

德龙镍业公司未通知宝冶公司，直接以提起诉讼方式依法主张解除合同，法院确认该主张，合同自起诉状副本送达宝冶公司时解除。《民法典》第565条第2

款规定,当事人一方未通知对方,直接以提起诉讼或者申请仲裁的方式依法主张解除合同,人民法院或者仲裁机构确认该主张的,合同自起诉状副本或者仲裁申请书副本送达对方时解除。《合同法》第 96 条并无相应规定,但一审法院的判决符合《民法典》的精神。

【相关依据】

《民法典》

第五百六十三条 有下列情形之一的,当事人可以解除合同:

(一)因不可抗力致使不能实现合同目的;

(二)在履行期限届满前,当事人一方明确表示或者以自己的行为表明不履行主要债务;

(三)当事人一方迟延履行主要债务,经催告后在合理期限内仍未履行;

(四)当事人一方迟延履行债务或者有其他违约行为致使不能实现合同目的;

(五)法律规定的其他情形。

以持续履行的债务为内容的不定期合同,当事人可以随时解除合同,但是应当在合理期限之前通知对方。

第五百六十五条 当事人一方依法主张解除合同的,应当通知对方。合同自通知到达对方时解除;通知载明债务人在一定期限内不履行债务则合同自动解除,债务人在该期限内未履行债务的,合同自通知载明的期限届满时解除。对方对解除合同有异议的,任何一方当事人均可以请求人民法院或者仲裁机构确认解除行为的效力。

当事人一方未通知对方,直接以提起诉讼或者申请仲裁的方式依法主张解除合同,人民法院或者仲裁机构确认该主张的,合同自起诉状副本或者仲裁申请书副本送达对方时解除。

第五百六十六条 合同解除后,尚未履行的,终止履行;已经履行的,根据履行情况和合同性质,当事人可以请求恢复原状或者采取其他补救措施,并有权请求赔偿损失。

合同因违约解除的,解除权人可以请求违约方承担违约责任,但是当事人另有约定的除外。

主合同解除后,担保人对债务人应当承担的民事责任仍应当承担担保责任,但是担保合同另有约定的除外。

裁判规则3 约定合同解除条件成就的,权利人有权解除合同

【案例信息】

名称:江苏省建筑工程集团有限公司(以下简称江苏建工)与龙域集团有限公司(以下简称龙域公司)建设工程施工合同纠纷

案号:(2016)沪0117民初16974号、(2018)沪01民终9087号

法院:上海市松江区人民法院、上海市第一中级人民法院

【关联事实】

2013年11月12日江苏建工与龙域公司签订《建设工程施工合同》,2013年11月20日双方签订《补充协议》,《补充协议》专用条款12.4约定:工程进度款支付为基础、地坪(除面层外)±0工程完成支付合同价款的5%;主体结构封顶支付合同价款的45%。龙域公司应在主体结构封顶后支付江苏建工合同价50%的工程进度款,计36400000元。16.1.3约定:江苏建工按16.1.1项(龙域公司违约的情形)约定暂停施工满30天后龙域公司仍不纠正其违约行为并致使合同目的不能实现的,江苏建工有权解除合同。4#、5#厂房主体分部工程施工完成后经江苏建工于2015年4月自查合格。2015年6月1日、6月23日、6月29日,监理、设计单位及龙域公司依次确认上述意见。2015年7月3日松江质监站确认"主体分项(部)工程质量验收证明收到"。2015年7月3日江苏建工向龙域公司主张剩余工程进度款10920000元,2015年7月22日龙域公司明确予以拒绝。2015年8月江苏建工因此停止施工至今。2015年10月22日相关职能部门组织协调时,江苏建工和龙域公司均要求终止合同。

【裁判理由】

《合同法》第93条第2款(已被《民法典》第562条第2款替代)规定,当事人可以约定一方解除合同的条件。解除合同的条件成就时,解除权人可以解除合同。《合同法》第96条第1款(已被《民法典》第565条替代)规定,当事人一方依照本法第93条第2款、第94条的规定主张解除合同的,应当通知对方。合同自通知到达对方时解除。厂房主体分部工程完工后经江苏建工2015年4月自查合格,之后取得监理、设计、质监三方的确认,江苏建工向龙域公司主张剩余工程进度款,但龙域公司明确予以拒绝,超过30天仍未支付,依据双方签订的补充协议约定江苏建工有解除权。2015年10月22日相关职能部门对双方进行协调时,江

苏建工与龙域公司均要求终止合同。一审法院认定双方解除合同，并将相关职能部门调解日期视为江苏建工将解除合同的主张送达龙域公司并取得其同意，确认为解除合同的日期。二审法院维持该项判决。

《合同法》第 97 条（已被《民法典》第 566 条替代）规定，合同解除后，尚未履行的，终止履行；已经履行的，根据履行情况和合同性质，当事人可以请求恢复原状、采取其他补救措施，并有权请求赔偿损失。原《建设工程施工合同纠纷司法解释》第 10 条第 1 款规定，建设工程施工合同解除后，已经完成的建设工程质量合格的，发包人应当按照约定支付相应的工程价款；已经完成的建设工程质量不合格的，参照本解释第 3 条规定处理。江苏建工的已完工程已经验收合格，江苏建工主张工程款的诉求一审法院予以支持。二审法院维持该项判决。

《合同法》第 107 条（已被《民法典》第 577 条替代）规定，当事人一方不履行合同义务或者履行合同义务不符合约定的，应当承担继续履行、采取补救措施或者赔偿损失等违约责任。因一方违约导致合同解除的，违约方应当赔偿因此而给对方造成的损失。本案中因龙域公司违约造成江苏建工的损失应予以赔偿，一审法律支持了江苏建工赔偿损失的请求。二审法院认可一审法院的裁判思路，但在具体赔偿数额上与一审法院有不同的认识，对该项判决部分改判。

【案例评析】

本案例涉及合同的约定解除权、解除合同的程序和合同解除的效力及违约责任等法律问题。江苏建工与龙域集团签订的《建设工程施工合同》《补充协议》系当事人的真实意思表示，未违反强制性规定，合同有效。

依据《补充协议》江苏建工有约定合同解除权，龙域集团拒不支付工程款符合双方约定的赋予江苏建工解除权的情形，即约定的解除条件已经成就，江苏建工也将解除合同的意思送达给了龙域公司，在相关职能部门调解时双方均表达了解除合同的意愿，可认定江苏建工解除合同的意愿已送达对方并获得对方的同意。相关部门组织双方进行调解后，虽然江苏建工在双方往来的函中提出解除合同需满足“支付 15% 的工程款”的条件，但该反言并不影响此前双方对解除合同达成的合意。首先，该行为属于对先前提出解除合同的反言，有违诚实信用原则；其次，解除合同并不影响江苏建工获得工程价款的权利。法院认定合同解除及解除的时间符合法律规定。

江苏建工已完工的工程质量合格，龙域公司应当支付相应的工程价款；因龙域公司的违约造成江苏建工的损失，龙域公司应当予以赔偿，法院的判决符合相关法律规定。

【相关依据】

《民法典》

第五百六十二条 当事人协商一致，可以解除合同。

当事人可以约定一方解除合同的事由。解除合同的事由发生时，解除权人可以解除合同。

第五百六十五条 当事人一方依法主张解除合同的，应当通知对方。合同自通知到达对方时解除；通知载明债务人在一定期限内不履行债务则合同自动解除，债务人在该期限内未履行债务的，合同自通知载明的期限届满时解除。对方对解除合同有异议的，任何一方当事人均可以请求人民法院或者仲裁机构确认解除行为的效力。

当事人一方未通知对方，直接以提起诉讼或者申请仲裁的方式依法主张解除合同，人民法院或者仲裁机构确认该主张的，合同自起诉状副本或者仲裁申请书副本送达对方时解除。

第五百六十六条 合同解除后，尚未履行的，终止履行；已经履行的，根据履行情况和合同性质，当事人可以请求恢复原状或者采取其他补救措施，并有权请求赔偿损失。

合同因违约解除的，解除权人可以请求违约方承担违约责任，但是当事人另有约定的除外。

主合同解除后，担保人对债务人应当承担的民事责任仍应当承担担保责任，但是担保合同另有约定的除外。

第五百七十七条 当事人一方不履行合同义务或者履行合同义务不符合约定的，应当承担继续履行、采取补救措施或者赔偿损失等违约责任。

《建设工程施工合同司法解释（一）》（法释〔2020〕25号）

第三十八条 建设工程质量合格，承包人请求其承建工程的价款就工程折价或者拍卖的价款优先受偿的，人民法院应予支持。

第三十九条 未竣工的建设工程质量合格，承包人请求其承建工程的价款就其承建工程部分折价或者拍卖的价款优先受偿的，人民法院应予支持。

裁判规则 4　一方迟延履行债务致使不能实现合同目的，另一方有权解除合同

【案例信息】

名称：上海港卫建设有限公司（以下简称港卫公司）与上海春申汽配市场有限公司（以下简称春申公司）建设工程合同纠纷

案号：（2019）沪 0112 民初 45197 号、（2020）沪 01 民终 8351 号

法院：上海市闵行区人民法院、上海市第一中级人民法院

【关联事实】

2017 年 6 月 27 日，春申公司向港卫公司出具中标通知书，后春申公司（作为甲方、发包方）与港卫公司（作为乙方、承包方）签订《建设工程施工合同》，合同约定工期为总日历天数 90 天，开工日期以甲方书面进场通知发出之日为准。但在合同签订后的两年多时间里，涉案工程因春申公司的原因迟迟未予开工，且至今未有明确的开工时间。2019 年 9 月 15 日，港卫公司委托律师向春申公司发出《通知函》，函告春申公司双方签订的《建设工程施工合同》于即日起解除，该函件于 2019 年 9 月 16 日由春申公司门卫签收。

【裁判理由】

《合同法》94 条（已被《民法典》第 563 条替代）规定了合同的法定解除的情形，本案因为春申公司的原因，致使在签订合同后近 3 年里工程未能开工，港卫公司的合同目的不能实现，港卫公司据此请求确认合同解除，一审法院认定港卫公司的请求合理，判决确认合同解除。该案上诉后二审法院维持了一审法院所有判决。

【案例评析】

本案例涉及因不能实现合同目的而解除合同、解除合同的程序及合同解除的效力。港卫公司与春申公司签订了《建设工程施工合同》，该合同是双方真实意思表示，内容未违反法律、行政法规的效力性强制性规定，合同有效。但在合同签订的近 3 年里，涉案工程因春申公司自身的原因迟迟未予开工，且至今仍未有明确的开工时间，对比在合同中约定的 90 日工期，可以认定因春申公司违约致使港卫公司不能实现合同目的。港卫公司以《通知函》的方式书面通知春申公司解除合

同并由春申公司门卫签收，依据《合同法》第 96 条、《民法典》第 565 条，案涉合同于春申公司收到日解除，法院以判决的形式确认合同已经解除。

依据《合同法》第 97 条、《民法典》第 566 条，合同解除后，尚未履行的，终止履行；已经履行的，根据履行情况和合同性质，当事人可以要求恢复原状、采取其他补救措施，并有权要求赔偿损失。合同解除后，港卫公司请求春申公司赔偿其人员工资经济损失和工程预期利润损失，但法院以港卫公司依据不足而不予支持，实属可惜。

本案为守约一方请求解除合同，法院的判决并无不当；若本案的情况改为违约的一方，即春申公司请求解除合同，违约方是否可以解除合同，是一个值得思考的问题。依据《合同法》第 94 条，并未禁止违约一方当事人提起诉讼，要求解除合同，符合《合同法》第 110 条规定的情形时，可以解除合同，但并未明确违约方解除合同的性质、违约方解除合同的方式与后果等问题。在《民法典》第 580 条第 1 款继承《合同法》第 110 条规定的基础上，第 2 款明确了违约方解除合同的方式与后果。该款规定："有五百八十条第一款规定的除外情形之一，致使不能实现合同目的的，人民法院或者仲裁机构可以根据当事人的请求终止合同权利义务关系，但是不影响违约责任的承担。"这里的解除是司法解除，而不是当事人的通知解除。在违约方通过起诉主张解除合同时，法院审查认为符合合同解除条件的，应当进行释明，告知守约方可以直接要求损害赔偿，也可以另行起诉主张损害赔偿，以维护守约方的权益。《民法典》第 580 条第 2 款规定的变化解决了原合同法违约方当事人解除合同的困难，值得我们注意。

【相关依据】

《民法典》

第五百六十三条　有下列情形之一的，当事人可以解除合同：

（一）因不可抗力致使不能实现合同目的；

（二）在履行期限届满前，当事人一方明确表示或者以自己的行为表明不履行主要债务；

（三）当事人一方迟延履行主要债务，经催告后在合理期限内仍未履行；

（四）当事人一方迟延履行债务或者有其他违约行为致使不能实现合同目的；

（五）法律规定的其他情形。

以持续履行的债务为内容的不定期合同，当事人可以随时解除合同，但是应当在合理期限之前通知对方。

第五百六十五条　当事人一方依法主张解除合同的，应当通知对方。合同自通知到达对方时解除；通知载明债务人在一定期限内不履行债务则合同自动解除，债务人在该期限内未履行债务的，合同自通知载明的期限届满时解除。对方对解除合同有异议的，任何一方当事人均可以请求人民法院或者仲裁机构确认解除行为的效力。

当事人一方未通知对方，直接以提起诉讼或者申请仲裁的方式依法主张解除合同，人民法院或者仲裁机构确认该主张的，合同自起诉状副本或者仲裁申请书副本送达对方时解除。

第五百六十六条　合同解除后，尚未履行的，终止履行；已经履行的，根据履行情况和合同性质，当事人可以请求恢复原状或者采取其他补救措施，并有权请求赔偿损失。

合同因违约解除的，解除权人可以请求违约方承担违约责任，但是当事人另有约定的除外。

主合同解除后，担保人对债务人应当承担的民事责任仍应当承担担保责任，但是担保合同另有约定的除外。

第五百八十条　当事人一方不履行非金钱债务或者履行非金钱债务不符合约定的，对方可以请求履行，但是有下列情形之一的除外：

（一）法律上或者事实上不能履行；

（二）债务的标的不适于强制履行或者履行费用过高；

（三）债权人在合理期限内未请求履行。

有前款规定的除外情形之一，致使不能实现合同目的的，人民法院或者仲裁机构可以根据当事人的请求终止合同权利义务关系，但是不影响违约责任的承担。

裁判规则 5　无效的合同不能被解除

【案例信息】

名称：苏州一尔进建设有限公司（以下简称一尔进公司）与美珂斯化妆品有限公司（以下简称美珂斯公司）建设工程施工合同纠纷

案号:(2018)浙04民初123号、(2019)浙民终698号

法院:浙江省嘉兴市中级人民法院、浙江省高级人民法院

【关联事实】

2016年9月9日美珂斯公司的母公司MEGACOS韩国法人与一尔进公司的母公司一尔进建设产业韩国法人签订《建设工程承包合同》,合同约定MEGACOS韩国法人将其中国平湖开发区工厂新建工程发包给一尔进建设产业韩国法人承包施工;发包人和承包人考虑到本次工程是在中国境内建设的工程,根据中国法律将由MEGACOS中国法人和一尔进建设产业中国法人签订单独承包合同。

2016年11月3日美珂斯公司和一尔进公司签订《建设工程施工合同》,约定:美珂斯公司将美珂斯中国平湖开发地区厂房新建工程发包给一尔进公司施工,其中约定禁止主体结构工程分包。后双方还签订《施工合同补充协议书》,同时约定上述变更均仅用于政府相关部门备案适用,不涉及其他相关责任问题,实际项目计划工期仍应按照原合同内容执行。

在实际施工过程中,一尔进公司将土建、钢结构等工程分包给了来爱福公司等案外人,其并未进行实际施工,美珂斯公司在招标文件上确认相关工程的分包单位,之后根据一尔进公司申请于2017年2月9日向一尔进公司支付了8410000元工程款。庭审中,美珂斯公司、一尔进公司双方确认双方实际履行的是韩国合同。

2017年7月18日,美珂斯公司向一尔进公司发送《要求解除美珂斯中国平湖新建工厂的函》1份,以一尔进公司长时间延误工期及一尔进公司丧失复工意志和维持合同必要性为由,要求解除合同并返还超付的工程款。

【裁判理由】

一审法院认为,合同的效力问题是解除合同的先决审查的事项。本案中,双方不但实际履行的是韩国合同,而且案涉《建设工程施工合同》虽在形式上约定了禁止主体结构的分包,但其并非双方真实的意思表示,实质上一尔进公司可对主体结构工程进行分包才是双方真实意思表示,此种行为违反了《合同法》第272条(已被《民法典》第791条替代)第3款有关主体结构的施工必须由承包人自行完成的效力性强制规定,目的非法,属于以合法形式掩盖非法目的的情形,故美珂斯公司、一尔进公司双方于2016年11月3日签订的《建设工程施工合同》应为无

效。由于案涉《建设工程施工合同》属无效合同，不存在合同解除的问题，故对美珂斯公司有关确认合同解除的诉讼请求，不予支持。二审法院认为一审法院适用法律正确，维持一审判决。

【案例评析】

本案主要涉及合同效力的法律问题。美珂斯公司诉请法院确认双方于 2016 年 11 月 3 日签订的《建设工程施工合同》已解除。但法院确认解除合同的前提为合同必须合法有效，案涉合同并不符合合同合法有效这一前提。

本案涉及三份合同。第一份为两韩国法人签订的《建设工程施工合同》，第二和第三份为两中国法人签订的《建设工程施工合同》以及《施工合同补充协议书》。两中国法人签订的《建设工程施工合同》，虽然合同中禁止主体结构工程分包，但随后双方还签订《施工合同补充协议书》约定上述变更均仅用于政府相关部门备案适用，不涉及其他相关责任问题，实际项目计划工期仍应按照原合同内容执行。由常理推断，用于备案的合同应当为两个中国法人签订的《建设工程施工合同》，仅用于政府相关部门备案的“变更”范围包括两份由中国法人签订的协议，此两份合同为双方的虚假意思表示，属于阴阳合同中的阴合同。实际履行的“原合同”指的是两韩国法人签订的《建设工程施工合同》。

双方对合同的实际履行情况进一步印证双方实际履行的合同为两个韩国法人签订的《建设工程承包合同》。虽然此份合同为两个韩国法人在韩国签订，但双方均认可实际交由各自的中国子公司在中国境内履行，中国的子公司具有独立的法人资格，依据《民法通则》第 8 条、《民法典》第 12 条，此合同应当根据中国法律判定效力。在实际履行合同的过程中，当事人双方均有分包建筑工程的主体的事实行为，且此行为违反了《合同法》第 272 条第 3 款规定“有关主体结构的施工必须由承包人自行完成”的强制性规定。

一审法院认定 2016 年 11 月 3 日，美珂斯公司和一尔进公司签订《建设工程施工合同》无效的裁判正确。两中国法人签订的两份协议形式合法，且约定仅用于备案，实际履行两韩国法人签订的合同，其中约定违反我国法律的强制性规定，属于《合同法》第 52 条中以合法手段掩盖非法目的的无效情形。因此，2016 年 11 月 3 日美珂斯公司和一尔进公司签订的《建设工程施工合同》无效；2016 年 9 月 9 日美珂斯公司的母公司 MEGACOS 韩国法人与一尔进公司的母公司一尔进建设产业韩国法人签订《建设工程承包合同》属于《合同法》第 52 条第 5 款中违反法律、行政法规的强制性规定的情形，在中国境内无效。在《民法典》的合同编中，并未直接继承《合同法》第 52 条合同无效情形的规定，而是分散规定于总则编的各个条款中，但依据《民法典》该合同也为无效合同。两个中国法人签订的两份合同为双方虚假意思表示，属于《民法典》第 146 条规定的无效情形；两韩国法人签订的合同在中国境内违反相关法律，依据《民法典》第 153 条同样应当认定合同无效。

笔者对二审法院对于上诉人一尔进公司上诉请求的"依法纠正一审认定的事实，本案名为建设工程施工合同实为合法的委托代建管理合同"的处理有不同看法。二审法院认为："一尔进公司作为被告在一审诉讼过程中也未对合同性质提出过异议，其在二审阶段主张应将本案的建设工程施工合同认定为合法的委托代建管理合同，缺乏法律依据。"在一审审理过程中，一尔进公司有过自己为"涉案工程项目管理公司"的陈述，并非在一审阶段"没有提出异议"。同时，合同性质决定了判断合同效力的法律依据，一尔进公司上诉请求确认的合同为委托代建管理合同实质在请求二审法院审查一审法院判决合同无效的法律适用情况，因此二审法院认为一尔进公司提出审查合同性质缺乏法律依据的判决是错误的。另外，二审维持一审判决的判决结果正确。结合合同内容来看，双方对工程内容、计划开工时间和计划竣工时间作了约定，合同为建设工程施工合同而并非委托代建管理合同，一审法院依据《合同法》第 273 条第 3 款判决合同无效并无不当。

【相关依据】

《民法典》

第一百四十六条 行为人与相对人以虚假的意思表示实施的民事法律行为无效。

以虚假的意思表示隐藏的民事法律行为的效力，依照有关法律规定处理。

第一百五十三条 违反法律、行政法规的强制性规定的民事法律行为无效。但是，该强制性规定不导致该民事法律行为无效的除外。

违背公序良俗的民事法律行为无效。

第七百九十一条 发包人可以与总承包人订立建设工程合同，也可以分别与勘察人、设计人、施工人订立勘察、设计、施工承包合同。发包人不得将应当由一个承包人完成的建设工程支解成若干部分发包给数个承包人。

总承包人或者勘察、设计、施工承包人经发包人同意，可以将自己承包的部分工作交由第三人完成。第三人就其完成的工作成果与总承包人或者勘察、设计、施工承包人向发包人承担连带责任。承包人不得将其承包的全部建设工程转包给第三人或者将其承包的全部建设工程支解以后以分包的名义分别转包给第三人。

禁止承包人将工程分包给不具备相应资质条件的单位。禁止分包单位将其承包的工程再分包。建设工程主体结构的施工必须由承包人自行完成。

裁判规则 6　合同履行前提丧失，合同解除

【案例信息】

名称：南京汉恩数字互联文化股份有限公司（以下简称汉恩公司）与歌山建设集团有限公司（以下简称歌山公司）建设工程施工合同纠纷

案号：（2017）苏 01 民初 765 号、（2019）苏民终 1366 号

法院：江苏省南京市中级人民法院、江苏省高级人民法院

【关联事实】

2012 年 11 月 8 日，汉恩公司作为发包人，歌山公司作为承包人签订了《建设工程施工合同》，合同约定汉恩公司按合同约定的时间节点向歌山公司付款。后歌山公司对涉案工程进行施工，因汉恩公司未按期支付工程款，涉案工程停工。2016 年 5 月 30 日，歌山公司与汉恩公司签订复工协议，对汉恩公司应付的工程款、汉恩公司的违约责任、歌山公司的停工损失以及付款方式进行了约定，歌山公司复工。后歌山公司多次催要工程款未果。2016 年 12 月 28 日，歌山公司向汉恩公司基建办发出《解除合同通知》，同日，汉恩公司基建办、涉案工程项目监理部加盖了印章，殷某祥签收了该通知。

【裁判理由】

《合同法》第 94 条（已被《民法典》第 563 条替代）规定了合同的法定解除的情形，汉恩公司不履行付款义务，经歌山公司多次催促仍不履行，歌山公司享有解除合同的权利。歌山公司于 2016 年 12 月 28 日向汉恩公司书面发函，要求解除合同，一审法院确认合同于该日解除。二审法院维持该项判决。

同时，作为建设工程中的承包人，歌山公司可以与汉恩公司协商就该工程折价，也可以申请人民法院将该工程依法拍卖，建设工程的价款就该工程折价或者

拍卖的价款优先受偿。一审法院判决认定汉恩公司应支付工程款、歌山公司在工程款范围内有优先受偿权，且汉恩公司应当赔偿歌山公司的停工损失。二审法院在二审中变更了工程款的具体数额，维持了其他判决。

【案例评析】

本案例涉及当事人一方迟延履行主要债务，经催告后在合理期限内仍不履行而解除合同、解除合同的效果及解除合同的时间的问题。歌山公司与汉恩公司签订的建设工程施工合同是双方的真实意思表示，不违反强制性规定，涉案工程也已取得规划许可，歌山公司亦有相应的施工资质，涉案合同合法有效，双方均应按约履行。

在合同签订之后，汉恩公司虽支付部分款项，但未按合同约定足额履行付款义务，歌山公司以停工方式行使不安抗辩权；双方后针对汉恩公司应付款项及违约问题多次协商并达成协议，在歌山公司复工后，汉恩公司仍不履行付款义务，至歌山公司发函告知解除合同。歌山公司以停工、协商、发函等方式多次催告，且给汉恩公司较长的时间履行付款义务，但汉恩公司仍未付款，符合法律规定的当事人一方迟延履行主要债务，经催告后在合理期限内仍未履行的情形，守约方歌山公司有解除合同的权利。法院支持歌山公司要求确认合同已解除的诉请判决正确。

2016 年 12 月 28 日，歌山公司发出《解除合同通知》，同日，汉恩公司基建办、涉案工程项目监理部盖章，员工签收了该份通知，此两部门确与本案工程相关，该员工多次代表公司参与涉案工程的协商工作，应当认定，歌山公司解除合同的通知已送达。法定解除权属形成权，在一方当事人解除合同的通知到达另一方当事人时即发生效力。法院确认合同于 2016 年 12 月 28 日解除的判决正确。

本案合同为有名合同，优先受偿权的解除合同效果规定在建筑工程合同部分的条文中，发包人未按照约定支付价款的，承包人与发包人可以协议将该工程折价，也可请求人民法院将该工程依法拍卖并优先受偿。法院判决歌山公司有优先受偿的权利并无不当。

【相关依据】

《民法典》

第五百六十三条　有下列情形之一的，当事人可以解除合同：

（一）因不可抗力致使不能实现合同目的；

（二）在履行期限届满前，当事人一方明确表示或者以自己的行为表明不履行主要债务；

（三）当事人一方迟延履行主要债务，经催告后在合理期限内仍未履行；

（四）当事人一方迟延履行债务或者有其他违约行为致使不能实现合同目的；

（五）法律规定的其他情形。

以持续履行的债务为内容的不定期合同，当事人可以随时解除合同，但是应当在合理期限之前通知对方。

第五百六十五条　当事人一方依法主张解除合同的，应当通知对方。合同自通知到达对方时解除；通知载明债务人在一定期限内不履行债务则合同自动解除，债务人在该期限内未履行债务的，合同自通知载明的期限届满时解除。对方对解除合同有异议的，任何一方当事人均可以请求人民法院或者仲裁机构确认解除行为的效力。

当事人一方未通知对方，直接以提起诉讼或者申请仲裁的方式依法主张解除合同，人民法院或者仲裁机构确认该主张的，合同自起诉状副本或者仲裁申请书副本送达对方时解除。

第八百零七条　发包人未按照约定支付价款的，承包人可以催告发包人在合理期限内支付价款。发包人逾期不支付的，除根据建设工程的性质不宜折价、拍卖外，承包人可以与发包人协议将该工程折价，也可以请求人民法院将该工程依法拍卖。建设工程的价款就该工程折价或者拍卖的价款优先受偿。

裁判规则7　在履行期限届满之前，当事人一方以自己的行为表明不履行主要债务，当事人可以解除合同

【案例信息】

名称：安徽鸿路钢结构（集团）股份有限公司（以下简称鸿路钢构公司）诉安徽东皖建设集团芜湖有限公司（以下简称东皖芜湖公司）、安徽华纳包装科技有限公司（以下简称华纳包装公司）建设工程施工合同纠纷

案号：（2016）皖0207民初第1498号、（2017）皖02民终172号、（2018）皖民申427号、（2019）皖民再23号

法院：安徽省芜湖市鸠江区人民法院、安徽省芜湖市中级人民法院、安徽省高级人民法院

【关联事实】

2012年12月5日，华纳包装公司与东皖芜湖公司签订《建设工程施工合同》，由东皖芜湖公司承建华纳包装公司的1#、2#厂房工程。2012年12月6日，东皖芜湖公司与鸿路钢构公司签订《建筑钢结构制作安装合同》，将1#、2#厂房的钢结构工程分包给鸿路钢构公司承建，合同中同时约定本工程合同价款在业主单位支付发包方本工程合同价款后，发包方扣除应收的管理费后，支付给承包方，业主单位未支付本工程合同价款，承包方不得要求发包方支付价款。

2014年4月8日，鸿路钢构公司、东皖芜湖公司和华纳包装公司三方签署《三方协议书》约定：华纳包装公司拖欠的工程进度款，由东皖芜湖公司出具书面委托后，在2014年4月13日前由华纳包装公司直接支付给鸿路钢构公司；全部工程结束并验收合格，华纳包装公司再支付至工程决算总价款的95%；鉴于2#厂房预埋件已安装结束，钢结构是否已加工，有待东皖芜湖公司和华纳包装公司进一步核实，具体开工日期有待双方公司进一步商量。后东皖芜湖公司支付1#厂房工程款7621064.6元（其中东皖芜湖公司支付4955000元，华纳包装公司根据《三方协议书》支付2666064.6元），仍拖欠鸿路钢构公司1#厂房工程款2260754.4元。后鸿路钢构公司发函要求东皖芜湖公司尽快确定2#厂房的开工时间，但东皖芜湖公司未明确开工时间，导致2#厂房至今无法继续施工。华纳包装公司与东皖芜湖公司签订的《建设工程施工合同》已于2016年3月1日依法解除。鸿路钢构公司遂起诉，请求法院判决解除合同。

【裁判理由】

《合同法》第94条（已被《民法典》第563条替代）规定法定解除合同情形包括"在履行期限届满之前，当事人一方明确表示或者以自己的行为表明不履行主要债务"，《三方协议书》中约定：2#厂房预埋件已安装结束，钢结构是否已加工，有待于东皖芜湖公司和华纳包装公司进一步核实，具体开工日期有待双方公司进一步商量。但之后东皖芜湖公司一直未明确开工日期，致使2#厂房施工工作未能继续。东皖芜湖公司以其行为表明其不履行合同主要债务，因此，法院判决解除合同。

本案经历了一审、二审以及再审。一审法院判决合同解除，二审以及再审法院均维持此项判决；一审法院判决由东莞芜湖公司承担工程款，华纳包装公司承担连带责任，华纳包装公司支付质保金；二审法院撤销了要求华纳包装公司支付质保金的判决，改变了要求东莞芜湖公司支付、华纳包装公司承担连带责任的工程款的具体数额；再审法院改判工程款由华纳包装公司支付。

【案例评析】

本案例为当事人一方以其行为表明不履行合同主要债务的法定解除合同的情形。

解除合同的前提为合同合法有效。《建筑钢结构制作安装合同》未见无效事由，东皖芜湖公司与鸿路钢架公司《建筑钢结构制作安装合同》应为合法有效。但法院并未在判决书中阐明东皖芜湖公司是否有建设 1#、2#厂房的资质，若无资质，则东皖芜湖公司与华纳包装公司之间的总包合同无效，基于总包合同的《建筑钢结构制作安装合同》亦无效。

东皖芜湖公司以其行为表示不履行《建筑钢结构制作安装合同》的主要债务。依据《三方协议书》，2#厂房的预埋件现场安装已完成，继续工程开工时间需东皖芜湖公司与华纳包装公司协商确定。但在鸿路钢构公司发函要求确定开工时间后，东皖芜湖公司未予以回复。告知分包方继续施工的时间既是东皖芜湖公司作为总包方应尽的义务，也是三方当事人在《三方协议书》中明确的内容，东皖芜湖公司不予答复的行为致使鸿路钢构公司在此后将近两年的时间中未能继续履行合同，属于“以自己的行为表明不履行主要债务”，据此法院解除合同的判决正确。

解除合同的时间应当为诉状副本送达对方当事人之日。《合同法》中并未明确，但在《民法典》第 565 条第 2 款中载明：“当事人一方未通知对方，直接以提起诉讼或者申请仲裁的方式依法主张解除合同，人民法院或者仲裁机构确认该主张的，合同自起诉状副本或者仲裁申请书副本送达对方时解除。”

合同解除之后，由华纳包装公司给付 1#厂房的工程款。1#厂房工程已经竣工验收合格，应当按照合同约定支付相应的工程价款。《三方协议书》针对 1#厂房的付款主体的重新约定应当认定为对《建筑钢结构制作安装合同》进行了变更，付款主体变为华纳包装公司，且得到了第三方华纳公司的认可，故应当由华纳包装公司承担 1#厂房的工程款，再审法院判决正确。

在《建筑钢结构制作安装合同》中两公司对付款方式的约定值得我们注意：与

以往的条款不同,该合同条款约定东皖芜湖公司支付工程款以收到华纳包装公司工程款为前提,属于“背靠背条款”。学界关于“背靠背条款”的性质、效力存在争议,立法中也并未对“背靠背条款”进行明确规定。但北京市高级人民法院《关于审理建设工程施工合同纠纷案件若干疑难问题的解答》对“背靠背条款”的规定可以提供一些启示:分包合同中约定待总包人与发包人进行结算且发包人支付工程款后,总包人再向分包人支付工程款的,该约定有效。因总包人拖延结算或怠于行使其到期债权致使分包人不能及时取得工程款,分包人要求总包人支付欠付工程款的,应予支持。总包人对于其与发包人之间的结算情况以及发包人支付工程款的事实负有举证责任。“背靠背条款”为双方真实意思的表示,对条款的效力应当予以肯定,性质属附条件约定。条款限制了分包人在发包人付款之前向总包人要求付款的权利,在总包人怠于履行催促发包人付款时,分包人的权利不能得到保证且条款本身缺乏有效的救济方式,有失公平。从权利与义务一致的角度,此时应赋予分包人救济的权利,如向总包人主张付款或可代位总包人向发包人主张债权,以维护合同履行的公平以及保护分包人的权利。

【相关依据】

《民法典》

第五百六十三条　有下列情形之一的,当事人可以解除合同:

(一)因不可抗力致使不能实现合同目的;

(二)在履行期限届满前,当事人一方明确表示或者以自己的行为表明不履行主要债务;

(三)当事人一方迟延履行主要债务,经催告后在合理期限内仍未履行;

(四)当事人一方迟延履行债务或者有其他违约行为致使不能实现合同目的;

(五)法律规定的其他情形。

以持续履行的债务为内容的不定期合同,当事人可以随时解除合同,但是应当在合理期限之前通知对方。

第五百六十五条　当事人一方依法主张解除合同的,应当通知对方。合同自通知到达对方时解除;通知载明债务人在一定期限内不履行债务则合同自动解除,债务人在该期限内未履行债务的,合同自通知载明的期限届满时解除。对方对解除合同有异议的,任何一方当事人均可以请求人民法院或者仲裁机构确认解除行为的效力。

当事人一方未通知对方，直接以提起诉讼或者申请仲裁的方式依法主张解除合同，人民法院或者仲裁机构确认该主张的，合同自起诉状副本或者仲裁申请书副本送达对方时解除。

第八百零七条 发包人未按照约定支付价款的，承包人可以催告发包人在合理期限内支付价款。发包人逾期不支付的，除根据建设工程的性质不宜折价、拍卖外，承包人可以与发包人协议将该工程折价，也可以请求人民法院将该工程依法拍卖。建设工程的价款就该工程折价或者拍卖的价款优先受偿。

裁判规则 8 一方无法提供施工条件，导致合同目的不能实现，另一方有权解除合同

【案例信息】

名称：江河创建集团股份有限公司（以下简称江河公司）与安徽金九矿业集团有限公司（以下简称金九公司）装饰装修合同纠纷

案号：（2020）皖07民初2号、（2021）皖民终461号

法院：安徽省铜陵市中级人民法院、安徽省高级人民法院

【关联事实】

2012年3月29日江河公司经招投标程序，中标安徽金九维景国际大酒店幕墙工程，当日双方签订了《幕墙工程施工合同书》，约定金九公司将安徽金九维景国际大酒店石材幕墙、玻璃幕墙安装工程发包给江河公司。2012年3月29日，江河公司开工。2015年，因种种原因导致工程延期，双方于2015年12月21日签订《安徽金九维景国际大酒店幕墙工程补充协议》，补充约定了合同内包含的费用、施工合同的组成、施工工期及进度款的支付、竣工结算等事项。江河公司继续组织施工，因金九公司未能提供继续施工条件，江河公司于2016年3月11日停止施工并撤场。已完工部分经监理单位验收合格。后江河公司向法院起诉，并于2020年9月1日变更提出解除合同请求，一审法院于2020年9月7日将变更请求送达金九公司。

【裁判理由】

《合同法》第94条第4款（已被《民法典》第563条第1款第4项替代）规定：当事人一方迟延履行债务或者有其他违约行为致使不能实现合同目的。金九公

司未能提供继续施工条件使得江河公司合同的目的难以完成,因此,案涉合同应当解除。由于江河公司于 2020 年 9 月 1 日变更诉讼请求时提出解除合同的请求,2020 年 9 月 7 日法庭向金九公司送达了变更诉讼请求申请书。故法院最终认定金九公司与江河公司签订的《幕墙工程施工合同书》《安徽金九维景国际大酒店幕墙工程补充协议》于 2020 年 9 月 7 日解除。

【案例评析】

本案涉及合同性质的判断、合同解除、合同解除的时间以及解除合同的效力问题。

案涉的"装饰装修合同"属于建设工程合同。在《建设工程质量管理条例》第 2 条列举的建设工程的范围包括装修装饰合同,依据《民法典》第 770 条承揽合同的定义,亦可认为装修装饰合同属于承揽合同。但《建设工程质量管理条例》第 2 条第 2 款列举的"本条例所称建设工程,是指土木工程、建筑工程、线路管道和设备安装工程及装修工程"为二者的区分提供了一个标准:以并列方式列举的合同应当具有同等性质,属于建筑工程合同的装修装饰合同在工程规模上应当与土木工程、线路管道和设备安装工程等合同具有同等性,即大型装修工程。本案装修工程的主体为一幢酒店的幕墙安装工作,从本质上看其属于大楼建设施工的一个重要部分,符合此标准,应当以建设工程施工合同的相关规定作为判断合同是否有效、解除合同效果的依据。

案涉合同符合法定解除的情形。本案中,江河公司与金九公司签订的《幕墙工程施工合同书》及《安徽金九维景国际大酒店幕墙工程补充协议》真实、合法有效,双方应当依约履行。由于金九公司对外发包的甩项工程至今未能完工,未能向江河公司提供继续施工的条件,可以认定因金九公司的违约行为导致案涉合同目的不能实现,江河公司具有合同解除权。

解除合同的时间为江河公司变更诉讼请求的通知送达之日。在《合同法》中没有明确规定,但在《民法典》第 565 条后半段规定了符合法定解除情形但未通知对方直接进行诉讼的解除合同时间:合同自起诉状副本或者仲裁申请书副本送达对方时解除。一审中,江河公司变更了诉讼请求,法院认定合同解除时间为法庭向金九公司送达了变更诉讼请求申请书的 2020 年 9 月 7 日的判决符合《民法典》的精神,判决正确。上诉后二审法院维持一审法院判决。

解除合同的效果为江河公司对该工程的拍卖款享有优先受偿权。江河公司已完工部分经监理单位验收合格,金九公司应当支付相应的工程款。本案的装修装饰工程属于建设工程合同,承包人对案涉工程的折价或者拍卖款有优先受偿权;《建设工程施工合同司法解释(一)》第37条进一步明确装饰装修工程的承包人的优先受偿权,因此,法院支持江河公司的要求优先受偿的诉讼请求的判决正确。

【相关依据】

《民法典》

第五百六十三条　有下列情形之一的,当事人可以解除合同:

(一)因不可抗力致使不能实现合同目的;

(二)在履行期限届满前,当事人一方明确表示或者以自己的行为表明不履行主要债务;

(三)当事人一方迟延履行主要债务,经催告后在合理期限内仍未履行;

(四)当事人一方迟延履行债务或者有其他违约行为致使不能实现合同目的;

(五)法律规定的其他情形。

以持续履行的债务为内容的不定期合同,当事人可以随时解除合同,但是应当在合理期限之前通知对方。

第五百六十五条　当事人一方依法主张解除合同的,应当通知对方。合同自通知到达对方时解除;通知载明债务人在一定期限内不履行债务则合同自动解除,债务人在该期限内未履行债务的,合同自通知载明的期限届满时解除。对方对解除合同有异议的,任何一方当事人均可以请求人民法院或者仲裁机构确认解除行为的效力。

当事人一方未通知对方,直接以提起诉讼或者申请仲裁的方式依法主张解除合同,人民法院或者仲裁机构确认该主张的,合同自起诉状副本或者仲裁申请书副本送达对方时解除。

第八百零七条　发包人未按照约定支付价款的,承包人可以催告发包人在合理期限内支付价款。发包人逾期不支付的,除根据建设工程的性质不宜折价、拍卖外,承包人可以与发包人协议将该工程折价,也可以请求人民法院将该工程依法拍卖。建设工程的价款就该工程折价或者拍卖的价款优先受偿。

《建设工程施工合同司法解释(一)》(法释〔2020〕25号)

第三十七条　装饰装修工程具备折价或者拍卖条件,装饰装修工程的承包人请求工程价款就该装饰装修工程折价或者拍卖的价款优先受偿的,人民法院应予支持。

裁判规则9 双方经协商一致可解除合同

【案例信息】

名称:铜陵市环保产业建筑安装有限责任公司(以下简称环保建筑公司)诉铜陵市兆林工贸有限责任公司(以下简称兆林工贸公司)建设工程施工合同纠纷

案号:(2011)狮民二初字第00258号、(2013)铜中民二终字第00003号、(2015)铜中民再字第00001号、(2018)皖民再47号

法院:安徽省铜陵市狮子山区人民法院、铜陵市中级人民法院、安徽省高级人民法院

【关联事实】

2011年3月2日环保建筑公司与兆林工贸公司签订《建设工程施工合同》,约定由环保建筑公司承建兆林工贸公司主厂房工程。合同中第三部分“专用条款”第3.3项关于适用标准、规范规定约定:适用标准、规范的名称“现行建筑工程施工与验收规范”,即《建筑地基基础工程施工质量验收规范》(GB 50202－2002)标准中相关规定。后因环保建筑公司的施工并未符合双方约定之标准,故被监理公司要求停工整改。2011年5月28日环保建筑公司向监理公司发函称整改完成,请求复查,但监理公司与兆林工贸公司并未组织复查。2011年8月12日,监理公司回复要求环保建筑公司尽快进行施工,环保建筑公司并未复工。停工状态持续至2011年9月5日,环保建筑公司书面通知兆林工贸公司解除合同,同年9月16日兆林工贸公司予以回复,认可合同解除。

【裁判理由】

《合同法》第93条第1款(已被《民法典》第562条第1款替代)规定,当事人协商一致,可以解除合同。环保建筑公司与兆林工贸公司在2011年双方来往的函件中,对“解除合同”的认定达成一致。因此,在法院审理过程中,法院认可双方协商一致解除合同。

本案经历一审、二审、再审,再审后提审四个阶段,各阶段法院判决变动的部

分在兆林工贸公司应当支付的金额种类及数额。一审法院判决兆林工贸公司支付工程款，二审法院变更了工程款的具体数额，第一次再审维持了二审的判决，再审提审阶段维持二审的全部判决，在此基础上要求兆林工贸公司再支付环保建筑公司停工损失。

【案例评析】

本案例涉及合同协商一致解除及合同解除的效力的问题。

双方所签订的《建设工程施工合同》合法有效，双方均应依照合同履行。合同履行期间，2011 年 9 月 5 日，环保建筑公司书面通知兆林工贸公司解除合同，同年 9 月 16 日兆林工贸公司予以回复，认可合同解除。由双方往来的函件中可以了解到双方对合同解除已经达成合意，双方属于约定解除合同的情形，解除合同的时间应当认定为兆林工贸公司回复的 9 月 16 日。

解除合同后，已经完成的建设工程质量合格的，兆林工贸公司应当按照约定支付相应的工程价款；同时根据双方过错程度对解除合同造成的损失进行分摊。后者具体涉及两个问题：分摊责任的比例以及分摊责任的范围。环保建筑公司 2011 年 5 月 28 日已出具书面的回复单，告知整改完毕，要求复查，而监理公司与兆林工贸公司并未及时组织复查，至 8 月 12 日监理公司通知环保建筑公司已具备主体施工条件、要求尽快组织主体施工前，兆林工贸公司和监理公司仍未组织复查，兆林工贸公司对停工负有责任。监理公司 8 月 12 日通知环保建筑公司尽快组织主体施工后，环保建筑公司应及时组织施工，但其以要求解决工期顺延、办理签证、解决停工期间管理人员工资及钢管等闲置费用等问题为由而未复工，环保建筑公司对 8 月 12 日后至合同解除期间的停工负有过错责任。安徽省高级人民法院提审判决正确。在具体损失的范围方面，笔者认为应当遵守以直接损失为限度，即法院认定的兆林工贸公司提供证据证明的在停工期间管理人员工资以及钢管、扣件、龙门架租赁费用为双方分摊责任的范围，同意法院的审判意见。

【相关依据】

《民法典》

第五百六十二条　当事人协商一致，可以解除合同。

当事人可以约定一方解除合同的事由。解除合同的事由发生时，解除权人可以解除合同。

第五百六十六条 合同解除后,尚未履行的,终止履行;已经履行的,根据履行情况和合同性质,当事人可以请求恢复原状或者采取其他补救措施,并有权请求赔偿损失。

合同因违约解除的,解除权人可以请求违约方承担违约责任,但是当事人另有约定的除外。

主合同解除后,担保人对债务人应当承担的民事责任仍应当承担担保责任,但是担保合同另有约定的除外。

裁判规则 10 一方经催告仍不履行合同主要债务,另一方有权解除合同

【案例信息】

名称:江苏南通二建集团有限公司(以下简称南通二建公司)与合肥海润光伏科技有限公司(以下简称海润光伏公司)建设工程施工合同纠纷

案号:(2017)皖民初 50 号

法院:安徽省高级人民法院

【关联事实】

2016 年至 2017 年,海润光伏公司与南通二建公司签订一系列协议,约定海润光伏公司将办公楼以及宿舍楼项目交由南通二建公司进行施工,其中对付款方式进行了特别约定:"甲方每次支付工程款时,乙方应向甲方提供付款等额发票,如乙方未提供发票,甲方可拒付当期工程款,并且不承担违约责任,乙方不得停止工程施工。"案涉工程所在地的土地使用权人为海润光伏公司,案涉办公楼工程至 2017 年 2 月 24 日已取得规划和施工许可证;案涉宿舍楼工程至 2016 年 12 月 9 日全部取得规划和施工许可证。

南通二建公司于 2016 年 8 月进场施工。2017 年 6 月 16 日,南通二建公司作为承包方与海润光伏公司等八个发包方签署《备忘录》:因各发包方未能及时支付包括案涉工程在内的多个施工项目工程款,造成承包方依法停工,经各方友好协商,就工程款支付、利息损失补偿等事宜进行了约定,其中包括案涉工程在内未付工程款 4.69 亿元,海润光伏公司等八个发包方同意按 2017 年 6 月 14 日、6 月 23 日、7 月 10 日前分别支付一定数额的工程款,在 2017 年 6 月 23 日前支付 3 亿元,

如各发包方违反本备忘录约定，按照本备忘录和施工合同约定，再次拖延支付工程款，则各发包方按照未付款金额的日万分之五支付利息损失给承包方。

2017 年 8 月 30 日，南通二建公司向海润光伏公司发出《关于催讨海润宿舍楼工程款的函》，海润光伏公司工作人员予以签收。2017 年 10 月，南通二建工司停工。诉讼中，海润光伏公司认可南通二建公司所完工工程已达到合同约定支付工程款结点，亦认可未支付南通二建公司工程款。

【裁判理由】

《合同法》第 94 条（已被《民法典》第 563 条替代）规定了合同的法定解除的情形，海润光伏公司不履行付款义务，经南通二建公司发函催促仍不支付工程款，南通二建公司享有合同解除权。

【案例评析】

本案例涉及合同效力、合同变更及一方当事人经催告仍不履行主要合同义务而解除合同的问题。

案涉合同合法有效。虽然本案存在案涉工程在签订部分合同之后才取得施工许可与规划许可的情况，但依据《民法典》第 502 条的规定，合同自成立时生效，相关行政法规也并未规定规划许可、建设许可属于建筑工程施工合同生效要件，本案也不属于《建设工程施工合同司法解释（一）》第 1 条规定的合同无效的情形，海润光伏公司在签订系列合同过程中取得规划许可，属于原《建设工程施工合同纠纷司法解释（二）》第 2 条合同无效的例外情形。因此，应当认定，两公司签订的系列合同是双方真实意思表示，不违反强制性规定，法院亦认定南通二建公司有相应的施工资质，案涉系列合同合法有效，法院判决正确。

海润光伏公司不支付工程款的行为构成违约。首先，双方合同并未明确南通二建公司有先提供发票的义务。双方原本约定“甲方每次支付工程款时，乙方应向甲方提供付款等额发票，如乙方未提供发票，甲方可拒付当期工程款，并且不承担违约责任，乙方不得停止工程施工”，从合同文意上并未明确乙方南通二建公司须先提供发票。若本案双方明确约定南通二建公司有先提供发票的义务，此约定并不违反法律强制性规定，约定有效，则海润光伏公司在未获得发票的情况下不支付工程款并不违约。其次，本案涉及多份合同，双方最后签订的《备忘录》变更了双方原先约定的付款条件。《备忘录》经包括本案原被告在内的多方当事人协商后签订,海润光伏公司同意支付工程款并未附其他条件,应当视为对原先所附“付款必须提供发票”条件的变更,双方应按后签订的合同履行。在达成新的合意,南通二建公司发函向其催要工程款的情况下,海润光伏公司仍不支付,符合“当事人一方迟延履行主要债务,经催告后在合理期限内仍未履行”,守约方南通二建公司有解除合同的权利。法院作出的判决及法律依据并无不当,但笔者认为“开具工程款发票仅系南通二建公司的附随义务而非主合同义务”并非可解除合同的最直接理由。

解除合同的时间应当认定为南通二建公司增加诉讼请求的文书送达海润光伏公司之日。本案中,南通二建公司在诉讼前并未通知海润光伏公司解除合同,而是在起诉后增加了解除合同的诉讼请求,《合同法》中缺乏相应规定,在《民法典》第565条中明确,在本案中为原告南通二建公司增加诉讼请求的文书送达对方当事人之日。解除合同后,针对已完工且验收合格部分工程海润光伏公司应当支付工程款,本案为建设工程合同,依据相关法律规定,南通二建公司可主张优先受偿权。

【相关依据】

《民法典》

第五百零二条 依法成立的合同,自成立时生效,但是法律另有规定或者当事人另有约定的除外。

依照法律、行政法规的规定,合同应当办理批准等手续的,依照其规定。未办理批准等手续影响合同生效的,不影响合同中履行报批等义务条款以及相关条款的效力。应当办理申请批准等手续的当事人未履行义务的,对方可以请求其承担违反该义务的责任。

依照法律、行政法规的规定,合同的变更、转让、解除等情形应当办理批准等手续的,适用前款规定。

第五百六十三条 有下列情形之一的,当事人可以解除合同:

(一)因不可抗力致使不能实现合同目的;

(二)在履行期限届满前,当事人一方明确表示或者以自己的行为表明不履行主要债务;

(三)当事人一方迟延履行主要债务,经催告后在合理期限内仍未履行;

(四)当事人一方迟延履行债务或者有其他违约行为致使不能实现合同目的;

（五）法律规定的其他情形。

以持续履行的债务为内容的不定期合同，当事人可以随时解除合同，但是应当在合理期限之前通知对方。

第五百六十五条　当事人一方依法主张解除合同的，应当通知对方。合同自通知到达对方时解除；通知载明债务人在一定期限内不履行债务则合同自动解除，债务人在该期限内未履行债务的，合同自通知载明的期限届满时解除。对方对解除合同有异议的，任何一方当事人均可以请求人民法院或者仲裁机构确认解除行为的效力。

当事人一方未通知对方，直接以提起诉讼或者申请仲裁的方式依法主张解除合同，人民法院或者仲裁机构确认该主张的，合同自起诉状副本或者仲裁申请书副本送达对方时解除。

第五百六十六条　合同解除后，尚未履行的，终止履行；已经履行的，根据履行情况和合同性质，当事人可以请求恢复原状或者采取其他补救措施，并有权请求赔偿损失。

合同因违约解除的，解除权人可以请求违约方承担违约责任，但是当事人另有约定的除外。

主合同解除后，担保人对债务人应当承担的民事责任仍应当承担担保责任，但是担保合同另有约定的除外。

第八百零七条　发包人未按照约定支付价款的，承包人可以催告发包人在合理期限内支付价款。发包人逾期不支付的，除根据建设工程的性质不宜折价、拍卖外，承包人可以与发包人协议将该工程折价，也可以请求人民法院将该工程依法拍卖。建设工程的价款就该工程折价或者拍卖的价款优先受偿。

《建设工程施工合同司法解释（一）》（法释〔2020〕25 号）

第一条　建设工程施工合同具有下列情形之一的，应当依据民法典第一百五十三条第一款的规定，认定无效：

（一）承包人未取得建筑业企业资质或者超越资质等级的；

（二）没有资质的实际施工人借用有资质的建筑施工企业名义的；

（三）建设工程必须进行招标而未招标或者中标无效的。

第三条　当事人以发包人未取得建设工程规划许可证等规划审批手续为由，请求确认建设工程施工合同无效的，人民法院应予支持，但发包人在起诉前取得建设工程规划许可证等规划审批手续的除外。

发包人能够办理审批手续而未办理,并以未办理审批手续为由请求确认建设工程施工合同无效的,人民法院不予支持。

原《建设工程施工合同纠纷司法解释(二)》(法释〔2018〕20号)

第二条 当事人以发包人未取得建设工程规划许可证等规划审批手续为由,请求确认建设工程施工合同无效的,人民法院应予支持,但发包人在起诉前取得建设工程规划许可证等规划审批手续的除外。

发包人能够办理审批手续而未办理,并以未办理审批手续为由请求确认建设工程施工合同无效的,人民法院不予支持。

裁判规则 11 当事人一方迟延履行主要债务,另一方有权解除合同

【案例信息】

名称:江苏双楼建设集团有限公司(以下简称双楼公司)与宿州德全房地产开发有限公司(以下简称德全公司)建设工程施工合同纠纷

案号:(2017)皖民初43号

法院:安徽省高级人民法院

【关联事实】

2012年11月26日,德全公司作为发包人与双楼公司作为承包人签订《施工承包合同》,将案涉工程交由双楼公司承建,合同中对付款节点等相关内容进行了约定。双楼公司于2013年7月进场施工,施工过程中,双方就工程款支付的问题先后形成多份补充协议。2017年6月2日、2017年12月1日,双楼公司分两次将工程移交德全公司,2017年12月12日,双方签订《移交协议》,其中载明涉案工程已通过验收。后双楼公司因索要工程款未果,遂提起诉讼。诉讼过程中,因双方对涉案工程造价存有争议且争议范围不能确定,后经双楼公司申请,法院依法委托安徽恒泰工程咨询有限公司对双楼公司所施工的宿州中心花园工程造价进行司法鉴定。

【裁判理由】

《合同法》第94条(已被《民法典》第563条替代)规定了合同的法定解除的

情形,德全公司不履行付款义务,经双楼公司催促仍不履行,双楼公司享有解除合同的权利。依据《合同法》第97条(已被《民法典》第566条替代),德全公司应与双楼公司就履行建设工程施工合同所产生的权利义务进行清算。

【案例评析】

本案例涉及因一方当事人经催告仍不履行主要合同义务而解除合同、解除合同的时间及解除合同的效果的问题。

合同有效是讨论是否可以解除合同的前提,本案案涉合同合法有效。经法院查证,双方就涉案工程项目所签订的《施工承包合同》及5份补充协议并不违反招投标的相关规定,且双楼公司具备施工资质,德全公司已取得案涉工程规划及施工许可证,双方也未对合同效力提出异议,应当认定为双方真实意思表示,不违反强制性规定,合法有效。

德全公司存在逾期支付工程款的违约行为。在施工工程中,双方就付款方式多次磋商并签订了5份补充协议;双楼公司在主体完工后,将案涉工程移交给德全公司,达到合同中约定的支付工程款的节点,德全公司并未依照合同支付相应的工程款,后双楼公司催促德全公司付款,德全公司在合理期限内仍未履行支付工程款的义务,应当认定属于《民法典》第563条第1款第3项的法定解除的情形,双楼公司具有解除权。在双楼公司的诉讼请求中提及因德全公司不能及时付款导致其资金运转困难,难以继续施工,依据原《建设工程施工合同纠纷司法解释》第9条的规定,其解除合同的诉求同样应当得到支持,法院判决正确。

解除合同的时间为双楼公司诉状副本送达德全公司之日。诉前双楼公司并未有解除合同之意思表示,而是以诉讼的方式请求法院判决解除,在《合同法》中没有明确,在《民法典》第565条中明确了解除合同的时间为诉状副本送达对方当事人之日。

解除合同后,德全公司应与双楼公司就履行建设工程施工合同所产生的权利义务进行清算。合同解除后,尚未履行的,终止履行;已经履行的,根据履行情况和合同性质,当事人可以要求恢复原状、采取其他补救措施,并有权要求赔偿损失。违约方德全公司应支付已完工部分工程款及其他双楼公司的损失;依据《民法典》相关规定,双楼公司还可以主张德全公司的违约责任。本案中双方就案涉工程具体价款争议较大,法院委托安徽恒泰工程咨询有限公司进行鉴定,该公司具有合法鉴定资质,鉴定过程合法有效,鉴定依据充足,鉴定人员对于各方当事人所提异议均给出了合理解释，其出具的鉴定意见可以作为确定本案工程款的依据。另外，双楼公司享有优先受偿权。法律规定了发包人未按照约定支付价款的，承包人与发包人可以协议将该工程折价，也可请求人民法院将该工程依法拍卖并优先受偿。法院判决双楼公司享有优先受偿权的判决并无不当。

【相关依据】

《民法典》

第五百六十三条 有下列情形之一的，当事人可以解除合同：

（一）因不可抗力致使不能实现合同目的；

（二）在履行期限届满前，当事人一方明确表示或者以自己的行为表明不履行主要债务；

（三）当事人一方迟延履行主要债务，经催告后在合理期限内仍未履行；

（四）当事人一方迟延履行债务或者有其他违约行为致使不能实现合同目的；

（五）法律规定的其他情形。

以持续履行的债务为内容的不定期合同，当事人可以随时解除合同，但是应当在合理期限之前通知对方。

第五百六十五条 当事人一方依法主张解除合同的，应当通知对方。合同自通知到达对方时解除；通知载明债务人在一定期限内不履行债务则合同自动解除，债务人在该期限内未履行债务的，合同自通知载明的期限届满时解除。对方对解除合同有异议的，任何一方当事人均可以请求人民法院或者仲裁机构确认解除行为的效力。

当事人一方未通知对方，直接以提起诉讼或者申请仲裁的方式依法主张解除合同，人民法院或者仲裁机构确认该主张的，合同自起诉状副本或者仲裁申请书副本送达对方时解除。

第五百六十六条 合同解除后，尚未履行的，终止履行；已经履行的，根据履行情况和合同性质，当事人可以请求恢复原状或者采取其他补救措施，并有权请求赔偿损失。

合同因违约解除的，解除权人可以请求违约方承担违约责任，但是当事人另有约定的除外。

主合同解除后，担保人对债务人应当承担的民事责任仍应当承担担保责任，但是担保合同另有约定的除外。

第八百零七条　发包人未按照约定支付价款的，承包人可以催告发包人在合理期限内支付价款。发包人逾期不支付的，除根据建设工程的性质不宜折价、拍卖外，承包人可以与发包人协议将该工程折价，也可以请求人民法院将该工程依法拍卖。建设工程的价款就该工程折价或者拍卖的价款优先受偿。

原《建设工程施工合同纠纷司法解释》（法释〔2004〕14 号）

第九条　发包人具有下列情形之一，致使承包人无法施工，且在催告的合理期限内仍未履行相应义务，承包人请求解除建设工程施工合同的，应予支持：

（一）未按约定支付工程价款的；

（二）提供的主要建筑材料、建筑构配件和设备不符合强制性标准的；

（三）不履行合同约定的协助义务的。

裁判规则 12　迟延履行债务致使不能实现合同目的的，合同解除

【案例信息】

名称：安徽宿州金狮矿业有限责任公司（以下简称金狮公司）与温州矿山井巷工程有限公司（以下简称井巷公司）建设工程合同纠纷

案号：（2019）皖 13 民初 34 号、（2020）皖民终 560 号

法院：安徽省宿州市中级人民法院、安徽省高级人民法院

【关联事实】

2011 年 1 月 1 日，井巷公司（乙方）与金狮公司（甲方）签订《龙王庙煤矿二期工程（包括首采面的准备工程）施工合同书》，合同中约定乙方不得将其承包的全部工程肢解后以分包的名义转包出去，主体工程和关键部位工程的施工必须由乙方自行完成，不得分包。合同签订后，井巷公司开始组织施工。2012 年至 2014 年，金狮公司欠付工程款合计 13747659 元。施工期间，因金狮公司的原因造成不能正常施工，井巷公司为此多次向金狮公司提出异议和索赔，2013 年 1 月 29 日，井巷公司、金狮公司达成《关于停工期间对温州矿山井巷工程有限公司龙王庙煤矿项目部人工工资及设备折旧费的补偿协议》，最终商定该期间上述两项的补偿总额为 380 万元，该笔补偿费用至今未付。2013 年 3 月因金狮公司资金问题全面停工。后井巷公司提起诉讼。

【裁判理由】

因金狮公司原因案涉工程长期停工,2013 年因金狮公司资金问题案涉工程全面停工,依据《合同法》第 94 条(已被《民法典》第 563 条替代)第 4 款,可认定因金狮公司的违约使得合同目的不能实现,一审法院判决解决除合同,该案上诉至二审法院后,二审法院维持了一审法院判决,但改判了金狮公司应支付的工程款的具体数额。

【案例评析】

本案例涉及合同效力、因合同目的不达而解除合同、解除合同的效果及解除合同的时间的问题。

井巷公司与金狮公司双方所签订的案涉合同合法有效。法院查明事实中,该合同是双方真实意思表示,不违反强制性规定,合同有效。在案件上诉的过程中,金狮公司认为案涉合同无效。在法院查证后认定针对"案涉合同为井巷公司通过贿赂手段签订"的事实金狮公司并未提供充分的证据,针对"汪太湖是挂靠井巷公司签订案涉合同的实际施工人"的事实金狮公司没有提供证据证明,金狮公司的主张不能成立,合同合法有效。

金狮公司的违约行为使得合同目的不能实现。在施工过程中,因金狮公司的原因造成工程长期停工,合同不能正常履行,井巷公司为此多次向金狮公司提出异议和索赔,2013 年 1 月 29 日,井巷公司、金狮公司达成《关于停工期间对温州矿山井巷工程有限公司龙王庙煤矿项目部人工工资及设备折旧费的补偿协议》:商定由金狮公司补偿给井巷公司 380 万元,但该款项也未支付。工程于 2013 年 3 月因金狮公司资金问题全面停工,可认定合同因金狮公司的违约行为不能正常履行,致使不能实现合同目的,法院支持井巷公司请求判决解除合同的诉请。

解除合同的时间为井巷公司诉状副本送达德全公司的之日。诉前井巷公司并未有解除合同之意思表示,而是以诉讼的方式请求法院判决解除,在《合同法》中没有明确,在《民法典》第 565 条中明确了解除合同的时间为诉状副本送达对方当事人之日。

合同解除后,尚未履行的,终止履行;已经履行的,根据履行情况和合同性质,当事人可以要求恢复原状、采取其他补救措施,并有权要求赔偿损失。对于有证据证明的井巷公司已经完工部分的工程款、设备款,金狮公司应当支付。

【相关依据】

《民法典》

第五百六十三条　有下列情形之一的，当事人可以解除合同：

（一）因不可抗力致使不能实现合同目的；

（二）在履行期限届满前，当事人一方明确表示或者以自己的行为表明不履行主要债务；

（三）当事人一方迟延履行主要债务，经催告后在合理期限内仍未履行；

（四）当事人一方迟延履行债务或者有其他违约行为致使不能实现合同目的；

（五）法律规定的其他情形。

以持续履行的债务为内容的不定期合同，当事人可以随时解除合同，但是应当在合理期限之前通知对方。

第五百六十五条　当事人一方依法主张解除合同的，应当通知对方。合同自通知到达对方时解除；通知载明债务人在一定期限内不履行债务则合同自动解除，债务人在该期限内未履行债务的，合同自通知载明的期限届满时解除。对方对解除合同有异议的，任何一方当事人均可以请求人民法院或者仲裁机构确认解除行为的效力。

当事人一方未通知对方，直接以提起诉讼或者申请仲裁的方式依法主张解除合同，人民法院或者仲裁机构确认该主张的，合同自起诉状副本或者仲裁申请书副本送达对方时解除。

第五百六十六条　合同解除后，尚未履行的，终止履行；已经履行的，根据履行情况和合同性质，当事人可以请求恢复原状或者采取其他补救措施，并有权请求赔偿损失。

合同因违约解除的，解除权人可以请求违约方承担违约责任，但是当事人另有约定的除外。

主合同解除后，担保人对债务人应当承担的民事责任仍应当承担担保责任，但是担保合同另有约定的除外。

裁判规则 13　约定解除合同与法定解除合同不可同时适用

【案例信息】

名称：福建省东日工程有限公司（以下简称福建东日公司）诉安徽泽瑞光电有限公司（以下简称安徽泽瑞公司）、安徽省美昌电子科技有限公司（以下简称安徽美昌公司）、安徽英特易信息科技有限公司（以下简称安徽英特易公司）建设工程施工合同纠纷

案号：（2017）皖 12 民初 14 号、（2019）皖民终 1027 号

法院：安徽省阜阳市中级人民法院、安徽省高级人民法院

【关联事实】

2013 年 7 月 31 日，福建东日公司作为承包人与安徽泽瑞公司作为发包人就安徽泽瑞公司一期工程签订《建设工程施工合同》，将一期工程发包给福建东日公司。签订合同后，福建东日公司共支付履约保证金 600 万元。开始施工后，因安徽泽瑞公司逾期支付工程款等原因，导致涉案工程于 2014 年 2 月 16 日起停工，福建东日公司向安徽泽瑞公司送达停工通知，安徽泽瑞公司对停工通知予以确认，并加盖单位公章及股东钟贵瑞印章。安徽泽瑞公司于 2014 年 5 月 8 日向福建东日公司出具承诺书承诺付款，但出具后未按照约定支付工程款。2014 年 8 月 7 日，两公司再次达成协议，确认前期的工程款 1200 万元，福建东日公司收到款项后复工，但安徽泽瑞公司亦未按约履行。案涉工程经鉴定合格，安徽泽瑞公司合计支付工程款 2045 万元，剩余工程款未支付。

安徽泽瑞公司、安徽英特易公司、安徽美昌公司是天泽业达集团下属子公司，三公司联合竞得阜阳合肥现代产业园区工业用地，即案涉工程所用土地。后三公司因经营生产需要，于 2013 年 11 月 8 日向原阜阳市国土资源局提出土地证分割的申请，经过批准后将该土地分为三块，使用权分属安徽泽瑞公司、安徽英特易公司、安徽美昌公司。

【裁判理由】

因安徽泽瑞公司欠付工程款等原因导致涉案工程于 2014 年 2 月 16 日全面停工，后福建东日公司与安徽泽瑞公司两次针对工程款的支付问题达成协议，但安徽泽瑞公司均未按约履行，因安徽泽瑞公司的违约行为使得合同目的不能实现，符合《合同法》第 94 条（已被《民法典》第 563 条替代）第 3 款“当事人一方迟延履

行主要债务,经催告后在合理期限内仍未履行”的法定解除合同的情形。一审法院判决解除合同,二审法院维持该项判决。

【案例评析】

本案例涉及一方迟延履行主要债务,致使不能实现合同目的,解除合同的情形,同时还涉及合同的效力、合同当事人的确定、合同解除时间以及解除合同的效果问题。

本案首先需要确定合同的效力以及合同的当事人。案涉工程的土地在合同签订之时由安徽泽瑞公司、安徽英特易公司、安徽美昌公司共同所有,而合同仅由安徽泽瑞公司与施工方福建东日公司签订。合同签订之前,在安徽泽瑞公司完成向行政主管部门申请各项许可的审批程序时需要其他两个公司的配合,福建东日公司举证的建设工程规划许可证载明涉案工程的建设单位为安徽泽瑞公司、安徽英特易公司、安徽美昌公司;再考虑到案涉工程所建项目为三家公司的办公服务楼、呼叫中心、厂房等工程,由以上两点可认定安徽英特易公司与安徽美昌公司对案涉工程的建设是知情的,在施工过程及诉讼过程中亦未提出反对意见,同时是案涉工程的受益者。因此,应当认定安徽英特易及安徽美昌两公司为本案当事人,安徽泽瑞公司作为三公司代表签署合同,其余两公司以事实行为认可了泽瑞公司与东日公司签署的建筑工程施工合同,需承担合同义务。案涉建筑工程合同不存在违反法律、法规强制性规定的情形,合同有效。

与二审法院判决理由不同,笔者认为安徽泽瑞公司存在违约行为,福建东日公司行为无明显不当。在合同履行过程中,福建东日公司因安徽泽瑞公司逾期支付工程款等原因,涉案工程于2014年2月16日起停工。后两公司就工程款支付的问题分别于2014年5月8日和2014年8月7日达成协议,但安徽泽瑞公司均未按约履行。支付工程款为安徽泽瑞公司的主合同义务,在福建东日公司在停工的前提下,与安徽泽瑞公司协商付款并达成协议,后者两次均未按约履行,可以认定因安徽泽瑞公司的违约行为使得合同目的不能实现,符合“当事人一方迟延履行主要债务,经催告后在合理期限内仍未履行”的情况,福建东日公司有合同解除权。

在法院的判决书中同时适用了《合同法》第93条合同约定解除的规定,但在判决书中并未明确合同约定解除的具体情况。笔者认为不宜同样适用约定解除和法定解除,意思自治是民法的基础精神,约定应当优先于法定适用,若双方当事人在诉讼的过程中达成了解除合同的合意,不需要再考虑法定解除的情形适用约定解除的规定即可。

若依据《民法典》第 563 条第 1 款第 3 项之规定解除合同,解除合同的时间应当为诉状副本送达对方当事人之日。《合同法》中并未明确,但在《民法典》第 565 条中载明:当事人一方未通知对方,直接以提起诉讼或者申请仲裁的方式依法主张解除合同,人民法院或者仲裁机构确认该主张的,合同自起诉状副本或者仲裁申请书副本送达对方时解除。若依据《民法典》第 562 条解除合同,合同自双方达成合意时或在双方约定的时间解除。

合同解除之后,安徽泽瑞公司等三公司应当支付尚未支付的工程款,退还保证金,福建东日公司享有优先受偿权。由福建东日公司施工的基槽(坑)、基础等隐蔽工程经验收合格,安徽泽瑞公司等三家公司应当按照合同约定支付相应的工程价款。对工程款数额有争议的,可以申请第三方鉴定机构进行鉴定。在被告三公司不支付工程款的情况下,福建东日公司作为建筑工程的承包人,可以与被告三公司协议将该工程折价,也可以请求人民法院将该工程依法拍卖,建设工程的价款就该工程折价或者拍卖的价款优先受偿。法院对此的判决正确。

【相关依据】

《民法典》

第五百六十二条 当事人协商一致,可以解除合同。

当事人可以约定一方解除合同的条件。解除合同的条件成就时,解除权人可以解除合同。

第五百六十三条 有下列情形之一的,当事人可以解除合同:

(一)因不可抗力致使不能实现合同目的;

(二)在履行期限届满前,当事人一方明确表示或者以自己的行为表明不履行主要债务;

(三)当事人一方迟延履行主要债务,经催告后在合理期限内仍未履行;

(四)当事人一方迟延履行债务或者有其他违约行为致使不能实现合同目的;

(五)法律规定的其他情形。

以持续履行的债务为内容的不定期合同,当事人可以随时解除合同,但是应当在合理期限之前通知对方。

第五百六十五条 当事人一方依法主张解除合同的,应当通知对方。合同自通知到达对方时解除；通知载明债务人在一定期限内不履行债务则合同自动解除，债务人在该期限内未履行债务的，合同自通知载明的期限届满时解除。对方对解除合同有异议的，任何一方当事人均可以请求人民法院或者仲裁机构确认解除行为的效力。

当事人一方未通知对方，直接以提起诉讼或者申请仲裁的方式依法主张解除合同，人民法院或者仲裁机构确认该主张的，合同自起诉状副本或者仲裁申请书副本送达对方时解除。

第五百六十六条　合同解除后，尚未履行的，终止履行；已经履行的，根据履行情况和合同性质，当事人可以请求恢复原状或者采取其他补救措施，并有权请求赔偿损失。

合同因违约解除的，解除权人可以请求违约方承担违约责任，但是当事人另有约定的除外。

主合同解除后，担保人对债务人应当承担的民事责任仍应当承担担保责任，但是担保合同另有约定的除外。

第八百零七条　发包人未按照约定支付价款的，承包人可以催告发包人在合理期限内支付价款。发包人逾期不支付的，除根据建设工程的性质不宜折价、拍卖外，承包人可以与发包人协议将该工程折价，也可以请求人民法院将该工程依法拍卖。建设工程的价款就该工程折价或者拍卖的价款优先受偿。

裁判规则 14　违约方的违约行为致使合同不能履行的，守约方有权解除合同

【案例信息】

名称：宿迁市金鹏置业有限公司（以下简称金鹏公司）与宿迁市东南建设有限公司（以下简称东南公司）建设工程施工合同纠纷

案号：（2015）宿中民初字第 0038 号、（2018）苏民终 966 号

法院：江苏省宿迁市中级人民法院、江苏省高级人民法院

【关联事实】

金鹏公司与东南公司于 2011 年 8 月 29 日签订了《工程施工意向协议书》，

2012年9月24日金鹏公司就案涉工程对外招标,东南公司于2012年10月19日中标,于2012年10月22日签订《建设工程施工合同》并备案,于2012年11月30日签订《补充协议》,于2012年11月2日办理合同备案。三份协议中对合同标的、价款、结算方式等合同内容等进行了约定,《补充协议》中明确了幕墙及外装饰工程由东南公司进行施工。

2014年6月18日,金鹏公司将幕墙、外装饰门窗等项目发包给案外第三方南通佳德窗业幕墙有限公司(以下简称佳德公司)且施工完毕。2014年7月16日,东南公司向金鹏公司发函,要求金鹏公司停止对工程幕墙及外装饰工程分包施工行为。2014年7月24日,东南公司再次发函给金鹏公司停止分包总承包项目。2014年10月11日,东南公司向金鹏公司发函要求金鹏公司立即支付违约损失2000万元。2014年10月16日,东南公司向金鹏公司发函要求金鹏公司严格按双方原先的约定履行。

2015年1月19日,金鹏公司认为东南公司严重违约,向东南公司发出《解除合同通知书》。后金鹏公司向法院提起诉讼要求解除合同,东南公司提出反诉。

【裁判理由】

金鹏公司将幕墙、外装饰门窗等项目发包给案外第三方佳德公司并已施工完成,其违约行为使得案涉合同事实上已不能履行,金鹏公司主张解除合同的诉讼请求应予支持。实际判决结果中,一审法院判决解除了合同,金鹏公司应支付东南公司工程款以及赔偿款,二审法院维持了解除合同以及支付工程款的判决,变更赔偿款支付部分的判决为另案垫付工程款中抵扣。

【案例评析】

本案例主要涉及因事实上已不能履行而解除合同的问题。

讨论金鹏公司是否可以解除合同的前提为合同的效力及系列合同之间的关系。在招投标之前,双方签订《工程施工意向协议书》的行为属于对招投标实质性内容的谈判,可认定存在串标,东南公司中标无效。但鉴于案涉工程并不属于《招标投标法》第3条中要求必须招投标的工程项目,合同本身不违反其他法律规定,东南公司亦具备相应资质,中标无效不影响合同效力,因此合同有效。法院查明事实中当事人双方均认可《补充协议》为双方实际履行的协议,即以《补充协议》作为确立双方当事人权利与义务的依据。

金鹏公司存在违约行为。依据《补充协议》,幕墙及外装饰工程由东南公司施工。施工过程中金鹏公司却将幕墙及外装饰工程另行发包给佳德公司施工,明显违反双方约定,应赔偿因违约给东南公司造成的损失。但在法院查明的事实中遗漏了东南公司的履约情况,除幕墙及外装饰工程外的其他工程东南公司是否已经履约结束?2014 年 9 月东南公司为何停工?东南公司是否有违约行为?以上事实法院并未查明。

在金鹏公司作为合同的违约方的前提下,是否具有《合同法》第 94 条(现为《民法典》第 563 条)的解除权,学界存在争议:《合同法》第 94 条,法条的主语用词为"当事人",并未明确是违约还是守约一方当事人,但从《合同法》第 94 条的文意观察,除第一项情形外,其他列举情形均为违约情形,由此主流观点认为此规定授权可解除合同的主体应当为守约一方。同时,本案的情形也较为特殊:金鹏公司将幕墙及外装饰工程交由第三人并已完工,可以解释为 94 条第 4 款"有其他违约行为致使不能实现合同目的",而《合同法》第 110 条(现为《民法典》第 580 条第 1 款)的除外情形第 1 项"事实上不能履行"则更贴合本案的情况。该条明确其授权的主体为守约方,因此在《合同法》的体系下,违约方是否可以解除合同的问题属于立法空白,法院类推适用《合同法》第 94、110 条皆可,但需在判决书上进行释明,阐述推理的逻辑以及依据的学说和法理。

在《民法典》体系中,则应使用第 580 条规定解除合同。第 580 条第 1 款继承《合同法》第 110 条,第 2 款明确了违约方解除合同的方式与后果。其规定:有第 580 条第 1 款规定的除外情形之一,致使不能实现合同目的的,人民法院或者仲裁机构可以根据当事人的请求终止合同权利义务关系,但是不影响违约责任的承担。主体方面,在第 1 款区分"当事人一方"和"对方"的前提下,第 2 款不再区分,可认为用词"当事人"涵盖违约及守约双方。解除合同方式及后果方面,本条的解除是司法解除,而不是当事人的通知解除,同时明确违约方需承担违约责任,能更好地保护守约方,平衡当事人之间的利益。《民法典》第 580 条新增第 2 款规定填补了类似案件违约方是否可以解除合同的立法空白。

【相关依据】

《民法典》

第五百六十三条 有下列情形之一的,当事人可以解除合同:

(一)因不可抗力致使不能实现合同目的;

(二)在履行期限届满前,当事人一方明确表示或者以自己的行为表明不履行主要债务;

(三)当事人一方迟延履行主要债务,经催告后在合理期限内仍未履行;

(四)当事人一方迟延履行债务或者有其他违约行为致使不能实现合同目的;

(五)法律规定的其他情形。

以持续履行的债务为内容的不定期合同,当事人可以随时解除合同,但是应当在合理期限之前通知对方。

第五百八十条 当事人一方不履行非金钱债务或者履行非金钱债务不符合约定的,对方可以请求履行,但是有下列情形之一的除外:

(一)法律上或者事实上不能履行;

(二)债务的标的不适于强制履行或者履行费用过高;

(三)债权人在合理期限内未请求履行。

有前款规定的除外情形之一,致使不能实现合同目的的,人民法院或者仲裁机构可以根据当事人的请求终止合同权利义务关系,但是不影响违约责任的承担。

《招标投标法》

第三条 在中华人民共和国境内进行下列工程建设项目包括项目的勘察、设计、施工、监理以及与工程建设有关的重要设备、材料等的采购,必须进行招标:

(一)大型基础设施、公用事业等关系社会公共利益、公众安全的项目;

(二)全部或者部分使用国有资金投资或者国家融资的项目;

(三)使用国际组织或者外国政府贷款、援助资金的项目。

前款所列项目的具体范围和规模标准,由国务院发展计划部门会同国务院有关部门制订,报国务院批准。

法律或者国务院对必须进行招标的其他项目的范围有规定的,依照其规定。

裁判规则 15 无合同解除权的单方解除合同行为无效

【案例信息】

名称:浙江省一建建设集团有限公司(以下简称省一建)诉平阳县旅游发展投

资有限公司(以下简称旅投公司)建设工程施工合同纠纷

案号:(2018)浙03民初120-3号、(2019)浙民终220号

法院:浙江省温州市中级人民法院、浙江省高级人民法院

【关联事实】

2017年3月28日,旅投公司平阳星际科幻谷文化园主体工程获得有关部门的最终批复,开始招投标活动。2017年4月20日,省一建、清华建筑设计院、联合工程公司签订《联合体投标协议书》,同意组成联合体,共同参与平阳星际科幻谷文化园主体工程设计采购施工总承包投标,省一建为牵头人,《联合体投标协议书》对各成员内部职责分工进行了约定。2017年4月28日,联合体中标由旅投公司招标的平阳县星际科幻谷文化园主体工程设计采购施工(EPC)总承包项目。2017年5月11日,平阳县公共资源交易监理站对中标情况进行备案,同意招标单位意见。2017年5月22日,各方签订总承包合同约定,对施工内容、工程款的支付等方面进行了约定。

在对工程进行施工后,2017年10月23日上午10时50分,省一建向旅投公司发送电子邮件称"财务部门告知贵司尚有3800万元预付款至今尚未支付,如贵司继续拖延,我司保留解除合同的权利。"当日上午11时29分,旅投公司回复"3800万元预付款事宜我公司一直未收到贵司的支付票据。"2017年11月9日,省一建即向旅投公司发送电子邮件称"贵司在合同履行过程中,未按合同约定按时支付预付款和工程进度款,故我司发出《解除EPC总承包合同通知函》内容详见附件,请查收。附件:解除EPC总承包合同通知函。"2017年11月14日,天工监理向旅投公司发函告知省一建已经退场。2017年11月27日,省一建向旅投公司发送电子邮件通知《关于展开后续移交、结算工作的联系函》。后省一建公司向法院提起诉讼,请求确认2017年11月9日发出的解除合同的函有效,旅投公司提出反诉。

【裁判理由】

本案中,省一建前期工程施工量不大,截至2017年11月9日,其旅投公司已支付的预付款足以抵扣,故旅投公司未足额支付的预付款、进度款尚未达到"影响到整个工程实施"的程度。本案不符合合同约定的解除条件或《合同法》第94条(已被《民法典》第563条替代)规定的解除条件,省一建于2017年11月9日发出

的解除合同通知无效，其无正当理由提出解除合同，存在违约。实际判决中，一审、二审法院均未直接判决解除合同，仅判决省一建返还旅投公司的预付款，但二审法院对返还预付款的数字进行了变更，再审中驳回了申请人的再审申请。

【案例评析】

本案主要涉及违约解除合同及合意解除合同的情形。

本案合同有效，合同签订经过合法的招标程序，合同内容系双方真实意思表示，且不违反法律规定，系合法有效的合同。

省一建 2017 年 11 月 9 日发出的解除合同的函无效，其单方解约行为构成违约。省一建解除合同的理由为旅投公司未及时支付预付款及工程进度款。法院查明的事实中，旅投公司已经支付 5000 万元预付款，省一建认为其还应支付 3800 万元。但在 10 月 23 日，旅投公司当日回复“3800 万元预付款事宜我公司一直未收到贵司的支付票据”后，省一建并未做出回应；10 月 26 日，各方当事人开会商谈工程事宜，旅投公司在会中提及“你要打款我就打款，你们发票开来我们都没问题”有关尚未支付的预付款事宜，省一建并未再次明确付款要求，而是回答“我们不谈这个事情”。因此旅投公司不存在未支付预付款的违约行为。在工程款方面，省一建在 2017 年 11 月 7 日收到旅投公司关于第一期工程进度款的审价结果后并未向平阳旅投开具相应金额的增值税专用发票，而是于 2017 年 11 月 9 日径行发出解除合同通知，旅投公司同样不存在违约行为。退一步而言，即使旅投公司确实存在未及时支付预付款或工程款的行为，省一建可向旅投公司催要，或采取其他方式与旅投公司沟通，在旅投公司的行为尚未达到使得合同目的不达的程度的情况下，省一建不具有行使《合同法》第 94 条法定解除权的权利，因此其 2017 年 11 月 9 日提出的解除合同的函无效，解约行为构成违约。二审法院判决正确。

案涉合同已依据当事人约定解除。诉讼过程中，各方一致确认总承包合同于 2017 年 11 月 9 日解除，当事人协议解除合同不需要符合其他条件，达成合意即可。合同依当事人约定，与 2017 年 11 月 9 日解除。对省一建已经完工的部分工程旅投公司应当支付工程款，本案中旅投公司已预付 5000 万元预付款，在减去应付工程款后，省一建等三家公司应当返还剩余款项，法院判决并无不当。

【相关依据】

《民法典》

第五百六十二条　当事人协商一致，可以解除合同。

当事人可以约定一方解除合同的条件。解除合同的条件成就时，解除权人可以解除合同。

第五百六十三条　有下列情形之一的，当事人可以解除合同：

（一）因不可抗力致使不能实现合同目的；

（二）在履行期限届满前，当事人一方明确表示或者以自己的行为表明不履行主要债务；

（三）当事人一方迟延履行主要债务，经催告后在合理期限内仍未履行；

（四）当事人一方迟延履行债务或者有其他违约行为致使不能实现合同目的；

（五）法律规定的其他情形。

以持续履行的债务为内容的不定期合同，当事人可以随时解除合同，但是应当在合理期限之前通知对方。

第五百六十六条　合同解除后，尚未履行的，终止履行；已经履行的，根据履行情况和合同性质，当事人可以请求恢复原状或者采取其他补救措施，并有权请求赔偿损失。

合同因违约解除的，解除权人可以请求违约方承担违约责任，但是当事人另有约定的除外。

主合同解除后，担保人对债务人应当承担的民事责任仍应当承担担保责任，但是担保合同另有约定的除外。

裁判规则 16	无合同解除权的，无权单方解除合同，但经协商一致解除合同除外

【案例信息】

名称：鹰潭丰华建设工程有限公司（以下简称丰华公司）诉寰宇置业有限责任公司（以下简称寰宇公司、发包人）建设工程施工合同纠纷

案号：（2013）锡民初字第 0078 号、（2018）苏民终 595 号

法院:江苏省无锡市新吴区人民法院、江苏省高级人民法院

【关联事实】

2011 年 7 月 25 日、2011 年 9 月 30 日,寰宇公司与丰华公司分别签订了桩基工程施工合同、基坑围护及降水工程施工合同,对工程内容、工期、工程价款支付与结算等作了约定。2011 年 11 月 8 日、2011 年 11 月 18 日、2011 年 11 月 28 日、2012 年 5 月 9 日双方就涉案工程的施工内容、工程款项以及支付方式多次签订补充协议。2013 年 2 月 5 日,寰宇公司(甲方)、丰华公司(乙方)与无锡华鑫混凝土有限公司(丙方)(以下简称华鑫公司)再次达成《回购方式抵债协议》,约定现寰宇公司无法支付工程款,以房屋抵债。后丰华公司起诉,请求确认丰华公司撤场时双方签订的合同已经解除。

【裁判理由】

《合同法》第 93 条(已被《民法典》第 562 条替代)第 1 款规定,当事人协商一致,可以解除合同。一审法院审理过程中,双方当事人对合同解除达成的一致意见,符合《合同法》第 93 条之规定,认定双方协商一致解除合同。二审过程中,上诉人撤回"一审认定双方协商一致解除合同错误,请求改判"的上诉请求,法院亦认可一审法院认定的事实,维持该项判决。

【案例评析】

本案例涉及协商一致解除以及解除合同效力的问题。

案涉系列合同合法有效。寰宇公司与丰华公司签订的施工合同系双方的真实意思表示,且不违反法律禁止性规定,合法有效。系列合同之间关系为新签订的合同修改了原合同,各份合同对工程款的支付有不同的约定,应当以新签订的合同为准。

丰华公司提前撤场的行为构成违约。依据双方 2012 年 11 月 16 日的约定:若寰宇公司"未按本协议约定时间按时足额支付工程款,按欠款余额支付2%每月的违约金,逾期超过两个月仍未足额支付工程款,乙方有权停止施工终止合同,其他工程款支付仍按补充协议执行",约定时间最后的付款时间节点为 2013 年 2 月 3 日。2013 年 2 月 5 日,双方重新达成协议:"寰宇公司表示无法支付,同意以房抵债。"此时双方以新的约定变更了原先关于工程款支付方式的约定,丰华公司接受以房屋抵债的付款方式,且合同变更时也并不满足"逾期两个月仍未足额支付工

程款"的丰华公司有权停止施工合同的条件,丰华公司不具单方解除合同的权利。即使丰华公司具有前述双方约定的合同解除权,丰华公司也应当通知寰宇公司,而非直接退场表明其希望解除合同的意愿,在合同尚未解除前,双方均应依照合同履约,丰华公司在不具有合同解除权的前提下单方直接退场的行为构成违约。一审法院未支持丰华公司"确认自丰华公司撤场之日即2013年2月4日双方签订的施工合同全部解除"的诉讼请求判决正确。

诉讼过程中双方协商一致解除合同。一审法院依据双方当事人在诉讼中对合同解除达成的一致意见,认定系双方协商解除合同,二审法院认可了一审法院查明与认定的事实,寰宇公司撤回"一审认定双方协商一致解除合同错误,请求改判"的上诉请求,维持该项判决。合同自双方约定解除之日解除。

解除合同后,已经履行的,根据履行情况和合同性质,当事人可以要求恢复原状、采取其他补救措施,并有权要求赔偿损失。具体在本案中,寰宇公司对已完工部分的工程应当支付工程款;针对丰华公司所建工程存在质量问题,应当承担修复费用,同时应当对其违约行为承担违约金。

【相关依据】

《民法典》

第五百六十二条 当事人协商一致,可以解除合同。

当事人可以约定一方解除合同的事由。解除合同的事由发生时,解除权人可以解除合同。

第五百六十五条 当事人一方依法主张解除合同的,应当通知对方。合同自通知到达对方时解除;通知载明债务人在一定期限内不履行债务则合同自动解除,债务人在该期限内未履行债务的,合同自通知载明的期限届满时解除。对方对解除合同有异议的,任何一方当事人均可以请求人民法院或者仲裁机构确认解除行为的效力。

当事人一方未通知对方,直接以提起诉讼或者申请仲裁的方式依法主张解除合同,人民法院或者仲裁机构确认该主张的,合同自起诉状副本或者仲裁申请书副本送达对方时解除。

第五百六十六条 合同解除后,尚未履行的,终止履行;已经履行的,根据履行情况和合同性质,当事人可以请求恢复原状或者采取其他补救措施,并有权请求赔偿损失。

合同因违约解除的,解除权人可以请求违约方承担违约责任,但是当事人另有约定的除外。

主合同解除后,担保人对债务人应当承担的民事责任仍应当承担担保责任,但是担保合同另有约定的除外。

裁判规则 17 以实际行为表明协商一致解除合同的,应予支持

【案例信息】

名称:广厦建设集团有限责任公司(以下简称广厦公司)与颐和地产集团浙江有限公司(以下简称颐和公司)建设工程施工合同纠纷

案号:(2016)浙 05 民初 280 号、(2018)浙民终 893 号

法院:浙江省湖州市中级人民法院、浙江省高级人民法院

【关联事实】

2012 年 11 月 30 日,颐和公司与广厦公司签订《建设工程施工合同》,约定颐和公司将太湖 · 颐和山庄项目 A 区总承包工程发包给广厦公司。合同签订后,广厦公司按约施工。在施工过程中,因颐和公司未按时支付工程进度款,广厦公司数次停工。后双方多次进行协商,2015 年 9 月 30 日,广厦公司与颐和公司签订《太湖 · 颐和山庄项目 A 区总承包工程补充协议书》,对停工补偿达成协议,后颐和公司未按预定时间支付工程款,广厦公司收到工程款后亦未按约复工。2016 年 5 月 5 日,广厦公司与颐和公司在图影旅游度假区管委会的见证下,对工程款的支付再次达成协议,同时还对颐和公司可在高层区域内自行复工、双方施工资料交接手续等事项进行了约定。2016 年 11 月 10 日,颐和公司与广厦公司签订《关于太湖颐和山庄项目撤场的纪要》,双方约定广厦公司自 2016 年 11 月 10 日开始从项目撤场。后广厦公司向法院提起诉讼,请求解除双方签订的《建设工程施工合同》及《太湖 · 颐和山庄项目 A 区总承包工程补充协议书》。

【裁判理由】

《合同法》第 93 条(已被《民法典》第 562 条替代)规定,当事人协商一致,可以解除合同。在 2016 年 5 月 5 日双方约定的措施以及 2016 年 11 月 10 日双方达成的《关于太湖颐和山庄项目撤场的纪要》,可认定本案中双方当事人虽然未形成

明文约定，但以实际行为表明均同意合同解除，依据前述法律规定，可认定双方当事人协商一致解除合同。一、二审法院判决解除合同。

【案例评析】

本案例涉及合同的约定解除、解除的时间以及解除合同的效果。

虽双方没有明确约定，但结合双方其他行为及签署的协议，可认定双方已经达成一致，同意解除合同。颐和公司与广厦公司签订的《建设工程施工合同》及《太湖·颐和山庄项目 A 区总承包工程补充协议书》均系双方当事人的真实意思表示，内容不违反法律禁止性规定，合同合法有效。在 2016 年 5 月 5 日双方的约定中，除工程款外，还对颐和公司可自行复工、施工资料的交接等事项进行了约定。另外，2016 年 11 月 10 日双方达成《关于太湖颐和山庄项目撤场的纪要》，约定该日起广厦公司从项目撤场。上述协议内容实质是对解除合同后的相关事项进行的安排，表明双方当事人虽然未形成明文约定但对解除合同已经达成合意。此外，在二审中原、被告均未对一审解除合同的判决提出上诉，也可佐证双方对合同的解除并无异议。本案的情形符合《合同法》第 93 条规定之情形，一审法院判决解除合同，二审法院维持一审法院的判决正确。

法院在判决中并未明确，笔者认为合同解除的时间应认定为 2016 年 5 月 5 日。2016 年 5 月 5 日第一次对解除合同后的相关事项进行了约定，之后双方的签署的协议中并未有与此相反之规定，因此可将 2016 年 5 月 5 日确定为双方协议解除合同的日期。

合同解除后，尚未履行的，终止履行；已经履行的，根据履行情况和合同性质，当事人可以请求恢复原状或者采取其他补救措施，并有权请求赔偿损失。针对已经完工且验收合格部分工程，颐和公司应当支付工程款，广厦公司作为建设方对建筑工程款享有优先受偿权。同时，双方当事人应对自己的违约行为承担违约责任，法院对此判决并无不当。

【相关依据】

《民法典》

第五百六十二条　当事人协商一致，可以解除合同。

当事人可以约定一方解除合同的事由。解除合同的事由发生时，解除权人可以解除合同。

第五百六十五条　当事人一方依法主张解除合同的，应当通知对方。合同自通知到达对方时解除；通知载明债务人在一定期限内不履行债务则合同自动解除，债务人在该期限内未履行债务的，合同自通知载明的期限届满时解除。对方对解除合同有异议的，任何一方当事人均可以请求人民法院或者仲裁机构确认解除行为的效力。

当事人一方未通知对方，直接以提起诉讼或者申请仲裁的方式依法主张解除合同，人民法院或者仲裁机构确认该主张的，合同自起诉状副本或者仲裁申请书副本送达对方时解除。

第五百六十六条　合同解除后，尚未履行的，终止履行；已经履行的，根据履行情况和合同性质，当事人可以请求恢复原状或者采取其他补救措施，并有权请求赔偿损失。

合同因违约解除的，解除权人可以请求违约方承担违约责任，但是当事人另有约定的除外。

主合同解除后，担保人对债务人应当承担的民事责任仍应当承担担保责任，但是担保合同另有约定的除外。

第八百零七条　发包人未按照约定支付价款的，承包人可以催告发包人在合理期限内支付价款。发包人逾期不支付的，除根据建设工程的性质不宜折价、拍卖外，承包人可以与发包人协议将该工程折价，也可以请求人民法院将该工程依法拍卖。建设工程的价款就该工程折价或者拍卖的价款优先受偿。

第四章

违约责任的认定和处理

裁判规则 1	承包人未按设计图纸施工且工程存在质量问题致使施工合同解除的，承包人需承担实施原设计方案需要额外支出的费用

【案例信息】

名称：江苏庆泰建设有限公司（以下简称庆泰建设公司）与江苏丹耐刚玉材料有限公司（以下简称丹耐刚玉公司）建设工程施工合同纠纷

案号：(2019)苏 11 民终 2495 号、(2020)苏民申 1907 号

法院：江苏省镇江市中级人民法院、江苏省高级人民法院

【关联事实】

2015 年 12 月 18 日，丹耐刚玉公司、庆泰建设公司签订钢结构工程施工合同一份，丹耐刚玉公司将其厂房及砂型车间工程发包给庆泰建设公司施工。

上述合同签订后，庆泰建设公司组织人员入场进行施工。

2017 年 1 月 10 日，无锡同城建筑设计有限公司向丹耐刚玉公司发函称在 2017 年 1 月 6 日对丹耐刚玉公司委托无锡同城建筑设计有限公司设计的钢结构厂房进行年底寻访和核检，发现厂房的施工单位在施工过程中与设计图纸严重不符，存在四点施工质量问题。

双方当事人就工程设计单位无锡同城建筑设计有限公司提出整改意见进行协商，但因意见分歧较大，未形成一致的解决方案。

2017 年 3 月 7 日，丹耐刚玉公司向庆泰建设公司发出解除合同的通知书，表

示基于庆泰建设公司在履行合同过程中存在工期严重逾期问题,特别是庆泰建设公司故意不按照图纸施工,偷工减料,直接影响建筑工程的安全性,上述行为已构成严重违约,故解除双方于2015年12月18日签订的钢结构工程施工合同。同时,要求庆泰建设公司核算已完工的工程量,并保留因庆泰建设公司工期逾期、不按图纸施工等违约行为给其造成各项损失的追索权利。

【裁判理由】

双方当事人因设计单位核检发现案涉厂房施工与设计图纸严重不符存在质量问题引起纠纷,本案的争议焦点在于庆泰建设公司的施工是否存在严重的质量问题。鉴定单位在鉴定意见中明确指出存在四点施工质量问题,与原设计单位指出的问题基本一致。因此,可以认定庆泰建设公司对案涉厂房的施工存在严重的质量问题。

因为施工存在严重的质量问题,且不能按设计单位的要求进行返工和更换,丹耐刚玉公司作为建设单位不再要求庆泰建设公司继续完成后续施工,即通知解除双方之间的施工合同,理应支持。基于此产生的损失,也应由庆泰建设公司承担赔偿责任。

本案中,经建设单位(原告)申请,一审法院委托专业机构对案涉工程进行了质量鉴定,并对案涉工程已完合格工程造价、已完部分屋面板、屋面保温、采光板鉴定造价、未按图纸施工范围整改及另行委托施工单位继续施工完成工程造价进行鉴定。在上述鉴定意见的基础上,法院以实现原合同和原设计方案需要额外支出的费用来确定承包人需要承担的损失的数额。

【案例评析】

施工图纸由专业的设计单位制作,是须同时符合法律法规、行业要求以及建设单位的需求的工程文件,承包人应按照合同的约定,根据施工图纸和建设单位同意的方案与方式来进行工程建设。在本案中,承包人曾提出抗辩称:质量鉴定报告已证明涉案工程不符合设计质量要求,但符合国家规定的质量要求,也符合安全性要求。建设单位既不同意增加工程款,又不同意降低成本方案,发生争议单方解除合同,不符合法定解除条件,也不符合约定解除条件。法院未采纳该观点。

延伸来看,根据法律和司法解释的规定,承包人超出合同约定范围施工的,在未经得发包方同意的情况下，即使发包方后续愿意使用该超出约定范围的施工成果或可以从该成果中收益，承包人也无权依照合同请求发包方支付合同外的增量工程款。

【相关依据】

《民法典》

第五百六十三条　有下列情形之一的，当事人可以解除合同：

（一）因不可抗力致使不能实现合同目的；

（二）在履行期限届满前，当事人一方明确表示或者以自己的行为表明不履行主要债务；

（三）当事人一方迟延履行主要债务，经催告后在合理期限内仍未履行；

（四）当事人一方迟延履行债务或者有其他违约行为致使不能实现合同目的；

（五）法律规定的其他情形。

以持续履行的债务为内容的不定期合同，当事人可以随时解除合同，但是应当在合理期限之前通知对方。

第五百六十六条　合同解除后，尚未履行的，终止履行；已经履行的，根据履行情况和合同性质，当事人可以请求恢复原状或者采取其他补救措施，并有权请求赔偿损失。

合同因违约解除的，解除权人可以请求违约方承担违约责任，但是当事人另有约定的除外。

主合同解除后，担保人对债务人应当承担的民事责任仍应当承担担保责任，但是担保合同另有约定的除外。

裁判规则 2	发包人未经竣工验收擅自使用工程并不免除施工方的保修责任

【案例信息】

名称：王某兴、常州华纳电气有限公司（以下简称华纳公司）与常州市西环建设工程施工合同有限公司（以下简称西环公司）建设工程施工合同纠纷

案号：（2020）苏 04 民再 8 号

法院：江苏省常州市中级人民法院

【关联事实】

2007 年 10 月 21 日，以华纳公司为发包人（甲方）与以西环公司为承包人（乙方）的发、承包方签订了《建设工程施工合同》，约定由西环公司承建华纳公司位于武进经济技术开发区的车间（一、二）工程。

工程由王某兴组织施工后完成了绝大部分，并最迟于 2009 年 7 月 5 日由华纳公司占有使用，但双方并未办理规范的竣工验收备案和结算程序。

2009 年 8 月，华纳公司实际使用了该未经竣工验收的工程。

2009 年下半年华纳公司向西环公司、王某兴提出了新厂房存在墙体和屋面大面积开裂、漏水、内外墙粉刷层剥落的情况。

2010 年下半年，华纳公司多次要求西环公司对墙体及屋面开裂、漏水等问题进行修复，王某兴遂组织人员准备为华纳公司进行维修，由于华纳公司不同意其维修方案，遂拒绝王某兴进行维修。后在西环公司诉华纳公司要求支付工程款的案件审理过程中，西环公司及王某兴均明确表示不再履行工程质量保修书约定的保修义务。

【裁判理由】

原《建设工程施工合同纠纷司法解释》第 13 条规定，建设工程未经竣工验收，发包人擅自使用后，又以使用部分质量不符合约定为由主张权利的，不予支持；但是承包人应当在建设工程的合理使用寿命内对地基基础工程和主体结构质量承担民事责任。根据该条规定，建设工程未经验收，发包人擅自使用的，承包方应在法定或约定的期限内对工程地基基础、主体结构承担责任。对于该工程的其他部分的质量问题，自发包方提前使用之日未超过法定保修期限的，承包人仍应承担保修责任。根据《工程质量保修书》的约定，质量保修期从工程实际竣工之日算起，分单项竣工验收的工程，按单项工程分别计算质量保修期。土建工程为 2 年，屋面防水工程为 5 年。本案中，工程未经竣工验收，华纳公司于 2009 年 8 月实际使用了该工程，那么视为华纳公司认可该工程为合格工程。

在西环公司与华纳公司的工程款纠纷案件中，法院认定王某兴是借用西环公司资质进行施工，本案合同因违反法律、法规的相关强制性规定而无效。基于该工程已经实际使用，故涉案工程质量可视为合格，但就此不能免除施工方依法应履行的保修义务。

【案例评析】

本案涉及在建工程未经验收发包人即擅自使用的情况下，施工方是否需要承担保修义务的问题。

根据最高人民法院在涉及上述问题的（2019）最高法民再 166 号案件判决中的观点，施工方对建设工程应承担的质量责任，包括对工程施工中出现的质量问题及经验收不合格工程应承担的质量返修责任，以及对经验收合格的工程在使用过程中出现的质量问题应承担的保修责任。发包方未经竣工验收擅自使用，只是推定工程质量合格，并不能免除承包人对案涉工程质量保修义务。相关的法规有《建设工程质量管理条例》第 32 条“施工单位对施工中出现质量问题的建设工程或者竣工验收不合格的建设工程，应当负责返修”，第 40 条第 3 款“建设工程的保修期，自竣工验收合格之日起计算”，第 41 条“建设工程在保修范围和保修期限内发生质量问题的，施工单位应当履行保修义务，并对造成的损失承担赔偿责任”。

本案中华纳公司未经竣工验收擅自使用工程，只是推定工程质量合格，并不能免除承包人对案涉工程质量保修义务。法院在充分考虑华纳公司未经竣工验收、擅自使用的法律责任、王某兴施工质量控制不当、鉴定基准日等情况，双方应根据各自的责任分摊维修费用，法院酌定由华纳公司承担 30% 的维修费用，即 232382.58 元，王某兴承担 70% 的维修费用，即 542226.02 元。王某兴系实际施工人，应承担维修费用；西环公司作为王某兴的被挂靠单位，应当承担连带责任。因此，施工方王某兴与承包方西环公司对案涉工程的保修义务承担连带责任的判决符合上述法规和最高人民法院的观点。

关于工程质量保修，施工方对建设工程应承担保修义务，并且工程竣工后，应当向建设单位出具质量保修书承担保修责任，且约定的保修期限需符合法律的规定。《房屋建筑工程质量保修办法》第 18 条规定：“施工单位有下列行为之一的，由建设行政主管部门责令改正，并处 1 万元以上 3 万元以下的罚款：（一）工程竣工验收后，不向建设单位出具质量保修书的；（二）质量保修的内容、期限违反本办法规定的。”

《房屋建筑工程质量保修办法》第 7 条第 1 款规定了在正常使用条件下，房屋建筑工程的最低保修期限。屋面防水工程、外墙面的防渗漏，国家规定的最低保修期限为 5 年，发包方华纳公司在该保修期内要求承包人承担保修责任应予支持,故关于施工方王某兴与承包方西环公司对案涉工程的保修义务承担连带责任的判决正确。

【相关依据】

《建设工程施工合同司法解释(一)》(法释〔2020〕25 号)

第十四条 建设工程未经竣工验收,发包人擅自使用后,又以使用部分质量不符合约定为由主张权利的,人民法院不予支持;但是承包人应当在建设工程的合理使用寿命内对地基基础工程和主体结构质量承担民事责任。

《房屋建筑工程质量保修办法》

第四条 房屋建筑工程在保修范围和保修期限内出现质量缺陷,施工单位应当履行保修义务。

第七条 在正常使用条件下,房屋建筑工程的最低保修期限为:

(一)地基基础工程和主体结构工程,为设计文件规定的该工程的合理使用年限;

(二)屋面防水工程、有防水要求的卫生间、房间和外墙面的防渗漏,为 5 年;

(三)供热与供冷系统,为 2 个采暖期、供冷期;

(四)电气管线、给排水管道、设备安装为 2 年;

(五)装修工程为 2 年。

其他项目的保修期限由建设单位和施工单位约定。

第十八条 施工单位有下列行为之一的,由建设行政主管部门责令改正,并处 1 万元以上 3 万元以下的罚款。

(一)工程竣工验收后,不向建设单位出具质量保修书的;

(二)质量保修的内容、期限违反本办法规定的。

裁判规则 3	如承包人不能完成工程质量缺陷修复,可依法由其他主体代替履行,费用由承包人承担

【案例信息】

名称:南京天康建材科技有限公司(以下简称天康公司)与江苏盛谐建设集团徐州兴宇建设有限公司(以下简称兴宇公司)、江苏盛谐建设集团有限公司(以下

简称盛谐公司)等建设工程施工合同纠纷

案号:(2019)苏民申 5696 号

法院:江苏省高级人民法院

【关联事实】

2014 年 4 月 10 日,丰县城区客运站有限公司与盛谐公司签订建设工程施工合同,随后盛谐公司将该工程中的装修装饰工程分包给兴宇公司。2015 年 9 月 10 日,天康公司与兴宇公司签订《外墙保温装饰一体板施工合同》,之后天康公司进场施工,兴宇公司已支付给天康公司工程款 437600 元,天康公司施工的工程未竣工。

天康公司不具备相关施工资质,根据《招标投标法》第 48 条的规定,兴宇公司与天康公司签订的《外墙保温装饰一体板施工合同》无效。

案件审理过程中,兴宇公司申请对天康公司施工的工程质量及修复方案等进行鉴定,经双方选定的鉴定机构江苏建研建设工程质量安全鉴定有限公司作出(2017)司鉴字第 175001 号鉴定报告,鉴定结果为鉴定涉及的相关项目施工质量不符合相关规范要求。该鉴定报告出具后,兴宇公司又申请对修复费用进行鉴定,徐州华龙建设项目管理咨询有限公司于 2018 年 1 月 16 日作出工程造价咨询报告书,对修复所需费用出具造价金额。

【裁判理由】

鉴于天康公司施工的工程存在质量问题,华龙公司在一审中受委托就该工程修复费用作出工程造价咨询报告,并以此作为认定工程修复所需费用的依据,亦无不当。涉案工程存在质量问题,即使天康公司愿意履行保修义务,但天康公司现已无相应的施工资质,显然无法由其自行进行施工修复,故一、二审判决结合鉴定意见认定由天康公司承担工程修复费用,不违反法律规定。

【案例评析】

本案例涉及建设工程存在质量问题的情形下,承包人不能完成工程质量缺陷修复的处理问题。此外,还涉及天康公司无相应的施工资质,相关施工合同无效的情形。《民法典》第 793 条关于建设工程施工合同无效,工程存在质量缺陷涉及修复问题的相关规定来源于原《建设工程施工合同纠纷司法解释》第 2 条的规定,即“建设工程施工合同无效,但建设工程经竣工验收合格,承包人请求参照合同约定支付工程价款的，应予支持”，以及第 3 条的规定，即“建设工程施工合同无效，且建设工程经竣工验收不合格的，按照以下情形分别处理：(一)修复后的建设工程经竣工验收合格，发包人请求承包人承担修复费用的，应予支持；(二)修复后的建设工程经竣工验收不合格，承包人请求支付工程价款的，不予支持。因建设工程不合格造成的损失，发包人有过错的，也应承担相应的民事责任”。相较旧的规定，《民法典》第 793 条主要删除了关于“建设工程经竣工验收合格”中对“竣工”的要求，这是考虑到实际的争议中，可能存在工程尚未到竣工验收环节，当事人已诉诸法院请求裁判的情况，本案的纠纷正是发生在工程尚未竣工的情况下，故《民法典》第 793 条的规定，考虑到了不以竣工为必要，更加符合实际的需求。

在工程存在质量问题的情况下，判断是否存在修复的可能性是讨论修复的方式和费用承担的前提。如工程存在严重质量问题，已无修复的可能或无修复的价值，则不再讨论修复的方式和费用。

在需要进行修复的情况下，建设工程合同可以适用《民法典》第 801 条由于施工人的原因致使建设工程质量不符合约定的，发包人有权请求施工人在合理期限内无偿修理或者返工、改建。经过修理或者返工、改建后，造成逾期交付的，施工人应当承担违约责任。在承包人不能完成工程质量缺陷修复的情况下，无论是承包人不愿意修复还是存在其他情况原因导致其无法进行修复，如本案中承包人不具备相应施工资质的，则可依法由其他主体代替履行，如果发包人具备自行修复的能力也可自己修复，费用由承包人承担。

关于修复的费用，可以由双方协商，对修复费用存在争议的情况下，可以由双方共同委托专业机构进行鉴定，以给法院确定修复费用提供合理依据。

【相关依据】

《民法典》

第七百九十三条 建设工程施工合同无效，但是建设工程经验收合格的，可以参照合同关于工程价款的约定折价补偿承包人。

建设工程施工合同无效，且建设工程经验收不合格的，按照以下情形处理：

(一)修复后的建设工程经验收合格的，发包人可以请求承包人承担修复费用；

(二)修复后的建设工程经验收不合格的，承包人无权请求参照合同关于工程价款的约定折价补偿。

发包人对因建设工程不合格造成的损失有过错的,应当承担相应的责任。

第八百零一条 因施工人的原因致使建设工程质量不符合约定的,发包人有权请求施工人在合理期限内无偿修理或者返工、改建。经过修理或者返工、改建后,造成逾期交付的,施工人应当承担违约责任。

裁判规则 4	施工合同无效,该合同中所设定的违约条款自始就不具有约束力

【案例信息】

名称:上海宝山海江水利工程有限公司(以下简称海江水利公司)、上海绿动港务工程有限公司(以下简称绿动港务公司)与上海长耕内河装卸服务站(以下简称长耕服务站)建设工程施工合同纠纷

案号:(2019)沪 02 民终 9955 号

法院:上海市第二中级人民法院

【关联事实】

2016 年 3 月 15 日,海江水利公司(乙方、承包人)与绿动港务公司(丙方、投资人)、长耕服务站(甲方、发包人)签订施工合同,就"上海长耕内河装卸服务站防汛墙码头改造工程"订立施工合同。计划开工日期为 2016 年 3 月 15 日,竣工日期为 2016 年 6 月 25 日。

2016 年 4 月 5 日,海江水利公司、绿动港务公司、长耕服务站及相关方就工程进度召开协调会,其中签到表上有海江水利公司、绿动港务公司、长耕服务站三方代表人员签字。

2016 年 8 月 26 日,海江水利公司(施工单位)、长耕服务站(建设单位)及监理、设计单位共同签署《上海市水利工程合同质量核定表》,评定工程质量等级合格。

2017 年 11 月 18 日,上海文汇工程咨询有限公司出具结算报告,长耕服务站对上述结算价不认可。

2017 年 12 月 5 日,海江水利公司分别向绿动港务公司、长耕服务站寄发律师函,催讨欠付工程款。

2018 年 8 月 3 日,海江水利公司在庭审中明确其无相关施工资质。

【裁判理由】

依据我国《建设工程施工合同司法解释（一）》第 1 条的规定，承包人未取得建筑业企业资质或者超越资质等级签署的建设施工合同，认定为无效合同。而《民法典》中规定了无效的合同，自始没有法律约束力。本案中，建设施工合同因承包方无相应资质而无效，合同的无效产生自始无效的法律效果，故而合同中所约定的违约金条款便不再具有约束力。

【案例评析】

本案涉及因施工合同无效，合同中所设定的违约条款不具约束力。海江水利公司要求绿动港务公司及长耕服务站支付违约金的请求，因缺乏合同依据，而不被法院支持。

最高人民法院涉及类似问题的（2019）最高法民终 750 号、（2020）最高法民终 115 号案件判决中均采用的观点为："无效的合同或被撤销的合同自始没有法律约束力"；承包合同无效，其相应的违约责任条款亦无效。《民法典》第 155 条明确规定"无效的或者被撤销的民事法律行为自始没有法律约束力"。

本案中，承包人海江水利公司因无建筑施工企业资质，致使建设工程施工合同无效。施工合同被认定无效，则合同中所设定的违约条款自始就不具有约束力。法院判决海江水利公司要求绿动港务公司及长耕服务站支付违约金的诉求因其缺乏合同依据，而不予支持的判决符合法律规定，亦与最高人民法院的观点保持了高度的一致。

施工合同被认定无效，合同中所设定的违约条款就不具有约束力。本案中，海江水利公司在庭审中主动明确其不具备相应施工资质，提出若法院判决合同无效，则其诉请将变更为按银行同期活期存款利率计算利息。依据《民法典》第 157 条规定，合同被依法确认无效后，当事人除了承担返还财产或者折价补偿的责任外，有过错的一方还应赔偿对方由此受到的损失；各方都有过错的，应各自承担相应的责任。第 793 条第 1 款规定："建设工程施工合同无效，但是建设工程经验收合格的，可以参照合同关于工程价款的约定折价补偿承包人。"施工合同无效，合同中约定的违约金条款亦无效，不能依据无效合同的违约金条款向违约方主张违约责任，《建设工程施工合同司法解释（一）》第 26 条明确约定了"当事人对欠付工程价款利息计付标准有约定的，按照约定处理。没有约定的，按照同期同类贷款利率或者同期贷款市场报价利率计息"。施工合同无效，合同中约定的违约金条款自始无效,可视为未作约定,参照适用同期同类贷款利率或者同期贷款市场报价利率计息,以期最大地维护自身的合法权益。

【相关依据】

《民法典》

第一百五十五条　无效的或者被撤销的民事法律行为自始没有法律约束力。

第一百五十七条　民事法律行为无效、被撤销或者确定不发生效力后,行为人因该行为取得的财产,应当予以返还;不能返还或者没有必要返还的,应当折价补偿。有过错的一方应当赔偿对方由此所受到的损失;各方都有过错的,应当各自承担相应的责任。法律另有规定的,依照其规定。

第七百九十三条　建设工程施工合同无效,但是建设工程经验收合格的,可以参照合同关于工程价款的约定折价补偿承包人。

建设工程施工合同无效,且建设工程经验收不合格的,按照以下情形处理:

(一)修复后的建设工程经验收合格的,发包人可以请求承包人承担修复费用;

(二)修复后的建设工程经验收不合格的,承包人无权请求参照合同关于工程价款的约定折价补偿。

发包人对因建设工程不合格造成的损失有过错的,应当承担相应的责任。

《建设工程施工合同司法解释(一)》(法释〔2020〕25号)

第一条　建设工程施工合同具有下列情形之一的,应当依据民法典第一百五十三条第一款的规定,认定无效:

(一)承包人未取得建筑业企业资质或者超越资质等级的;

(二)没有资质的实际施工人借用有资质的建筑施工企业名义的;

(三)建设工程必须进行招标而未招标或者中标无效的。

第二十六条　当事人对欠付工程价款利息计付标准有约定的,按照约定处理。没有约定的,按照同期同类贷款利率或者同期贷款市场报价利率计息。

第二十七条　利息从应付工程价款之日开始计付。当事人对付款时间没有约定或者约定不明的,下列时间视为应付款时间:

(一)建设工程已实际交付的,为交付之日;

(二)建设工程没有交付的,为提交竣工结算文件之日;

(三)建设工程未交付,工程价款也未结算的,为当事人起诉之日。

裁判规则 5 未采取减损措施，不得就扩大损失要求赔偿

【案例信息】

名称：浙江民强建设有限公司（以下简称民强公司）、巨化集团公司工程有限公司温州分公司（以下简称巨化温州公司）建设工程施工合同纠纷

案号：(2018)浙民再615号

法院：浙江省高级人民法院

【关联事实】

2015年7月13日，巨化温州公司与民强公司分别作为发包人、承包人订立《建设工程施工协议书》，约定工程名称为瑞安市塘下镇上灶村B、C地块旧村改造安置房桩基工程，计划开工日期为2015年7月20日，计划竣工日期为2015年11月20日，具体开工日期为开工报告为准。吴某夫在发包人栏签名，发包人栏加盖巨化温州公司的印章。

2015年7月14日，民强公司向巨化温州公司汇款1000000元。同日，后者出具收据。

2015年10月12日，吴某夫在《进场证明》签名，《进场证明》记载：应巨化温州公司要求，民强公司于2015年7月12日进场相关人员与施工机械。

2016年2月4日，巨化温州公司向原告汇款100000元。

2016年4月2日，吴某夫在《桩机进退场报告》上签名确认，《桩机进退场报告》记载：本项目工程因巨化温州公司无法按合同约定开工，民强公司于2016年4月1日将7台机械设备及人员退场。

【裁判理由】

《合同法》第119条第1款（《民法典》第591条第1款）规定，当事人一方违约后，对方应当采取适当措施防止损失的扩大；没有采取适当措施致使损失扩大的，不得就扩大的损失要求赔偿。在《建设工程施工协议书》明确约定计划开工日期为2015年7月20日，计划竣工日期为2015年11月20日，具体开工日期以开工报告为准的情况下，民强公司作为专业的桩基施工企业，即于2015年7月12日第一次进场，之后在未接到开工指令且已经远远超过计划开工日期的情形下还陆续将施工机械、人员运送到施工现场，既不符合合同约定，也不符合施工惯例。此外，2016年2月4日，巨化温州公司向民强公司退还了履约保证金10万元，该行

为更是表明《建设工程施工协议书》已经无法履行。但民强公司陈述其一直到2016年4月才退场，其间未能采取相应措施防止损失的进一步扩大。因此，民强公司在损失有扩大风险时未能尽到减损义务，依法不得就扩大的损失要求赔偿。

【案例评析】

本案例涉及合同已经发生违约或者预期违约的情形下，应当及时采取措施减损的问题。该案于2019年8月作出判决，因此适用的是《合同法》第119条，但《民法典》生效后，减损规则的相关条款得到了延续，对应的是第591条“当事人一方违约后，对方应当采取适当措施防止损失的扩大；没有采取适当措施致使损失扩大的，不得就扩大的损失请求赔偿。当事人因防止损失扩大而支出的合理费用，由违约方负担”。

学理上对于减损规则基于三个基础：诚信原则、经济效应基础以及近因理论。一方面受损方未尽减损义务构成了对诚信原则的违反，另一方面近因理论对违约损失加以确定并预防，最后通过减损规则对社会资源及经济资源合理利用起到促进作用。

根据《民法典》第591条，可以将减损规则的构成要件分为四部分：(1)违约方的违约行为导致了损害的发生，受损害的一方对损害的发生没有过错。(2)受损害方未采取合理措施造成了损失扩大的后果。(3)受损害方对损失的扩大有过失。(4)损害与未采取措施有因果关系。本案中由于违约方巨化温州公司的违约导致《建设工程施工协议书》未能履行，致使损害方民强公司的机械、人员滞留桩基施工现场而产生的损失。民强公司于2015年7月12日第一次进场，一直到2016年4月才退场，期间没有采取任何措施防止损失的进一步扩大。《建设工程施工协议书》计划开工日期为2015年7月20日，计划竣工日期为2015年11月20日，具体开工日期以开工报告为准的情况下，民强公司未有开工报告，亦未事先取得巨化温州公司书面承诺的情况下，即于2015年7月12日提前进场，之后在未接到开工指令且已经远远超过计划开工日期的情形下还陆续将施工机械、人员运送到施工现场。既不符合合同约定，也不符合施工惯例。即便是2016年2月4日，巨化温州公司向民强公司退还履约保证金10万元，表明《建设工程施工协议书》已经无法履行。但民强公司一直到2016年4月才退场，受损害方作为专业的施工企业，并未持谨慎态度，对损失的进一步扩大存在明显的过失，因此民强公司不得就扩大的损失要求赔偿。

减损规则作为违约方的一种抗辩事由，违约方据此主张减少违约金的支付。实践中需要注意以下几点：(1)对于因未采取合理减损措施而造成的可避免扩大损失数额的认定时，应当基于因果关系。首先，需要确定受损害方应采取且能采取减损措施的时间点，因为在此时间点之后发生的损失已经处于受损害方的控制之下，与违约方的行为无关。(2)采取措施是否“适当”的认定时，应当遵循诚信原则以及经济效应基础进行综合考量。因为减损规则的最终目的是避免资源浪费、促进资源的合理配置。特别是在双方都存在过错或者乙方过错显著较小等未规定的情况时，一方面应结合当时的客观实际情况，另一方面应注意受损害方主观是否有减损的意愿。最后，还应当考虑所采取的措施与损失的对应情况，如很轻微的损失采取了很严厉的减损措施，那么对于其“适当性”就应当慎重。

最后，实践中常见的减损措施有：停止履行、替代安排、变更合同等。另外需要注意的是，根据《民法典》第591条第2款的规定，受损害方在采取减损措施时发生的费用，应当由违约方负担。

【相关依据】

《民法典》

第五百九十一条　当事人一方违约后，对方应当采取适当措施防止损失的扩大；没有采取适当措施致使损失扩大的，不得就扩大的损失请求赔偿。

当事人因防止损失扩大而支出的合理费用，由违约方负担。

裁判规则6　欠付工程价款利息没有约定的按照同期同类贷款利率或者同期贷款市场报价利率计息

【案例信息】

名称：芜湖市三联建筑安装有限公司（以下简称三联建安公司）、芜湖市鸠江区重点工程建设管理中心（以下简称鸠江重点中心）建设工程施工合同纠纷

案号：（2021）皖民终638号

法院：安徽省高级人民法院

【关联事实】

2012年10月20日，三联建安公司与鸠江重点中心签订了一份《建设工程施

工合同》。该合同约定：由鸠江重点中心将鸠江区原锅炉厂地块国有安置区（北侧）工程发包给三联建安公司承包施工；合同价款为484843396.48元（其中房建为392929351.27元，室外环境、绿化及消防91914045.21元）。

2012年10月25日，监理单位向三联建安公司发出开工令，载明开工日期为2012年10月25日。三联建安公司组织进行了施工，鸠江重点中心向三联建安公司支付了部分工程款。三联建安公司于2018年3月向监理单位报送工程竣工决算送审表，载明竣工验收日期为2018年3月8日，送审价为486766882.5元，监理单位于2018年3月28日签字盖章同意送审。鸠江重点中心已支付三联建安公司工程款387539457.02元。

三联建安公司向法院起诉请求：判决鸠江重点中心给付三联建安公司拖欠的工程款88257782.38元，以欠付工程款为基数，按照月息2%为标准支付利息至实际付清之日止。

【裁判理由】

关于工程款利率如何确定，原《建设工程施工合同纠纷司法解释》第17条规定："当事人对欠付工程价款利息计付标准有约定的，按照约定处理；没有约定的，按照中国人民银行发布的同期同类贷款利率计息。"本案中，双方合同未约定欠付工程款的利息给付标准，一审法院根据上述司法解释的规定，确定2019年8月19日前的利息按中国人民银行发布的同期同类贷款利率计付，2019年8月20日后按全国银行间同业拆借中心公布的贷款市场报价利率计付，有事实和法律依据，故三联公司主张以按月息2%计算利息既无合同依据亦无法律依据，本院不予采信。

【案例评析】

本案例涉及合同已经发生违约或者预期违约的情形下，应当及时采取措施减损的问题。该案涉及的法律事实发生于《民法典》生效之前，根据最高人民法院《关于适用〈中华人民共和国民法典〉时间效力的若干规定》，适用原《建设工程施工合同纠纷司法解释》第17条。《民法典》生效后，该条款得到了延续，对应的是《建设工程施工合同司法解释（一）》第26条"当事人对欠付工程价款利息计付标准有约定的，按照约定处理。没有约定的，按照同期同类贷款利率或者同期贷款市场报价利率计息"。

本案所讨论的利息及其计息标准本质其实是一种违约损害赔偿，是对因欠付工程款违约行为造成的损失进行的赔偿，对违约人而言它是一种违约责任，而对受损害方而言它是一项请求权，一项补救措施。《民法典》第584条前半段规定："当事人一方不履行合同义务或者履行合同义务不符合约定，造成对方损失的，损失赔偿额应当相当于因违约所造成的损失，包括合同履行后可以获得的利益。"因此，违约损害赔偿的范围应当包括合同的信赖利益、期待利益以及返还利益。根据《民法典》，具体的损失计算有约定的，应当按约定。在没有约定的情况下，就应当按照实际损失来进行赔偿。建设工程施工合同中，欠付的工程价款是守约方的合法债权，其作为一种金钱债务，最直接也是最基础的损失是欠付的工程价款产生的法定孳息也就是利息。

至于利息应当如何计算，原《建设工程施工合同纠纷司法解释》第17条后半段规定："没有约定的，按照中国人民银行发布的同期同类贷款利率计息。"但是，为深化利率市场化改革，推动降低实体利率水平，自2019年8月20日起，中国人民银行已经授权全国银行间同业拆借中心于每月20日（遇节假日顺延）9时30分公布贷款市场报价利率（LPR），中国人民银行贷款基准利率这一标准已经取消。因此，《建设工程施工合同司法解释（一）》对此规定在延续的同时进行了修改，增加了"或者同期贷款市场报价利率计息"的规定。

【相关依据】

《建设工程施工合同司法解释（一）》（法释〔2020〕25号）

第二十六条 当事人对欠付工程价款利息计付标准有约定的，按照约定处理。没有约定的，按照同期同类贷款利率或者同期贷款市场报价利率计息。

裁判规则7	法院已经支持合同解除责任违约金的情形下，对于当事人主张的其他损失，不予支持

【案例信息】

名称：腾达建设集团股份有限公司（以下简称腾达公司）与青海省地质基础工程施工总公司（以下简称青海地质公司）建设工程施工合同纠纷

案号：（2020）沪01民终4201号

法院：上海市高级人民法院

【关联事实】

腾达公司作为甲方(总包人)、青海地质总公司作为乙方(分包人),双方签订《建设工程施工分包合同》一份,合同约定:工程名称为东西通道 14 号线浦东南路车站地下连续墙,工程地点为浦东大道浦东南路,承包范围为浦东南路车站地下连续墙全过程的施工。

合同第十一条"违约责任"约定:"11.1　工期:施工过程中,由于乙方原因造成工期延误,乙方须按 1000 元/天向甲方支付违约金,并承担由此造成的一切损失,若发生下述情况之一的,则甲方有权解除合同并有权要求乙方支付合同总金额 20% 的违约金,并退还全部已支付的款项:(1)工期延误超过十五日及以上……11.2　产品质量:乙方提供的产品不符合本合同约定的,乙方除了承担由返工造成的全部经济损失和工期延误外,还应按不合格产品价款的 10% 向甲方支付违约金。情节严重的,甲方有权单方解除合同并要求乙方退还已支付的所有工程价款,并按照合同约定金额 20% 支付违约金。11.3　工程质量:工程质量须达到本合同约定要求,如因乙方原因引起工程质量不合格(以工程所在地质检站、甲方、发包人、设计单位、监理单位等书面确认为准),乙方必须立即整改,直至工程质量达到合格为止,并承担由此造成的一切损失。"合同落款处双方并未签署日期,青海地质总公司在落款处加盖了公司合同专用章,腾达公司加盖了公司东西通道浦东段拓建工程 2 标项目部印章。

2016 年 3 月 22 日,腾达公司向青海地质总公司发出《律师函》,内容为,腾达公司要求青海地质总公司完成 1#出入口剩余地墙工程施工,青海地质总公司向腾达公司发出《施工联系单》,要求腾达公司额外支付费用等,否则拒绝继续施工,腾达公司认为青海地质总公司的要求没有合同依据,不同意支付,并要求青海地质总公司于 2015 年 3 月 25 日前组织人员、机械设备进场并施工,否则将追究相应法律责任。

2016 年 3 月 30 日,腾达公司向青海地质总公司再次发出《律师函》,内容为,因青海地质总公司拒绝进场,严重整体工程项目的进度,故腾达公司通知青海地质总公司解除合同,要求青海地质总公司于 2016 年 3 月 31 日之前全部退场,并要求青海地质总公司承担工程质量责任、保修责任、违约责任等。

2016 年 5 月 3 日,腾达公司工作人员向青海地质总公司工作人员发送短信,内容为,倘若青海地质总公司未于 2016 年 5 月 5 日前进场清障机械,腾达公司将自行联系清障单位处理,届时产生的相关费用由青海地质总公司承担。

2016 年 5 月 5 日,腾达公司向青海地质总公司再次发送《律师函》,内容为:青海地质总公司施工的车站东坑地墙 D-33 存在塌方现象,该地墙的设计砼方量为 275 立方米,而青海地质总公司实际浇筑砼方量为 305 立方米,充盈系数为 1.11,不符合工程要求,故腾达公司要求青海地质总公司于 2016 年 5 月 7 日之前对车站东坑地墙 D-33 地墙外侧鼓包进行清障施工以符合工程设计要求,若青海地质总公司未能于上述期限内完成清障施工的,腾达公司有权重新安排施工单位对上述工程部分重新施工,由此产生的一切费用及损失由青海地质总公司承担。

【裁判理由】

鉴于腾达公司同时主张了违约金及赔偿损失,并未作出选择。因腾达公司主张的实际损失并未超出约定违约金,法院对腾达公司主张的违约金予以支持,其余诉请均不予支持。

【案例评析】

本案例涉及合同中违约金、约定损失赔偿与其他损失赔偿之间的关系及适用问题。该案于 2019 年 8 月作出判决,因此适用的是《合同法》第 113、114 条,分别对应《民法典》第 584 条“当事人一方不履行合同义务或者履行合同义务不符合约定,造成对方损失的,损失赔偿额应当相当于因违约所造成的损失,包括合同履行后可以获得的利益;但是,不得超过违约一方订立合同时预见到或者应当预见到的因违约可能造成的损失”以及第 585 条第 1、2 款“当事人可以约定一方违约时应当根据违约情况向对方支付一定数额的违约金,也可以约定因违约产生的损失赔偿额的计算方法。约定的违约金低于造成的损失的,人民法院或者仲裁机构可以根据当事人的请求予以增加;约定的违约金过分高于造成的损失的,人民法院或者仲裁机构可以根据当事人的请求予以适当减少”。

违约赔偿损失是指一方当事人违反合同约定给另一方当事人造成财产等损失的赔偿。因此,如果违约行为未给守约方造成损失,则不能用赔偿损失的方式追究违约方的民事责任。违约赔偿损失的范围可以由法律直接规定或者由双方当事人约定,如既没有法律特殊规定也没有双方约定的情况下,则应当按照完全赔偿原则,即包括直接损失和间接损失。这里应当考虑信赖利益、期待利益、返还利益等。

至于违约赔偿损失的双方当事人如何约定，根据《民法典》第 585 条第 1 款规定，当事人可以约定一方违约时应当根据违约情况向对方支付一定数额的违约金，也可以约定因违约产生的损失赔偿额的计算方法。本案的合同属于当事人既约定了违约方合同约定金额 20% 支付违约金，又约定了因乙方原因引起工程质量不合格应当赔偿对方全部经济损失。对于同时产生的违约金请求权和损害赔偿请求权，债权人是否可以同时主张，还是选择其一行使，或先后行使。法律上并没有明文规定，因此在理论界也存在不同的观点。

对此，有观点认为，作为损害赔偿额预订的违约金，是当事人的特别约定，应当优先适用；也有观点认为，《合同法》及相关法律并未禁止违约金与损失赔偿的同时约定，同时因此应当允许。

我们认为应当根据违约金的类型进行区分，就赔偿性违约金而言，其与损害赔偿请求权利益指向同一的情况下，债权人不能同时请求损害赔偿；而就惩罚性违约金而言，债权人应当一并主张违约金请求权与损失赔偿请求权。本案中二者指向利益同一，债权人选择了违约金，此时违约金应计入损害赔偿，为最低的损害赔偿，同时债权人的损害赔偿请求权并没有消失，对于超出违约金的损害，债权人如果主张，应当对超出违约金的损害赔偿构成进行证明。

因此，回到本案中，鉴于腾达公司同时主张了违约金及赔偿损失，并未作出选择，腾达公司应分别对两项主张予以举证，再由法院判明实际损失是否超过约定的违约金。同时，由于因违约金及赔偿损失的举证责任不同，违约金请求权以违约行为和双方约定违约金为要件，赔偿损失请求权是以违约行为、损失、两者之间的因果关系为要件。腾达公司已对违约金请求权举证完毕。但对赔偿损失请求权，腾达公司的举证并不能证明其主张的赔偿损失，因此损害赔偿没有超出违约金的情况下，法院在支持合同解除责任违约金的情形下，对于当事人主张的其他损失，不予支持。

【相关依据】

《民法典》

第五百八十四条　当事人一方不履行合同义务或者履行合同义务不符合约定，造成对方损失的，损失赔偿额应当相当于因违约所造成的损失，包括合同履行后可以获得的利益；但是，不得超过违约一方订立合同时预见到或者应当预见到的因违约可能造成的损失。

第五百八十五条 当事人可以约定一方违约时应当根据违约情况向对方支付一定数额的违约金,也可以约定因违约产生的损失赔偿额的计算方法。

约定的违约金低于造成的损失的,人民法院或者仲裁机构可以根据当事人的请求予以增加;约定的违约金过分高于造成的损失的,人民法院或者仲裁机构可以根据当事人的请求予以适当减少。

当事人就迟延履行约定违约金的,违约方支付违约金后,还应当履行债务。

裁判规则 8	建设工程施工合同因发包人未付工程款解除,实际施工人仍需等质保期届满才能就已完成工程质量合格部分向发包人主张质保金

【案例信息】

名称:安徽阜阳建工集团有限公司(以下简称阜阳建工集团)与胡某建设工程施工合同纠纷

案号:(2020)皖民终 22 号

法院:安徽省高级人民法院

【关联事实】

2015 年 1 月 1 日,阜阳建工集团与中泰恒业公司签订《建设工程施工合同》,约定由阜阳建工集团承包中泰恒业公司开发的霍邱县人民广场提升工程(锦绣购物广场)。2015 年 3 月,该工程实际开工。

2015 年 12 月 16 日,阜阳建工集团淮南分公司与胡某补签《工程项目经营承包合同书》,约定阜阳建工集团承包的霍邱县人民广场提升工程(锦绣购物广场)由胡某施工。

2018 年 3 月 1 日,阜阳建工集团(乙方)与中泰恒业公司(甲方)签订《补充协议》,内容为:甲、乙双方于 2015 年 1 月签订建设工程施工合同,约定由承包人承建发包人开发的霍邱县人民广场提升工程(锦绣购物广场)。该工程开工日期为 2015 年 3 月,合同工期为 365 天,因发包方资金不足,不能按施工合同约定的进度款拨付时间拨付工程款,导致工程时停时开,预计不能按合同约定的竣工日期竣工交付。故此,双方经协商一致同意:(1)霍邱县人民广场提升工程(锦绣购物广场)的竣工日期约定为2018年3月31日;(2)如在2018年3月底前,发包方仍未能按建设工程施工合同约定的工程进度款支付时间予以支付,导致工程无力继续施工,双方一致同意解除双方签订的建设工程施工合同,双方以工程现状进行结算。如双方对工程款决算金额不能达成一致,发包方同意由承包人聘请第三方中介机构对工程价款进行审计,审计结果,双方均无异议。后阜阳建工集团、中泰恒业公司在胡某编制并签字的《建筑工程预(决)算书》上加盖了印章,该决算书显示:工程造价240895239元,核定226723579元。施工过程中,中泰恒业公司直接向阜阳建工集团支付工程款(含退还的保证金)107150000元,最后一笔款项支付时间为2017年5月11日。

2018年6月20日,阜阳建工集团以中泰恒业公司不能清偿到期债务,并且不足以清偿全部债务,明显缺乏清偿能力为由,向安徽省霍邱县人民法院申请对中泰恒业公司进行破产清算,并提供了上述由胡某编制并签字、阜阳建工集团及中泰恒业公司盖章的《建筑工程预(决)算书》。安徽省霍邱县人民法院于2018年6月28日作出(2018)皖1522破申3号民事裁定书,受理阜阳建工集团对中泰恒业公司的破产清算申请,并于2019年9月19日作出(2018)皖1522破2号决定书,指定北京中银(合肥)律师事务所与安徽美林律师事务所联合担任中泰恒业公司的管理人。一审法庭辩论终结前,案涉工程仍处于停工状态。

诉讼过程中,阜阳建工集团于2018年11月29日向一审法院申请工程造价鉴定,后因阜阳建工集团未能按期交纳鉴定费用,2019年6月4日鉴定程序终结。

【裁判理由】

胡某与阜阳建工集团淮南分公司签订的《工程项目经营承包合同书》对工程质保金返还期限未作约定,故本院参照阜阳建工集团与中泰恒业公司签订的《建设工程施工合同》中关于质保金返还期间的约定"本工程约定的质量保外金为施工决算总价款的5%;发包人自工程竣工验收合格后满一年,5天内返还质量保修金的60%;自工程竣工验收合格满两年,5天内返还20%保修金;自工程竣工验收合格满五年,5天内返还20%保修金"。案涉工程虽未竣工验收,但结合《补充协议》关于"如在2018年3月底前,发包方仍未能按建设工程施工合同约定的工程进度款支付时间,予以支付,导致工程无力继续施工,双方一致同意解除双方签订的建设工程施工合同,双方以工程现状进行结算"的约定,及中泰恒业公司于2017年5月11日未再支付过工程款的实际情况、三方在胡某报送的《建筑工程预(决)

算书》上盖章确认的情况等来看,案涉建设工程施工合同于 2018 年 3 月底已解除。鉴于中泰恒业公司已接收案涉工程,且在一、二审中均未对案涉工程质量提出异议,故应从 2018 年 3 月 31 日起算质保期,案涉 20% 的质保金的返还条件仍未成就,即 2267235.79 元(226723579 元 ×5% ×20%),应从工程造价中扣除,一审法院未予扣除应属不妥。

【案例评析】

当一方出现违约事项后,另一方可以根据《民法典》第 562 条协商一致或者依约定解除合同,或者根据《民法典》第 563 条的法定解除权解除合同。那么,在合同解除之后,依据《民法典》第 566 条与第 567 条尚未履行的终止履行,已经履行的根据履行情况、合同性质等,恢复原状或者采取其他补救措施,赔偿损失,同时并且应当就合同进行结算。其实,不只在合同解除的情况下需要结算,根据《民法典》第 793 条规定,即便是建设工程施工合同被确认无效,但是建设工程经验收合格的,也可以参照合同关于工程价款的约定折价补偿承包人。

既然需要结算补偿,金额的确定就涉及质保金。关于质保金扣除问题,根据国务院颁布的《建设工程质量管理条例》第 39 条建设工程实行质量保修制度。建设工程承包单位在向建设单位提交工程竣工验收报告时,应当向建设单位出具质量保修书。质量保修书中应当明确建设工程的保修范围、保修期限和保修责任等。基于这样的原则,既然合同中有明确约定了质保金与质保期,就应当尊重当事人之间的约定。从某种程度上来说,也是对《民法典》相关条文立法精神的体现。

实务中,应当注意合同中约定了质保金与质保期,即使合同被解除或者无效,那么发包人还是可以主张承包人承担相应的质保义务,同时在结算时应注意扣除质保金。

【相关依据】

《民法典》

第五百六十二条 当事人协商一致,可以解除合同。

当事人可以约定一方解除合同的事由。解除合同的事由发生时,解除权人可以解除合同。

第五百六十三条 有下列情形之一的,当事人可以解除合同:

(一)因不可抗力致使不能实现合同目的;

（二）在履行期限届满前，当事人一方明确表示或者以自己的行为表明不履行主要债务；

（三）当事人一方迟延履行主要债务，经催告后在合理期限内仍未履行；

（四）当事人一方迟延履行债务或者有其他违约行为致使不能实现合同目的；

（五）法律规定的其他情形。

以持续履行的债务为内容的不定期合同，当事人可以随时解除合同，但是应当在合理期限之前通知对方。

第七百九十三条 建设工程施工合同无效，但是建设工程经验收合格的，可以参照合同关于工程价款的约定折价补偿承包人。

建设工程施工合同无效，且建设工程经验收不合格的，按照以下情形处理：

（一）修复后的建设工程经验收合格的，发包人可以请求承包人承担修复费用；

（二）修复后的建设工程经验收不合格的，承包人无权请求参照合同关于工程价款的约定折价补偿。

发包人对因建设工程不合格造成的损失有过错的，应当承担相应的责任。

《建设工程质量管理条例》

第三十九条 建设工程实行质量保修制度。

建设工程承包单位在向建设单位提交工程竣工验收报告时，应当向建设单位出具质量保修书。质量保修书中应当明确建设工程的保修范围、保修期限和保修责任等。

裁判规则9 发包人拖欠工程款致合同解除，承包人因合同解除造成的损失包括未完成工程部分的预期可得利益损失

【案例信息】

名称：中国建筑一局（集团）有限公司（以下简称中建一局公司）、昆山台湾映像文化发展有限公司（以下简称台湾映像公司）建设工程施工合同纠纷

案号：（2018）苏民终1038号

法院：江苏省高级人民法院

【关联事实】

一、合同签订及施工情况

2012 年 12 月，台湾映像公司（发包方）与中建一局公司（承包方）签订施工总承包合同，台湾映像公司将位于 2#、3#地块的商业用房项目发包给中建一局公司实施总承包建设，包工包料。2#地块合同绝对工期为 527 日历天（含春节 20 日历天），开工日期暂定为 2013 年 2 月 25 日（土方开挖开始），整体竣工日期为 2014 年 7 月 15 日。3#地块合同绝对工期为 500 日历天（含春节 20 日历天），开工日期暂定为 2013 年 3 月 15 日（土方开挖开始），整体竣工日期为 2014 年 7 月 10 日。合同暂定总价 25411.77 万元，合同采用固定取费费率，具体要求详见合同专用条款及《计价及计量要求》的约定。

2015 年 2 月 13 日，台湾映像公司代表刘某与中建一局公司代表张某成、吕某礼在昆山花桥经济开发区规划建设局鉴证下，签订协议书一份，约定台湾映像公司于 2015 年 2 月 16 日前支付 1300 万元工程款，中建一局公司承诺该款全部用于民工工资发放；余款 1350 万元台湾映像公司于 2015 年 3 月 31 日前支付中建一局公司，中建一局公司收到余款后承诺不再发生民工工资纠纷。台湾映像公司如有延期支付，须向中建一局公司支付每天 5 万元罚款。台湾映像公司于 2015 年 2 月 15 日付款 1300 万元，之后再未付款。

2015 年 4 月 7 日，中建一局公司向台湾映像公司发出《解除合同通知书》，提出因台湾映像公司未能按照合同约定支付工程款项，在中建一局公司发出暂停工作通知后仍然持续违约，构成根本违约，故通知施工总承包合同自台湾映像公司收到本解除合同通知书之日起 7 天后解除，请在合同解除后，尽快联系中建一局公司，安排人员受领已建工程、材料或设备等。该邮件 2015 年 4 月 16 日被签收。

二、鉴定情况

经中建一局公司申请，一审法院依法委托江苏嘉加诚工程投资咨询有限公司（以下简称嘉加诚咨询公司）对涉案工程已完工程造价以及未完成工程量对应的预期收益进行鉴定，鉴定机构于 2017 年 11 月 10 日出具工程造价咨询报告书，载明：

本次鉴定仅以已完工程中利润值推算出合同暂定总价中的利润值，不代表未完工程实际利润。根据已完成工程中利润占比 1.52% 计算，未完成工程利润推算为 216.91 万元。二审查明，鉴定报告载明的“根据已完成工程中利润占比 1.52% 计算，未完成工程利润推算为 216.91 万元”此为鉴定初稿数额，正式稿中载明：

“按已完工程中利润占比 1.81% 计算,未完成工程利润推算为 268.45 万元”。

【裁判理由】

关于解除合同后的可得利益损失。因台湾映像公司支付工程进度款违约,中建一局公司解除合同后撤场,台湾映像公司应赔偿因解除合同而给中建一局公司造成的损失,包括可得利益损失。本案中,鉴定机构按已完工程利润比 1.81% 推算出未完工程的利润为 2684500 元,鉴定机构二审出具的《情况说明》明确该利润推算比,是以现场已完工程实体量推算,不含签证及防水、基坑维护、土方工程。一审法院以已完工程鉴定造价中包括变更签证内容为由,认为鉴定机构计算的利润率不具有适用性不当。鉴定机构推算出的可得利益损失具有一定的合理性,可以作为参考依据,对该部分损失本院予以支持。

【案例评析】

预期可得利益损失又可称为间接损失。根据《民法典》第 584 条(《合同法》第 112 条)的规定,建设工程合同中守约方可以主张可得利益损失。该可得利益损失的预见方及预见主体需为违约方,同时该可得利益的预见时间必须为建设工程合同订立时。2009 年最高人民法院发布《关于当前形势下审理民商事合同纠纷案件若干问题的指导意见》(法发〔2009〕40 号)中第 3 条就可得利益损失类型及认定规则作了初步规定,要求综合运用“可预见规则、减损规则、损益相抵规则以及过失相抵规则”来判断非违约方的损失。

尽管有上述相关规定,实务中关于预期可得利益内容的确定及计算方式仍然不统一,有些法院会更严谨,以该预期利益“难以确认”而不予支持守约方的主张,因此预期损失的确定性为法院自由裁量的关键。本案中江苏省高级人民法院最终采纳鉴定机构出具的报告确定守约方的预期可得利益。

为给法院确定守约方的可得利益提供依据,建设工程施工合同双方可在合同订立时就违约损害赔偿约定可得利益计算方式,或指定第三方评估鉴定机构进行评估,同时在往来工程施工单据中将详细利润情况列明。

【相关依据】

《民法典》

第五百八十四条　当事人一方不履行合同义务或者履行合同义务不符合约定,造成对方损失的,损失赔偿额应当相当于因违约所造成的损失,包括合同履行后可以获得的利益；但是，不得超过违约一方订立合同时预见到或者应当预见到的因违约可能造成的损失。

第五百九十一条 当事人一方违约后，对方应当采取适当措施防止损失的扩大；没有采取适当措施致使损失扩大的，不得就扩大的损失请求赔偿。

当事人因防止损失扩大而支出的合理费用，由违约方负担。

第五百九十二条 当事人都违反合同的，应当各自承担相应的责任。

当事人一方违约造成对方损失，对方对损失的发生有过错的，可以减少相应的损失赔偿额。

最高人民法院印发《关于当前形势下审理民商事合同纠纷案件若干问题的指导意见》的通知

三、区分可得利益损失类型，妥善认定可得利益损失

9. 在当前市场主体违约情形比较突出的情况下，违约行为通常导致可得利益损失。根据交易的性质、合同的目的等因素，可得利益损失主要分为生产利润损失、经营利润损失和转售利润损失等类型。生产设备和原材料等买卖合同违约中，因出卖人违约而造成买受人的可得利益损失通常属于生产利润损失。承包经营、租赁经营合同以及提供服务或劳务的合同中，因一方违约造成的可得利益损失通常属于经营利润损失。先后系列买卖合同中，因原合同出卖方违约而造成其后的转售合同出售方的可得利益损失通常属于转售利润损失。

10. 人民法院在计算和认定可得利益损失时，应当综合运用可预见规则、减损规则、损益相抵规则以及过失相抵规则等，从非违约方主张的可得利益赔偿总额中扣除违约方不可预见的损失、非违约方不当扩大的损失、非违约方因违约获得的利益、非违约方亦有过失所造成的损失以及必要的交易成本。存在合同法第一百一十三条第二款规定的欺诈经营、合同法第一百一十四条第一款规定的当事人约定损害赔偿的计算方法以及因违约导致人身伤亡、精神损害等情形的，不宜适用可得利益损失赔偿规则。

11. 人民法院认定可得利益损失时应当合理分配举证责任。违约方一般应当承担非违约方没有采取合理减损措施而导致损失扩大、非违约方因违约而获得利益以及非违约方亦有过失的举证责任；非违约方应当承担其遭受的可得利益损失总额、必要的交易成本的举证责任。对于可以预见的损失，既可以由非违约方举证，也可以由人民法院根据具体情况予以裁量。

裁判规则 10　施工合同无效，但建设工程质量合格，应参照合同约定支付工程价款

【案例信息】

名称：安徽华新建筑劳务有限责任公司（以下简称华新劳务公司）、宿州嘉成置业有限公司（以下简称嘉成置业公司）建设工程施工合同纠纷

案号：（2019）皖民终 98 号

法院：安徽省高级人民法院

【关联事实】

2012 年 6 月 16 日，和顺建设公司、华新劳务公司与嘉成置业公司签订一份《协议书》。约定工程工期：暂定 2012 年 5 月 28 日开始，2014 年 1 月 1 日结束。

2013 年 4 月 2 日，嘉成置业公司向和顺建设公司发出《中标通知书》。

2013 年 4 月 17 日，嘉成置业公司与和顺建设公司签订一份《建设工程施工合同》。

2013 年 4 月 20 日，嘉成置业公司、和顺建设公司签订《建设工程施工合同补充协议》，就双方签订的《建设工程施工合同》中结算及付款方式进行了约定。

2013 年 5 月 9 日至 2013 年 5 月 21 日，嘉成置业公司直接分包单位完成 6#、7#楼基础土方开挖，华新劳务公司按嘉成置业公司要求进行截桩、接桩，其后进场施工。

2015 年 1 月 14 日，华新劳务公司以和顺建设公司拖欠进度款导致无法施工为由，向嘉成置业公司发出《停工报告》。

2015 年 12 月 23 日，和顺建设公司以华新劳务公司擅自停工两年为由，向华新劳务公司发出《解除合同通知函》。

【裁判理由】

依照原《建设工程施工合同纠纷司法解释》第 2 条的规定，建设工程施工合同无效，但建设工程经竣工验收合格，承包人请求参照合同约定支付工程价款的，应予支持。涉案《协议书》虽无效，但华新劳务公司施工的 8# – 10#楼工程已经竣工验收合格，并交付嘉成置业公司使用，其余部分工程虽未完工，但嘉成置业公司未提供证据证明该部分工程质量不合格。因此，华新劳务公司诉请和顺建设公司参照协议约定结算并支付工程价款，应予支持。

【案例评析】

本案涉及的施工合同因承包企业华新劳务公司不具有建筑施工企业资质,违反法律、行政法规禁止性规定而被认定为无效。涉案工程款的数额,依照《建设工程施工合同司法解释(一)》第24条的规定,建设工程施工合同无效,但建设工程经竣工验收合格,承包人请求参照合同约定支付工程价款的,应予支持。《协议书》虽然无效,但华新劳务公司施工8#-10#楼工程已经竣工验收合格,其余部分工程虽未完工,但嘉成置业公司并未提供证据证明该部分工程质量不合格,因此,华新劳务公司请求参照协议约定结算并支付工程价款,应予支持。另外,根据《建设工程施工合同司法解释(一)》第26条的规定,华新劳务公司请求支付欠付工程款的利息和逾期违约金的请求,应予支持,且可依法调整。本案中,8#-10#楼于2015年9月25日施工完成且验收合格,于诉前交付,其余未完工程在华新劳务公司起诉之日尚未交付。依照《建设工程施工合同司法解释(一)》第27条的规定,法院判决和顺建设公司应自华新劳务公司起诉之日(2016年1月9日)按中国人民银行发布的同期同类贷款利率2倍的工程款利息的结果,于法有据。

参照最高人民法院(2019)最高法民申389号、最高人民法院(2018)最高法民申132号、最高人民法院(2017)最高法民申4425号案件民事裁判中均采用的观点:"建设工程施工合同无效,但建设工程经竣工验收合格,承包人请求参照合同约定支付工程价款的,应予支持。欠付工程款的利息和逾期违约金,应予支持,且可以依法调整。"本案中,涉案《协议书》虽无效,但涉案8#-10#楼工程通过经过竣工验收合格,部分未完工程经过阶段性验收合格,参照合同约定,判决和顺建设公司支付工程欠款利息,并无不当,符合最高人民法院的观点。

本案中,华新劳务公司因无建筑施工企业资质,导致建设工程施工合同无效。施工合同被认定无效,则合同中所设定的工程款条款、违约条款自始就不具有约束力。而"验收合格"虽然不能"补正"无效的建设工程施工合同(无效的建设工程施工合同不因验收合格而有效),但"验收合格"使得建设工程施工合同中的付款条款具备了可参照性。施工合同虽然因违反法律、行政法规的效力性强制性规定被作出否定性的评价,但是,这并不意味着承包人或实际施工人的合法权利不应得到保护。工程价款是承包人或实际施工人的合法权利,发包人逾期支付工程价款的利息或违约金同样是承包人或实际施工人的合法权利,理应得到相应的保护。

【相关依据】

《民法典》

第一百五十五条第一款 无效的或者被撤销的民事法律行为自始没有法律约束力。

第七百九十三条第一款 建设工程施工合同无效，但是建设工程经验收合格的，可以参照合同关于工程价款的约定折价补偿承包人。

《建设工程施工合同司法解释（一）》（法释〔2020〕25号）

第一条 建设工程施工合同具有下列情形之一的，应当依据民法典第一百五十三条第一款的规定，认定无效：

（一）承包人未取得建筑业企业资质或者超越资质等级的；

（二）没有资质的实际施工人借用有资质的建筑施工企业名义的；

（三）建设工程必须进行招标而未招标或者中标无效的。

第二十六条 当事人对欠付工程价款利息计付标准有约定的，按照约定处理。没有约定的，按照同期同类贷款利率或者同期贷款市场报价利率计息。

第二十七条 利息从应付工程价款之日开始计付。当事人对付款时间没有约定或者约定不明的，下列时间视为应付款时间：

（一）建设工程已实际交付的，为交付之日；

（二）建设工程没有交付的，为提交竣工结算文件之日；

（三）建设工程未交付，工程价款也未结算的，为当事人起诉之日。

裁判规则11 双方未对承兑汇票贴息作出约定，一方自愿接受承兑汇票，所产生的贴息由接受汇票的人自行承担

【案例信息】

名称：浙江瑞德建设有限公司（以下简称瑞德公司）、宁波伟吉电力科技有限公司（以下简称伟吉公司）建设工程施工合同纠纷

案号：（2019）浙民再403号

法院：浙江省高级人民法院

【关联事实】

2012 年 5 月 5 日,瑞德公司与伟吉公司签订涉案建设工程施工合同一份,并于 2013 年 3 月 2 日签订补充合同一份,约定:由瑞德公司承建伟吉公司位于滨海区的 1#、2#、3#、4#、宿舍楼工程,工程内容为土建及水电安装(桩基除外),工程价款为 19352103 元。

涉案工程于 2012 年 5 月 18 日开工,于 2014 年 1 月 24 日竣工并验收合格。

涉案工程经瑞德公司和伟吉公司结算,结算价款为 16340282 元,伟吉公司已支付 15390000 元,其中以承兑汇票方式支付了 9000000 元。

【裁判理由】

合同履行过程中,伟吉公司以承兑汇票的形式支付工程款,瑞德公司予以接受,且双方并未对承兑汇票贴现费用如何承担作出约定,由于瑞德公司领取承兑汇票的行为已可证明其认可上述给付工程款的方式,其要求伟吉公司承担贴息损失,于法无据。

【案例评析】

从银行承兑汇票的支付功能角度看,持票人所取得的银行承兑汇票不仅可以通过贴现获得资金,还可以背书转让,用作支付手段。从这个角度看,偿还债务或是支付货款的行为贴息并未产生,银行承兑汇票也并不影响交易双方的经济利益。但由于承兑汇票提前兑付会产生贴息费用,将使持票人实际到手的金额少于承兑汇票的面额,在发包人用承兑汇票支付工程款且持票人提前兑付的情况下,将产生贴息损失。

那么此类贴息损失应由何方承担?根据类案的检索,在双方未就贴息进行约定的情况下,法院更倾向于认为接受汇票的一方自愿接受承兑汇票,且承兑汇票并非一定会产生贴息费用,提前贴息也属于持票人自行的选择,因而认为所产出的贴息费用应由接受汇票的一方承担。同时,法院也可能根据双方当事人的长期的业务往来及交易习惯,或相关合同明确约定接受或不排除以承兑汇票的形式进行支付,而双方无异议,认为即便确实存在贴息,也应由接受汇票的一方自行承担。另外,在部分案件中,法官因接受汇票的一方未能提供其承兑汇票产生了贴息损失的直接证据而不认可其存在直接损失。

【相关依据】

《民法典》

第五百零九条 当事人应当按照约定全面履行自己的义务。

当事人应当遵循诚信原则,根据合同的性质、目的和交易习惯履行通知、协助、保密等义务。

当事人在履行合同过程中,应当避免浪费资源、污染环境和破坏生态。

裁判规则 12 工程造价鉴定费由双方按比例分担

【案例信息】

名称:深圳新艺华建筑装饰工程有限公司(以下简称深圳新艺华公司)、安徽省阜阳市中南置业有限责任公司(以下简称阜阳中南公司)装饰装修合同纠纷

案号:(2019)皖民终96号

法院:安徽省高级人民法院

【关联事实】

2013年8月,阜阳中南公司就其开发建设的中南红星美凯龙全球家居生活广场的内装饰工程与深圳新艺华公司签订《建设工程施工合同》,约定暂定价款13125558.36元。双方在《建设工程施工合同》的《补充条款》中约定,工程竣工后,施工单位提交竣工决算,以发包方委托工程造价咨询单位按实际完成工程项目审计为准。

该合同项下的工程于2015年1月16日竣工并经验收合格,深圳新艺华公司决算合同价款为13125558.36元,阜阳中南公司未委托相关机构对实际完成的工程款进行审计。

审理期间,阜阳中南公司申请对涉案《建设工程施工合同》合同内工程款进行鉴定,经一审法院委托,中信公司、正诚公司出具相关工程造价鉴定报告,为此,阜阳中南公司共支付鉴定费670352元。

【裁判理由】

关于鉴定费分担问题,因阜阳中南公司未按约定对深圳新艺华公司报送的工程竣工决算进行审计,导致一审法院委托鉴定单位对工程造价进行鉴定,从而阜

阳中南公司应多负担鉴定费，在综合本案实际情况的基础上，本院对一审法院认定的鉴定分担数额予以调整，对于案涉 670352 元鉴定费，本院酌定由深圳新艺华公司负担 223451 元，由阜阳中南公司负担 446901 元。

【案例评析】

建设工程合同纠纷若涉及工程造价鉴定，动辄涉及几十万元到上百万元的鉴定费。此类鉴定费由何方承担，也常常是建设工程合同双方争议的焦点。各地法院的处理办法并未统一，实践中主要有以下几类判法：

1. 判决按胜败诉比例分担鉴定费。

部分法院认为鉴定属于诉讼费或应参照诉讼费的分担方式，根据《诉讼费用交纳办法》第 29 条第 2 款部分胜诉、部分败诉的规定，人民法院根据案件的具体情况决定当事人各自负担的诉讼费用数额的相关规定来在原本告之间进行分配。

2. 判决申请鉴定一方当事人负担鉴定费。

部分法院根据“谁主张，谁举证”的规定认为由申请鉴定的一方当事人承担鉴定费。相关规定有《诉讼费用交纳办法》第 12 条第 1 款规定：“诉讼过程中因鉴定、公告、勘验、翻译、评估、拍卖、变卖、仓储、保管、运输、船舶监管等发生的依法应当由当事人负担的费用，人民法院根据谁主张、谁负担的原则，决定由当事人直接支付给有关机构或者单位，人民法院不得代收代付。”

3. 认为鉴定费属于诉讼费范畴，当事人不得单独就鉴定费提起上诉。

持此观点的法院认为，工程造价鉴定费属于诉讼费范畴。《诉讼费用交纳办法》第 43 条规定：“当事人不得单独对人民法院关于诉讼费用的决定提起上诉。当事人单独对人民法院关于诉讼费用的决定有异议的，可以向作出决定的人民法院院长申请复核。复核决定应当自收到当事人申请之日起 15 日内作出。当事人对人民法院决定诉讼费用的计算有异议的，可以向作出决定的人民法院请求复核。计算确有错误的，作出决定的人民法院应当予以更正。”关于鉴定费如有异议，当事人可向法院请求复核。

【相关依据】

《民事诉讼法》

第六十七条 当事人对自己提出的主张，有责任提供证据。

当事人及其诉讼代理人因客观原因不能自行收集的证据,或者人民法院认为审理案件需要的证据,人民法院应当调查收集。

人民法院应当按照法定程序,全面地、客观地审查核实证据。

《诉讼费用交纳办法》

第四十三条　当事人不得单独对人民法院关于诉讼费用的决定提起上诉。

当事人单独对人民法院关于诉讼费用的决定有异议的,可以向作出决定的人民法院院长申请复核。复核决定应当自收到当事人申请之日起 15 日内作出。

当事人对人民法院决定诉讼费用的计算有异议的,可以向作出决定的人民法院请求复核。计算确有错误的,作出决定的人民法院应当予以更正。

裁判规则 13　承包人完成建设工程后,发包人不得以承包人存在工期延误、违法分包等行为为由,要求减轻其未按约支付工程价款的违约责任

【案例信息】

名称:徐州义安洁净煤有限公司(以下简称义安公司)与中煤邯郸设计工程有限责任公司(以下简称中煤公司)建设工程施工合同纠纷

案号:(2019)苏民终 1763 号

法院:江苏省高级人民法院

【关联事实】

2013 年 1 月 28 日,义安公司(发包人)与中煤公司(承包人)签订《徐州义安洁净煤有限公司选煤厂技术改造工程 EPC 总承包合同》(以下简称《EPC 总承包合同》),合同约定中煤公司承包义安公司"选煤厂技术改造设计、采购及施工项目工程"。合同还约定,承包人只能对专用条款约定列出的工作事项(含设计、采购、施工、劳务服务、竣工试验等)进行分包。

2013 年 12 月 30 日,中煤公司将案涉一期工程移交给义安公司试运行。2014 年 11 月 24 日,案涉一期工程竣工验收。

2016 年 6 月 30 日,中煤公司与义安公司进行对账,并签订《徐州义安洁净煤有限公司选煤厂技改工程总承包决算对账说明》,对账说明约定,双方确认一期工

程决算总造价最终额为81753353.07元,义安公司已支付工程61551890.07元,欠付工程款20201463元;义安公司应向中煤公司返还已缴纳的廉洁从业保证金1046800元;上述两项合计21248263元。另查明:2013年2月22日,中煤公司(承包人)与大彭公司(分包人)签订建设工程施工专业分包合同,约定中煤公司作为总承包人将义安公司选煤厂技改土建工程分包给大彭公司,承包范围为选煤厂技改一期、二期土建工程。

发包人提出请求:(1)承包人签未按合同约定向发包人提交施工总进度计划、当月完成工程量预算书、竣工试验方案等文件资料,将案涉项目的主体工程违法分包,未向发包人提交分包人的资质证明。一审法院未能查清承包人上述违约事实,并基于此减少义安公司的责任。(2)自2015年以来,宏观经济政策发生改变,国家推动"三去一降一补"的宏观经济政策目标,与此同时,国家加大了环境污染治理力度,而案涉项目主要用于煤炭选洗。发包人不能预见、避免宏观经济政策的改变,因存在不可抗力,故应免除或降低其责任。

【裁判理由】

本案的争议焦点为:中煤公司是否存在未按约提交有关工程文件资料、违法分包等违约行为,如果存在,是否应当减轻义安公司的违约责任。

中煤公司主张义安公司承担的违约责任是义安公司迟延支付结算价款的责任,只要义安公司迟延付款,就必然造成中煤公司期限利益的丧失。因该损失与中煤公司是否未按约定提交有关文件资料、违法分包无关,故即使中煤公司存在上述违约行为,义安公司据此主张减轻其迟延付款的违约责任也因缺乏合同依据和法律依据而不能成立。

【案例评析】

本案例涉及承包人按约履行了施工义务,并经发包人竣工验收,发包人未按合同约定支付工程款,同时以承包人存在未按约定提交有关文件资料、违法分包的违约行为,主张减轻其迟延付款的违约责任的问题。

在本案中,发包人在主张承包人违法分包的违约事实的同时,以国家宏观经济政策、环境治理政策发生改变为由,提出因存在不可抗力,应免除或降低其责任的观点,但法院并未采纳以上观点。根据承包人与发包人的合同约定,承包人有权对案涉项目中的土建、安装部分进行专业分包,专业分包均通过招投标程序确定，发包人全程参与、监督工程设计、采购、施工，对专业分包是明知的。专业分包企业具备施工资质。退一步说，即使承包人存在发包人主张的违约行为，其行为并不能成为发包人减轻其违约责任的理由，发包人可以另行向承包人主张相应的权利。此外，本案中发包人主张的宏观经济政策改变，是可预见、可克服的情况，并不满足《民法通则》及《合同法》规定"不可抗力"应当满足的条件，对企业的影响属于经营风险，不属于不可抗力，且发包人主张进行调整的宏观经济政策实际上施行于2016年，而案涉项目一期工程于2014年11月即已竣工验收，从时间上来看，案涉项目一期工程并未受到该政策调整的影响。因此，承包人以发包人存在违约行为，据此主张减轻其迟延付款的违约责任也因缺乏合同依据和法律依据而不能成立。

【相关依据】

《民法典》

第五百七十七条　当事人一方不履行合同义务或者履行合同义务不符合约定的，应当承担继续履行、采取补救措施或者赔偿损失等违约责任。

第八百零七条　发包人未按照约定支付价款的，承包人可以催告发包人在合理期限内支付价款。发包人逾期不支付的，除根据建设工程的性质不宜折价、拍卖外，承包人可以与发包人协议将该工程折价，也可以请求人民法院将该工程依法拍卖。建设工程的价款就该工程折价或者拍卖的价款优先受偿。

裁判规则14	发包人拖欠工程款致承包人窝工，窝工损失需根据合同双方协议约定等因素综合认定，且窝工损失不包括管理费、税金损失

【案例信息】

名称：中海工程建设总局有限公司（以下简称中海工程建设总局，后变更企业称为中海公司）、安徽中桩物流有限公司（以下简称中桩公司）建设工程施工合同纠纷

案号：（2020）皖民终64号

法院：安徽省高级人民法院

【关联事实】

2011 年 11 月 10 日，中海公司中标承建中桩公司码头水工工程及配套水电安装工程。2011 年 11 月 29 日，中桩公司（发包人、甲方）与中海公司（承包人、乙方）签订《施工合同》，约定：工程承包范围为码头水工工程及配套土建、水电安装工程；合同工期为 222 日历天；暂定合同价 109787118 元；合同未尽事宜，双方另行签订补充协议，补充协议是合同的组成部分。

2015 年 2 月 2 日，中桩公司（甲方）与中海公司（乙方）达成《补充协议二》，载明：双方此前签订了《施工合同》及《补充协议一》，其中《补充协议一》约定为保证工程款的履行许某峰、吴某蓉提供连带保证责任。自 2013 年 4 月 16 日，乙方接甲方通知开始正式施工。因甲方拖欠乙方工程款产生的利息为 6845234.25 元，给甲方造成的停工约损失 12545521 元（以上两项具体数额以甲乙双方书面确认为准）。甲方正在积极进行项目融资，甲方承诺在融资资金到账后，先行支付乙方已完成的工程量款项及产生的利息，停工损失数额及支付由甲乙双方另行协商。

【裁判理由】

从《补充协议二》以及《停复工协议》可以看出，施工过程中，因资金短缺，致使中桩码头工程停工，客观上存在停窝工期间以及停窝工的事实，给施工方造成经济损失。实践中，停窝工期间也并不意味着完全没有施工，一审法院根据当事人之间的协议约定、停窝工的时间长短、停窝工的程度、中海公司申报的索赔损失等因素，对中海公司主张的水电费、人工工资、进场费用、周转材料及机械设备停工损失等酌情予以支持，并无明显不当。中海公司、中桩公司该上诉请求，本院均不予支持。中桩公司二审期间向本院申请对中海公司 2012 年 3 月 8 日至 2013 年 4 月 16 日及 2014 年 5 月停工后至 2015 年 6 月 15 日在案涉工程施工过程中的停窝工损失进行鉴定，本院不予支持。

【案例评析】

窝工损失一般指因为发包方的原因使承包方不能按照施工合同约定的进度进行施工，造成承包方在施工人员、机械设备、工程材料、水电能源等方面进行额外支出。尽管《民法典》第 804 条规定了因发包人造成承包人窝工的，发包人需赔偿相应损失，但具体的窝工损失计算标准并没有相应规定。实践中各地法院就窝工损失的认定依赖承包方提供的证明材料，且虽然承包方已经与发包方就窝工损失进行了初步范围的约定，法院依旧会参考窝工时长及实际损失进行综合判断。

本案中，安徽省高级人民法院并未支持发包方在二审程序中就窝工损失提请的鉴定，同时法院综合判断的窝工损失金额远低于发包方与承包方的约定金额。承包方认为窝工损失中包含税金及管理费，一审法院认定停窝工本身并不会导致管理费、税金等费用的产生，因此在窝工损失中并未计算管理费、税金，二审维持一审判决。

在因发包人原因停工时，承包人首先要尽最大努力避免损失扩大，如精简非必要人员的管理以及减少非必要机械在施工现场的运作，否则该部分损失将难以获得法院支持。同时应当注意收集并保存暂停施工期间损失的证据，可在双方往来函件、会议纪要等文件中就窝工损失予以记录以此作为法院参考。

【相关依据】

《民法典》

第八百零四条 因发包人的原因致使工程中途停建、缓建的，发包人应当采取措施弥补或者减少损失，赔偿承包人因此造成的停工、窝工、倒运、机械设备调迁、材料和构件积压等损失和实际费用。

《最高人民法院第八次全国法院民事商事审判工作会议（民事部分）纪要》

（三）关于承包人停（窝）工损失的赔偿问题

32. 因发包人未按照约定提供原材料、设备、场地、资金、技术资料的，隐蔽工程在隐蔽之前，承包人已通知发包人检查，发包人未及时检查等原因致使工程中途停、缓建，发包人应当赔偿因此给承包人造成的停（窝）工损失，包括停（窝）工人员人工费、机械设备窝工费和因窝工造成设备租赁费用等停（窝）工损失。

裁判规则 15　建设工程未经竣工验收，发包人擅自使用的，以转移占有之日为竣工日期

【案例信息】

名称：江苏新民洲港务有限公司（以下简称新民洲公司）与江苏华泰建设工程有限公司（以下简称华泰公司）、如皋港务集团有限公司建设工程施工合同纠纷

案号：（2020）苏民申650号

法院：江苏省高级人民法院

【关联事实】

2012 年 5 月 28 日,华泰公司与新民洲公司签订《某处公共码头一起陆域工程(部分)施工合同》。

2013 年 5 月 30 日,华泰公司向新民洲公司提交《交工验收申请报告一份》,载明工程质量自评合格,正式提出交工验收申请。

2014 年 5 月 22 日,新民洲公司向华泰公司发出《关于对陆域已完工程进行结算的通知》。

2015 年 1 月,新民洲公司委托造价公司对工程造价进行审定,审价过程中,华泰公司对部分问题对该造价公司提出异议。

【裁判理由】

本院认定事实如下:2012 年 5 月 28 日,原告华泰公司与被告新民洲公司签订《某处公共码头一期陆域工程(部分)施工合同》一份。合同约定,项目名称为某处公共码头一期陆域(部分)工程;项目范围按被告新民洲公司提供的施工设计图和现场提供的施工范围为准;投资建设模式为双方以投资建设—移交模式实施本项目,即原告华泰公司按合同约定负责项目投融资、工程建设全过程的组织和管理,并承担其期间的风险。在原告华泰公司按约将工程建成完工移交给被告新民洲公司后,原告华泰公司按工程结算价款收回资金。

【案例评析】

《某处公共码头一起陆域工程(部分)施工合同》系当事人真实意思的表示,未违反有关强制性、禁止性法律规定,合法有效,双方均应按合同约定履行义务。华泰公司依据合同约定施工后,新民洲公司应按约付款,因未按合同约定的付款时间支付工程款,新民洲公司应承担相应的违约责任。

而关于逾期付款补偿费的问题,华泰公司与新民洲公司签订的《工程审价审定单》载明的工程造价,应作为双方结算的依据。本案中,工程未进行初检,亦没有进行整体验收,依据《建设工程施工合同司法解释(一)》第 9 条第 3 项的规定,建设工程未经竣工验收,发包人擅自使用的,以转移占有之日为竣工日期。新民洲公司港口试运营时间为 2014 年 5 月 27 日,故法院判决,其补偿费的起始日期应以 2014 年 5 月 28 日起算。

陕西省高级人民法院在案例(2019)陕民终 169 号中,同样适用了上述规定。

案中，盛兴公司在天擎公司 2016 年 11 月停工后，又找了其他施工单位进场施工，盛兴公司对天擎公司已完工程已经实际接收，建设工程未经竣工验收，发包人擅自使用的，以转移占有之日为竣工日期。因盛兴公司对于天擎公司已完工程已经使用，故法院判决其支付相应的工程款。

工程没有经过竣工验收，发包方擅自使用就意味着其以事实行为表示了其认可工程质量合格，这种情况就以转移占有工程之日为验收合格日期。转移占有是民法物权上的概念，主要指标的物发生了流转，同时随着风险的转移，即工程的控制权发生了转移。因此，建设工程虽然未经竣工验收，发包人擅自使用的，以转移占有之日认定为竣工日期从而确定工程款、补偿款等，并无不当。

【相关依据】

《民法典》

第二百二十六条　动产物权设立和转让前，权利人已经占有该动产的，物权自民事法律行为生效时发生效力。

《建设工程施工合同司法解释（一）》（法释〔2020〕25 号）

第九条　当事人对建设工程实际竣工日期有争议的，人民法院应当分别按照以下情形予以认定：

（一）建设工程经竣工验收合格的，以竣工验收合格之日为竣工日期；

（二）承包人已经提交竣工验收报告，发包人拖延验收的，以承包人提交验收报告之日为竣工日期；

（三）建设工程未经竣工验收，发包人擅自使用的，以转移占有建设工程之日为竣工日期。

裁判规则 16	商业用房（非商品房）的买受人已支付购买房屋的大部分款项后，承包人就该商业用房享有的工程价款优先受偿权可以对抗买受人

【案例信息】

名称：马某优与中建二局第二建筑工程有限公司（以下简称中建二局）案外人执行异议之诉

案号:(2019)苏民终 1494 号

法院:江苏省高级人民法院

【关联事实】

2011 年 6 月 17 日,马某优与天福公司签订商品房买卖合同,购买天福公司开发的位于宜兴市房屋,该商品房的用途为商业,房屋总价约定为 778000 元。

嗣后,马某优通过现金和本票方式支付了房款,截至 2011 年 6 月 16 日付清全部房款。

嗣后,马某优与天元酒店签订房屋租赁协议,将上述房屋出租给天元酒店,天元酒店自 2016 年 5 月起按季支付租金给马某优。

中建二局与天福公司建设工程施工合同纠纷一案,法院于 2016 年 1 月 27 日作出(2014)苏民初字第 0007 号民事判决:"……中建二局对其承建的江苏省宜兴市宜兴竹海锦城 1 号至 16 号楼的工程折价或拍卖价款享有优先受偿权。"该案已进入强制执行程序,案号为(2017)苏 02 执 226 号,2018 年 11 月 6 日,本案争议的涉案房屋被查封。

案外人马某优提出执行异议,法院于 2018 年 12 月 24 日作出(2018)苏 02 执异 106 号执行裁定:驳回案外人马某优异议请求。为此,马某优向该院提起案外人执行异议之诉。

本案二审过程中,案外人马某优主张马某优与天福公司于查封前已就案涉房产签订合法有效的商品房买卖合同,支付了全部房款,并合法占有使用。在办理房产证时,由于天福公司提供的办证专用发票未盖发票专用章等原因,导致查封前产权证未能办理。案涉房产未能登记在马某优名下由天福公司的过错造成,马某优并无过错。根据 2015 年最高人民法院《关于人民法院办理执行异议和复议案件若干问题的规定》(以下简称《执行异议和复议决定》)第 28 条(2020 年修正时该条没有修改)的规定,案外人享有的对涉案房屋的权利可以对抗承包人的优先受偿权。法院并未支持案外人这一主张。

【裁判理由】

最高人民法院《关于建设工程价款优先受偿权问题的批复》(该批复已于 2021 年 1 月 1 日失效)第 1 - 4 条规定:"一、人民法院在审理房地产纠纷案件和办理执行案件中,应当依照《中华人民共和国合同法》第二百八十六条的规定,认定建筑工程的承包人的优先受偿权优于抵押权和其他债权。二、消费者交付购买商品房的全部或者大部分款项后，承包人就该商品房享有的工程价款优先受偿权不得对抗买受人。三、建筑工程价款包括承包人为建设工程应当支付的工作人员报酬、材料款等实际支出的费用，不包括承包人因发包人违约所造成的损失。四、建设工程承包人行使优先权的期限为六个月，自建设工程竣工之日或者建设工程合同约定的竣工之日起计算。"

首先，本案执行依据(2014)苏民初字第0007号民事判决主文明确中建二局对案涉工程折价或拍卖价款享有优先受偿权，马某优购买该工程中的房产能否对抗该案的执行，应适用上述批复的规定。

其次，根据上述批复规定，建筑工程的承包人的优先受偿权优于抵押权和其他债权，消费者交付购买商品房的全部或者大部分款项后，承包人就该商品房享有的工程价款优先受偿权不得对抗买受人。案涉房产为商业用房，马某优并非消费者，故其购买案涉房产不能对抗中建二局享有的建设工程价款优先受偿权。因此，马某优对案涉房产不享有排除执行的合法权益。另外，案涉房产未登记在马某优名下，该房产所有权不属马某优所有。综上所述，马某优的上诉请求不成立，应予驳回。

【案例评析】

本案中，一审和二审法院均根据最高人民法院《关于建设工程价款优先受偿权问题的批复》和2015年《执行异议和复议规定》第29条的规定认为，涉案房屋属于商业用房而非商品房，案外人不是消费者，故不满足上述法规的要求，案外人对涉案房屋的民事权利不足以对抗承包人的优先受偿权。

2015年《执行异议和复议规定》第28条仅规定了一般房屋买受人的物权期待权，但该类情形并不具有优先于抵押权的保证居住权的价值基础。即一般不动产买受人即便符合《执行异议和复议规定》第28条的规定，也不能对抗承包人的优先受偿权。

【相关依据】

《民法典》

第八百零七条 发包人未按照约定支付价款的，承包人可以催告发包人在合理期限内支付价款。发包人逾期不支付的，除根据建设工程的性质不宜折价、拍卖外,承包人可以与发包人协议将该工程折价,也可以请求人民法院将该工程依法拍卖。建设工程的价款就该工程折价或者拍卖的价款优先受偿。

《执行异议和复议规定》

第二十八条 金钱债权执行中,买受人对登记在被执行人名下的不动产提出异议,符合下列情形且其权利能够排除执行的,人民法院应予支持:

(一)在人民法院查封之前已签订合法有效的书面买卖合同;

(二)在人民法院查封之前已合法占有该不动产;

(三)已支付全部价款,或者已按照合同约定支付部分价款且将剩余价款按照人民法院的要求交付执行;

(四)非因买受人自身原因未办理过户登记。

第二十九条 金钱债权执行中,买受人对登记在被执行的房地产开发企业名下的商品房提出异议,符合下列情形且其权利能够排除执行的,人民法院应予支持:

(一)在人民法院查封之前已签订合法有效的书面买卖合同;

(二)所购商品房系用于居住且买受人名下无其他用于居住的房屋;

(三)已支付的价款超过合同约定总价款的百分之五十。

《最高人民法院执行工作办公室关于〈最高人民法院关于建设工程价款优先受偿权问题的批复〉中有关消费者权利应优先保护的规定应如何理解的答复》

广东省高级人民法院:

你院(2004)粤高法执督字第384号《关于康永贤等13人执行异议请示案》收悉,经研究,现答复如下:

《最高人民法院关于建设工程价款优先受偿权问题的批复》(法释〔2002〕16号)第二条关于已交付购买商品房的全部或者大部分款项的消费者权利应优先保护的规定,是为了保护个人消费者的居住权而设置的,即购房应是直接用于满足其生活居住需要,而不是用于经营,不应作扩大解释。

特此函复

2005年12月25日

裁判规则 17　当事人未约定工程质量保证金返还期限的，自工程通过竣工验收之日起满二年，承包人可请求返还质量保证金

【案例信息】

名称：江苏万欣建筑安装工程有限公司（以下简称万欣公司）、宿迁精科房地产开发有限责任公司（以下简称精科公司）建设工程施工合同纠纷

案号：（2019）苏民终 1482 号

法院：江苏省高级人民法院

【关联事实】

2010 年 11 月 26 日，万欣公司向精科公司出具申明，载明：春晓·金水湾项目的建设工程施工合同不作为经济活动的依据，付款、结算等按照补充协议执行。

2010 年 11 月 26 日，中原公司向精科公司出具承诺书。

2010 年 12 月 18 日，万欣公司制作春晓·金水湾 2、4、6 号楼工程投标文件。

2010 年 12 月 23 日，精科公司向万欣公司出具春晓·金水湾 2、4、6 号楼工程中标通知书，载明中标价。

2010 年 12 月 26 日，精科公司与万欣公司签订补充协议。

2011 年 1 月 27 日，精科公司向万欣公司发出中标通知书。

2011 年 2 月 26 日，万欣公司与精科公司签订建设工程施工合同，约定精科公司将其开发的春晓·金水湾 7A 号楼土建、安装工程发包给万欣公司承建。

2012 年 10 月 17 日，万欣公司与精科公司签订补充协议。

2013 年 2 月 2 日，万欣公司与精科公司签订地下人防工程补充协议。

2014 年 2 月、5 月、7 月，各工程陆续竣工验收合格。

2014 年 12 月 18 日，双方对相关问题存在争议，未能对工程造价审计形成一致认可的结论，万欣公司提起诉讼。

【裁判理由】

根据原《建设工程施工合同纠纷司法解释（二）》第 8 条的规定，当事人未约定工程质量保证金返还期限的，自建设工程通过竣工验收之日起满 2 年，承包人请求返还质量保证金的，人民法院应予支持；发包人返还工程质量保证金后，不影响承包人根据合同约定或者法律规定履行工程保修义务。涉案工程于 2014 年 2 月、5 月、7 月竣工验收，根据法律规定，作为工程质量保证金部分的工程款返还期

限已经届满，万欣公司要求支付全部工程欠款，依法应予支持。

【案例评析】

工程在进行招投标之前，万欣公司即向精科公司出具了“春晓·金水湾项目的《建设工程施工合同》不作为经济活动的依据”。同一天，中原公司也向精科公司出具了“接受精科公司拟议的议标底线相关条款”的承诺。在双方签订建设工程施工合同的同一天，万欣公司向精科公司出具了“建设工程合同中的合同价款与支付条款、材料设备供应条款，执行双方于2010年12月26日签订的补充协议”的承诺。招投标存在“先定后招”的情形，违反法律强制性规定，双方经过招投标签订的合同应认定无效。双方签订的补充协议是双方实际履行的合同，应按协议确定涉案工程造价。双方签订的补充协议约定，对作为质量保证金部分的工程款按国家规定执行。

工程分别于2014年2月、5月、7月竣工验收，作为工程质量保证金部分的工程款返还期限已届满，万科公司要求支付全部工程欠款，并得到了法院的支持。

质量保证金，是承包人根据建设单位的要求，在建设工程承包合同履行前，交付给建设单位，用以保证施工质量的资金，一般是担保竣工验收前出现的质量问题。住房和城乡建设部、财政部《关于印发建设工程质量保证金管理办法的通知》（建质〔2017〕138号）第2条规定：“本办法所称建设工程质量保证金（以下简称保证金）是指发包人与承包人在建设工程承包合同中约定，从应付的工程款中预留，用以保证承包人在缺陷责任期内对建设工程出现的缺陷进行维修的资金。缺陷是指建设工程质量不符合工程建设强制性标准、设计文件，以及承包合同的约定。缺陷责任期一般为1年，最长不超过2年，由发、承包双方在合同中约定。”该规定与《建设工程施工合同司法解释（一）》中关于工程质量保证金的返还期限定为2年的规定是一致的。

司法实践中，关于工程质量保证金的争议主要集中在保证金的返还期限及返还起始时间的计算上，当事人对返还期限及起始时间有明确约定的按其约定，没有约定的，考虑到工程质量保证金系保证施工质量的资金，是为保障工程质量提供的一种金钱担保，工程竣工验收之日，即进入工程保修期的期限范围，需与缺陷责任期保持一致。

相关规定也体现在（2020）最高法民终483号一案的法律适用中，缺陷责任期是扣留工程质量保证金的期限，缺陷责任期内承包人承担的是质量缺陷修复义务,保修期内承包人承担的是保修义务。缺陷责任期满,发包人应当按照合同约定退还工程质量保证金。工程质量保证金的返还与保修期没有必然联系,依据《建设工程质量保证金管理办法》第 2 条第 3 款规定:缺陷责任期一般为 1 年,最长不超过 2 年。虽然双方在质量保修书中对返还工程质量保证金约定按土建、安装、防水工程各自保修期限到期后,按造价比例乘以保修金分别无息退还承包人,但防水工程质量保证金约定部分违反了《建设工程质量保证金管理办法》第 2 条第 3 款规定的缺陷责任期最长不得超过 2 年的规定,超过 2 年的期限则不能认定为缺陷责任期。

【相关依据】

《建设工程施工合同司法解释(一)》(法释〔2020〕25 号)

第十七条　有下列情形之一,承包人请求发包人返还工程质量保证金的,人民法院应予支持:

(一)当事人约定的工程质量保证金返还期限届满;

(二)当事人未约定工程质量保证金返还期限的,自建设工程通过竣工验收之日起满二年;

(三)因发包人原因建设工程未按约定期限进行竣工验收的,自承包人提交工程竣工验收报告九十日后当事人约定的工程质量保证金返还期限届满;当事人未约定工程质量保证金返还期限的,自承包人提交工程竣工验收报告九十日后起满二年。

发包人返还工程质量保证金后,不影响承包人根据合同约定或者法律规定履行工程保修义务。

《建设工程质量保证金管理办法》

第二条　本办法所称建设工程质量保证金(以下简称保证金)是指发包人与承包人在建设工程承包合同中约定,从应付的工程款中预留,用以保证承包人在缺陷责任期内对建设工程出现的缺陷进行维修的资金。

第五章

鉴定相关问题

裁判规则1 实际施工人能否取得工程造价鉴定中税金、规费、利润、管理费等相关费用

【案例信息】

名称：樊某斌、连云港江南置业有限公司（以下简称江南置业公司）与南京建工集团有限公司（以下简称南京建工集团）建设工程施工合同纠纷

案号：（2019）苏民终957号

法院：江苏省高级人民法院

【关联事实】

江南置业公司系涉案金陵·世纪广场项目的发包人，2011年5月30日江南置业公司向南京建工集团发出中标通知书。2011年6月10日，双方签订《建设工程施工合同》（以下简称大合同）一份，并经建设行政主管部门备案。该合同约定：工程名称为金陵·世纪广场，工程地点为东海县东海南路西侧、苏果超市东侧，工程内容为土建及水电安装，建筑面积49919.17平方米，质量标准为国家统一验收合格标准，工程采用固定单价合同，价款为8388.76326万元，开工日期为2011年6月10日，竣工日期为2012年12月10日，合同工期总日历天数548天等，该合同还对工程承包范围、组成合同的文件、合同生效等其他内容进行了约定。

2011年6月10日，江南置业公司（发包人）还与南京建工集团（承包人）签订一份《金陵世纪广场项目补充协议》（以下简称补充协议），约定：甲乙双方同意签订的合同简称为大合同，此为大合同的补充协议，是对大合同中有关条款进行修

正与补充。凡与大合同有冲突之处均以此补充协议为准生效。

2011 年 6 月 18 日，南京建工集团第十工程公司（甲方）与张某飞、樊某斌（乙方）签订内部风险抵押承包工程项目协议，约定：金陵·世纪广场项目由南京建工集团中标，为加强公司所承接工程项目的施工管理，依据公司《内部风险抵押承包工程的实施办法》，经双方协商，甲方同意委托张某飞、樊某斌抵押承包经营、组织施工，承包范围按甲方与业主方签订的合同施工内容执行，按工程结算总价（发票额）的 3% 向甲方缴纳管理服务费；管理服务费包含公司管理费、外经证费用、服务费，工程进度款支付按甲方与业主方签订的合同中的付款执行。

涉案工程于 2011 年 8 月 24 日实际开工，樊某斌于 2013 年 9 月 2 日离场，离场时涉案工程尚未完工，截至一审判决作出之日，涉案工程尚未竣工验收。

2016 年 6 月 14 日，一审法院委托江苏宏业项目管理咨询有限公司（以下简称宏业公司）对涉案工程的已完工工程进行造价鉴定。2017 年 7 月 14 日，宏业公司出具了苏宏鉴定字（2017）001 号司法鉴定预报告书，载明涉案工程总造价为 52687280.62 元，其中甲方代付水电费以及钢材加工场地费用在工程签证、设计变更项目造价中扣除。

2017 年 11 月，一审法院致函宏业公司，变更涉案工程的鉴定依据，将计价依据由备案的大合同变更为补充协议。2018 年 11 月 7 日，宏业公司出具苏宏鉴定字〔2018〕064 号司法鉴定报告书，载明涉案工程总造价为 63347395.51 元；其中相关情况说明载明：（1）涉案工程甲供钢材总用量为 5407.2075 吨；（2）外脚手架搭设与拆除费用单独列项，搭设与拆除费用比例由法院确定。一审法院组织各方对该报告进行质证后，2018 年 12 月 21 日，宏业公司根据质证意见出具了补充意见书，载明经第二次现场勘查后，工程造价调减 78853.76 元，经工程量对量之后，工程造价调增 199170.21 元，工程造价调整为 63467711.96 元，相关情况说明为：（1）涉案工程司法鉴定甲供钢材总用量调整为 5403.6701 吨；（2）外脚手架搭设与拆除费用单独列项（详见正式报告），搭设与拆除费用比例由法院确定；（3）建筑安全监督管理费 98987.82 元 × 95%（下浮 5%）× 1.0341（税金 3.41%），总计为 97245.14 元；（4）已扣除甲供钢材材料信息指导价的平均价格为 4236.28 元/吨。樊某斌为以上两次鉴定分别缴纳鉴定费 44 万元和 21 万元。

原审争议焦点为：（1）樊某斌作为本案原告主体是否适格；（2）本案应以建设工程施工合同还是补充协议作为结算依据；（3）涉案工程总造价是多少；（4）樊某

斌是否享有涉案工程优先受偿权。

关于排污费,樊某斌主张造价中应计取该部分费用,对此,原审法院认为,该费用是规费,投标时应足额计取,结算时则应按照相关行政收费部门实际缴纳费用的票据额来计取。樊某斌未能举证相关票据,应当承担举证不能的责任,该部分费用不予计取,鉴定报告中不含有该部分费用,故该部分无须调整。

一审法院作出判决后,双方当事人均提起上诉。

江南置业公司上诉请求:撤销一审判决,驳回樊某斌的诉讼请求,二审诉讼费用由樊某斌负担。理由为:一审鉴定报告存在严重错误,应当扣除工程款累计1793.42万元。鉴定报告中涉及的多笔款项,江南置业公司均提出异议,认为税金、政府规费等费用应当相应扣除。一审已经查明樊某斌与南京建工集团系非法转包关系,樊某斌显然无法开具发票缴纳税金,也无法缴纳社会保障费和住房公积金等政府规费,上述费用应当扣除。企业利润和企业管理费应当扣除,案涉转包合同无效,根据司法解释规定,仅应计取人工、材料、机械直接费用,不应当支持樊某斌主张的企业利润、管理费等非法所得。转包协议中约定的管理服务费应当扣除。

【裁判理由】

根据原《建设工程施工合同纠纷司法解释》第2条的规定,即使建设工程施工合同无效,但建设工程经竣工验收合格的,承包人有权请求参照合同约定结算工程价款。本案中,樊某斌施工的主体结构工程经江南置业公司组织四方验收合格,故樊某斌有权参照施工合同约定主张工程价款。江南置业公司主张施工合同无效,工程价款中应当扣除税金、规费、利润、管理费的理由不能成立,法院不予支持。

【案例评析】

本案涉及在建设工程施工合同无效的情况下,实际施工人能否取得工程造价鉴定中相关费用的问题,争议焦点为工程价款中税金、规费、利润、管理费的认定。关于此种情况下实际施工人可否取得税金、规费、利润、管理费,一般分为两种观点:其一,认为实际施工人可以取得司法鉴定中的相关费用;其二,认为实际施工人不能取得司法鉴定中的相关费用。对此,江苏省高级人民法院持第一种观点,认为案涉工程经四方验收合格,实际施工人有权参照施工合同约定主张工程价款,工程价款包含税金、规费、利润、管理费。

首先,需要明确工程造价司法鉴定的对象,即工程费用具体包括何种费用。

根据《建筑安装工程费用项目组成》（建标〔2013〕44 号），工程造价费用一般有两种区分方式：其一，按照费用构成要素划分，分为人工费、材料费、施工机具使用费、企业管理费、利润、规费、税金；其二，按照造价形成划分，分为分部分项工程费、措施项目费、其他项目费、规费和税金，其中企业管理费、利润已分摊在分部分项工程费和措施项目费中。因此，无论以哪种方式区分，实际建筑安装工程费用都包括“企业管理费、利润、规费”。

其次，厘清相关费用的性质也十分重要。根据住房和城乡建设部和国家质量监督检验检疫总局联合发布《建设工程工程量清单计价规范》（GB 50500 - 2013），“规费”为根据省级政府或省级有关权力部门规定必须缴纳的，应计入建筑安装工程造价的费用。“税金”为国家税法规定的应计入建筑安装工程造价内的营业税、城市维护建设税及教育费附加等。

采用工程量清单计价的建设工程施工发承包造价由分部分项工程费、措施项目费、其他项目费、规费和税金组成。规费和税金应按国家或省级、行业建设主管部门的规定计算，不得作为竞争性费用。工程造价司法鉴定中关于此类费用的计算也参考此种方法，以江苏省为例，该省司法鉴定一般采用江苏省住房和城乡建设厅印发的《江苏省建设工程费用定额（2014）》中“四、工程费用取费标准及规定”的标准计算企业管理费、利润、规费、税金。

最后，关于无效施工合同中“企业管理费”“利润”“规费”等组成部分该如何裁处，即实际施工人能否凭借司法鉴定报告获得该笔费用，各地法院裁判不一。本案江苏省高级人民法院认可了司法鉴定中关于税金、规费、利润、管理费等相关费用的计取。但同样也有其他法院持相反观点，如湖南省高级人民法院作出的（2016）湘民终 615 号判决，即认为实际施工人为自然人，不具有企业资质，承接工程的行为本就违法，鉴定报告中“工程排污费、职工教育经费、养老保险费和其他规费”应当扣除。

另外，最高人民法院关于“实际投入折价补偿的客观实际”的考量，也同样具有借鉴价值。在（2019）最高法民申 1212 号判决中，同样是建设施工合同无效，一审的司法鉴定报告并未计算工程利润、规费、管理费等费用。对此，最高人民法院认为，建设工程施工合同被认定无效时，承包人对工程建设投入的劳务及建筑材料已经物化到所建设工程之中，因此无法适用合同无效返还财产的处理原则，应当采取折价补偿的处理方式。一审法院中，鉴定机构出具的鉴定报告仅计取直接费，而未计取工程利润、规费、管理费等费用，符合对其实际投入折价补偿的客观实际，并无不当。原《建设工程施工合同纠纷司法解释》第 2 条的规定主要解决在合同无效且竣工验收合格情况下工程价款结算参照合同约定的原则。该案一审的鉴定报告并未计取利润、规费、管理费，故并未适用上述司法解释所确定的参照合同约定的原则。虽然二审法院在说理中提及上述司法解释第 2 条规定，但是在案件审理依据上并未适用该条规定，亦未影响本案的实体处理。

原《建设工程施工合同纠纷司法解释》已经失效，根据 2020 年 12 月 29 日最高人民法院公布的《建设工程施工合同司法解释（一）》第 24 条的规定，沿用了合同无效时，但建设工程质量合格的情况下，可以参照实际履行的合同关于工程价款的约定折价补偿。

【相关依据】

《建设工程施工合同司法解释（一）》（法释〔2020〕25 号）

第二十四条　当事人就同一建设工程订立的数份建设工程施工合同均无效，但建设工程质量合格，一方当事人请求参照实际履行的合同关于工程价款的约定折价补偿承包人的，人民法院应予支持。

实际履行的合同难以确定，当事人请求参照最后签订的合同关于工程价款的约定折价补偿承包人的，人民法院应予支持。

住房和城乡建设部、财政部《关于印发〈建筑安装工程费用项目组成〉的通知》

一、《费用组成》调整的主要内容：

（一）建筑安装工程费用项目按费用构成要素组成划分为人工费、材料费、施工机具使用费、企业管理费、利润、规费和税金。

（二）为指导工程造价专业人员计算建筑安装工程造价，将建筑安装工程费用按工程造价形成顺序划分为分部分项工程费、措施项目费、其他项目费、规费和税金。

裁判规则 2	工期延误损失鉴定报告因依据不足不予采信或部分采信的，法院可依据查明的事实确定工期延误责任及损失

【案例信息】

名称：江阴益茂房地产开发有限公司（以下简称益茂公司）与海天建设集团有

限公司（以下简称海天公司）建设工程施工合同

案号：（2019）苏民终1808号

法院：江苏省高级人民法院

【关联事实】

2011年7月27日，益茂公司向海天公司发出中标通知书，确定海天公司为益茂公司首府花园工程的中标人。

2011年8月，益茂公司（发包人）与海天公司（承包人）签订《建设工程施工合同》一份，约定由海天公司承建益茂公司首府花园项目。承包范围为土建、装修、水电安装、电梯、消防、园林室外工程等总承包。开工日期：2011年8月15日，竣工日期：2013年2月15日，合同工期总日历天数540天，合同价款164301100元。2011年9月8日，双方签订《益茂花都一期主体工程施工合同补充协议一》，载明：双方已签订了《建设工程施工合同》益茂花都一期主体工程及补充协议。

2014年9月9日和10日，海天公司向益茂公司移交了竣工结算申报资料，海天公司送审价为314436767.9元，而益茂公司委托第三方审计后认为结算价应为251758679.11元。双方就结算问题产生争议，遂成讼。

一审中，经海天公司申请，法院就工程造价委托无锡中天造价事务所有限公司（以下简称中天公司）进行鉴定（因双方就桩基工程结算已达成一致意见，故桩基工程不在委托鉴定范围内）。中天公司于2018年6月5日出具的鉴定报告载明首府花园工程造价为259192238.41元（海天公司送鉴金额为297436767.91元，核减38244529.5元）。同时在鉴定情况说明中载明：（1）补充协议附件六中有认质认价的材料，而鉴定资料中无相关双方认可的认质认价单，我司按补充协议第3.1条进行工程造价鉴定。（2）涉案工程造价鉴定（桩基部分不需要鉴定）与乙方报甲方的结算书结算金额不同，未考虑补充协议第12.6.4条。

针对该鉴定结论，海天公司和益茂公司均提出异议。鉴于双方对部分工程量存在争议，一审法院于2018年9月6日组织双方及鉴定人员再次进行现场勘查。

一审中，益茂公司曾申请进行工期鉴定，以确定施工方可顺延的工期天数。一审法院后也委托中天公司对涉案工程中施工方可顺延的工期天数进行鉴定。后中天公司发函要求双方就该部分鉴定补充相应资料，但因当事人补充的资料不齐全，中天公司最终表示无法作出该项目的鉴定。在中天公司退鉴后，海天公司表示其要求对工期延期的原因及相应原因导致的延期天数继续进行鉴定，同时要求对非因其原因造成工期延期,给其造成的停窝工费用进行鉴定。后一审法院委托江苏至衡诚达工程咨询有限公司(以下简称至衡诚达公司)对涉案工程中施工方可以顺延的工期天数以及施工方的停窝工损失进行鉴定。至衡诚达公司于2019年7月28日出具鉴定意见书。

海天公司对上述鉴定意见最终予以认可,并据此主张要求益茂公司赔偿其停窝工损失9537126.24元。益茂公司则对该鉴定意见不认可,认为不应采纳。

一审法院认为,关于益茂公司提出的其他异议问题,鉴定人员已作出了明确的答复,益茂公司也并无充分的证据足以推翻鉴定意见,不予采纳。

益茂公司提起上诉并提供新证据,请求:撤销一审判决,改判驳回海天公司的诉讼请求,支持益茂公司的反诉请求,并由海天公司承担本案一、二审诉讼费用。事实和理由:(1)一审中的工期鉴定未经过合法的摇号方式确定鉴定机构,该鉴定程序违法。(2)一审判决认定益茂公司与海天公司2011年8月签订的037号建设工程施工合同及2010年9月30日签订的补充协议均无效,系适用法律错误。(3)一审判决对本案基础事实认定不清。

二审庭审中,益茂公司称其于2020年11月25日在江阴市城建档案馆调取了涉案工程的实际混凝土、钢筋使用量材料,并委托江苏金港项目管理有限公司于2020年12月2日对中天公司一审中所作工程造价鉴定报告作了分析,依据分析报告,中天公司所作工程造价鉴定报告中应当扣减涉及混凝土、钢筋、模板、自拌砂浆、外墙面未制造钢丝网等项目差额共计27883258.13元,加上益茂公司之前提到的海天公司擅自修改施工方案导致顶板使用反梁结构的差价、现场装饰管线施工与施工图不匹配、未使用模板胶带纸、室内穿线配电箱安装系他人施工等因素所涉及的应扣减差额,涉案工程造价应在中天公司所作工程造价鉴定报告的基础上总计扣减29608750.54元,实际工程结算总价应为229583487.87元。

【裁判理由】

江苏省高级人民法院认为,本案中对于存在的工期延误问题,承包人海天公司系依据至衡诚达公司出具的工期鉴定意见向发包人益茂公司主张赔偿停窝工损失。而即使按照至衡诚达公司所分析的涉案工程工期延误的主要责任不在于海天公司,但仅此也只能认定其无须就未按期竣工一事向益茂公司承担法律责任,而并不能据此当然地得出海天公司在施工过程中存在着停窝工、益茂公司还应予赔偿停窝工损失的结论。关于海天公司主张的停窝工损失问题,仍应结合相应的证据来判断是否存在停窝工的客观事实，而非仅凭鉴定机构的分析意见进行认定。而根据当事人的举证情况，本案中现不足以认定海天公司在施工过程中存在停窝工的事实，一审判决认定益茂公司赔偿海天公司停窝工损失的依据不足。

【案例评析】

本案具体涉及工程质量鉴定和工期鉴定，关于能否依据该工期鉴定意见来认定双方有关工期延误的责任及相关损失，是本案争议焦点之一。二审法院没有直接认定是否采信该工期鉴定报告，而是首先区分了工期延误与工程停窝工的概念，不能仅凭因发包人原因导致了工期延误而直接推导出承包人存在停工、窝工情形的结论，在承包人主张停窝工损失时，其有责任提供充分、有效的证据来证明具体的停窝工事实以及相关的损失情况。本案一审依据至衡诚达公司出具的工期鉴定意见，判决认定益茂公司赔偿海天公司停窝工损失，但二审法院认为该鉴定意见不足以认定益茂公司停窝工及其造成的损失。至衡诚达公司一审中就工期问题所出具的鉴定意见可以证明涉案工程工期延误的主要责任在于益茂公司，但对于海天公司提出的停窝工问题，仍缺乏有效证据证明有关停窝工的客观事实。二审法院根据已经查明的事实，分析本案发承包人在工期方面的权利义务，确定工期延误责任及损失。

由于建设工程合同的复杂性，涉及建工的司法鉴定很难有唯一标准或答案，哪怕目前已经较为成熟的工程造价司法鉴定。因为专业人员素质参差、理论积累不足、工程工期管理意识薄弱等，当前就工期、工期延误、工期鉴定则存在更多的争议。在司法实务中，应警惕“以鉴代审”的思维，在工期鉴定报告不足以证明工期延误损失时，不应采信，法院需根据查明的事实认定责任，区分发承包人存在的主要责任和次要责任。可能的工期延误原因包括现场施工人员不足，未满足技术标准、施工组织设计要求，擅自签订十一份工程分包合同等。

建设工程工期鉴定的范围主要包括三个方面：其一，工期延误原因（设计变更、施工条件变化、新增工程量）；其二，工期延误天数（具体天数、工期延误分析方法）；其三，因工期延误产生的损失。而至于工期延误责任主体、工期延误法律后果的认定，鉴定机构无权就此出具意见，此乃司法机关的职责。

目前，建设部关于工程造价鉴定机构的资质有所规定，但并没有对工期鉴定设定资质类别或强调资质门槛。《工程造价咨询企业管理办法》第 15 条规定：“准予资质许可的，资质许可机关应当向申请人颁发工程造价咨询企业资质证书。工程造价咨询企业资质证书由国务院建设主管部门统一印制，分正本和副本。正本和副本具有同等法律效力。工程造价咨询企业遗失资质证书的，应当在公众媒体上声明作废后，向资质许可机关申请补办。”当前我国法律、法规尚未规定工期鉴定的资质，但监理机构具有工期的执业范围。

在建设工程施工合同纠纷案件中，工期争议较为常见，但进行了工期鉴定的案件却很少，主要是因为建设工程施工周期漫长、工序繁杂，直接认定工期延期的责任承担主体存在一定难度。当事人提出鉴定时，常常存在法院对该鉴定申请依法不予准许的情况。工期鉴定的关键在于证据，如当事人证据提交不充分，则法院可能不予准许鉴定申请，也可能在采信鉴定意见的基础上作出不利于当事人的认定。

【相关依据】

《建筑法》

第三十二条 建筑工程监理应当依照法律、行政法规及有关的技术标准、设计文件和建筑工程承包合同，对承包单位在施工质量、建设工期和建设资金使用等方面，代表建设单位实施监督。

工程监理人员认为工程施工不符合工程设计要求、施工技术标准和合同约定的，有权要求建筑施工企业改正。

工程监理人员发现工程设计不符合建筑工程质量标准或者合同约定的质量要求的，应当报告建设单位要求设计单位改正。

《工程造价咨询企业管理办法》

第十五条 准予资质许可的，资质许可机关应当向申请人颁发工程造价咨询企业资质证书。

工程造价咨询企业资质证书由国务院住房城乡建设主管部门统一印制，分正本和副本。正本和副本具有同等法律效力。

工程造价咨询企业遗失资质证书的，应当向资质许可机关申请补办，由资质许可机关在官网发布信息。

裁判规则3　“以审计价为准”作为结算依据的，可否启动司法鉴定

【案例信息】

名称：广东省建筑工程机械施工有限公司（以下简称广东建筑公司）、滨海县交通运输局（以下简称滨海交通局）建设工程施工合同纠纷

案号：（2017）苏民终1855号（审判时间：2020年1月17日）

法院：江苏省高级人民法院

【关联事实】

2009年10月23日，广东建筑公司与滨海交通局经招投标程序签订《合同书》。合同约定：当工程量发生变更或原工程量清单提供数量与实际不符时，工程量数量按业主代表和监理工程师签证的数量执行，价格应执行中标人工程量清单中所报单价。如果中标人工程量清单中没有对应项目的单价，则根据投标人在投标期间采用的材料单价和费率执行，最终决算以审计部门审计结论为准。

在滨海交通局递交给广东建筑公司的施工图中不含有中山河大桥工程。

2010年3月16日，江苏康泰工程咨询监理有限公司开具开工令。2010年4月29日，广东建筑公司签收开工令。在开工令发出前及施工过程中，双方为解决施工中取土坑未确定、征地补偿未落实、村民阻拦施工、施工图设计变更以及要求及时复工等问题，曾有多份函件往来，进行沟通联系。

工程款的支付为按月计量拨付70%，在工程交工验收合格后一年拨付15%，在工程交工验收合格后两年再拨付15%，工期294日历天。当工程量发生变更或原工程量清单提供数量与实际不符时，工程量数量按业主代表和监理工程师签证的数量执行，价格应执行中标人工程量清单中所报单价。如果中标人工程量清单中没有对应项目的单价，则根据投标人在投标期间采用的材料单价和费率执行，最终决算以审计部门审计结论为准。

2011年11月9日，广东建筑公司向滨海交通局和监理单位提交《工程交工验收申请报告》，载明“本公司承建的滨海北疏港公路工程K0+000—K11+676路段已完成全部的施工任务，并于2011年10月9日开放交通。工程经自检达到合格要求，具备交工验收条件，申请交工”。

2013年1月19日，该工程交工验收合格。

2013年5月17日，滨海交通局签收了广东建筑公司编制的《北疏港公路工程

(K0 +000—K11 +676)结算书》。

2013 年 11 月 7 日、12 月 8 日,滨海县审计局收取滨海交通局递交的工程审计资料。但至今未作出审计结论。

本案在诉讼过程中,滨海交通局曾于 2014 年 4 月 8 日向广东建筑公司发出通知,要求对北疏港公路工程(省道 327 以南段)继续施工。广东建筑公司回复“我司就北疏港公路工程相关问题已起诉至江苏省高级人民法院,一切待由法院审定”。在一审法院审理过程中广东建筑公司认为因材料、人工均已发生重大变化,不同意继续施工。

2014 年 4 月 29 日在本案诉讼过程中,滨海交通局提出翻身河大桥存在质量问题,要求广东建筑公司承担返修责任。

2011 年 11 月 9 日,广东建筑公司向滨海交通局和监理单位提交《工程交工验收申请报告》,载明“本公司承建的滨海北疏港公路工程 K0 +000—K11 +676 路段已完成全部的施工任务,并于 2011 年 10 月 9 日开放交通。工程经自检达到合格要求,具备交工验收条件,申请交工”。

2012 年 9 月 20 日,滨海北疏港公路建设管理办公室向盐城市交通工程质量监督站出具《关于盐城滨海港区北疏港公路工程交工验收的申请报告》,载明“该工程于 2011 年 10 月建成通车”“目前施工单位自检合格,竣工文件已编制完成,现具报告,申请组织交工验收”。

2013 年 1 月 19 日,该工程交工验收合格。

2013 年 5 月 17 日,滨海交通局签收了广东建筑公司编制的《北疏港公路工程(K0 +000—K11 +676)结算书》。

2013 年 11 月 7 日、12 月 8 日,滨海县审计局收取滨海交通局递交的工程审计资料。但至今未作出审计结论。

本案在诉讼过程中,滨海交通局曾于 2014 年 4 月 8 日向广东建筑公司发出通知,要求对北疏港公路工程(省道 327 以南段)继续施工。广东建筑公司回复“我司就北疏港公路工程相关问题已起诉至江苏省高级人民法院,一切待由法院审定”。在一审法院审理过程中广东建筑公司认为因材料、人工均已发生重大变化,不同意继续施工。

2014 年 4 月 29 日在本案诉讼过程中,滨海交通局提出翻身河大桥存在质量问题,要求广东建筑公司承担返修责任。

江苏省高级人民法院(2014)苏民初字第0004号民事裁定认为:“本案庭审已查明,广东建筑公司与滨海交通局2009年10月23日签订的《合同书》第四条明确约定:当工程量发生变更或原工程量清单提供数量与实际不符时,工程量数量按业主代表和监理工程师签证的数量执行,价格应执行中标人工程量清单中所报单价。如果中标人工程量清单中没有对应项目的单价,则根据投标人在投标期间采用的材料单价和费率执行,最终决算以审计部门审计结论为准。……本案所涉工程属于政府投资项目,当事人在相关合同中对接受行政审计作为确定民事法律关系依据的约定具体明确。滨海交通局庭审中提供的,滨海县审计局2014年8月12日出具的《关于北疏港道路工程造价审计有关情况的函》表明,滨海县审计局已于2013年12月8日接收了滨海交通局关于涉案工程造价的审计材料,涉案工程正在审计之中。广东建筑公司在审计结论尚未明确时,提起本案之诉,起诉条件尚未成就。当事人双方应按合同约定,积极配合审计工作。审计部门出具审计报告后,如有异议,可再行主张权益”。并裁定:驳回广东建筑公司的起诉。

最高人民法院(2014)民一终字第317号民事裁定认为,“本案为建设工程施工合同纠纷,双方系因工程款的明确和支付发生的纠纷。广东建筑公司与滨海交通局双方签订的《合同书》第四条约定:‘如果中标人工程量清单中没有对应项目的单价,则根据投标人在投标期间采用的材料单价和费率执行,最终决算以审计部门的审计结论为准’。因此,双方对于合同价款约定:‘依照投标人在投标期间采用的材料单价和费率执行。’该约定明确‘变更项目在工程量清单中没有对应项目的单价时,以审计部门的审计结论为准’。由于迟迟没有审计结论,引发本案纠纷。一审裁定以本案‘接收行政审计作为确定民事法律关系的依据约定明确’为由,驳回上诉人对本案的起诉,无事实和法律依据。同时双方在合同中并未明确约定审计机关,因此也不能以滨海县审计局的审计结论尚未作出为理由,驳回原告起诉。本案的起诉符合民事诉讼法第一百一十九条的规定,应当予以受理。综上,一审裁定认定事实不清,适用法律错误。上诉人的上诉有理,本院予以支持。根据《中华人民共和国民事诉讼法》第一百七十条第一款第(二)项之规定,裁定如下:一、撤销江苏省高级人民法院(2014)苏民初字第004号民事裁定;二、本案由江苏省高级人民法院继续审理。”

本案一审和二审中,滨海交通局都提出本案不应启动工程造价的司法鉴定,认为"《工程造价咨询报告书》不应采信,理由在于:合同内固定单价部分,可以按照工程量清单和单价直接结算,不应纳入鉴定范围。合同外部分,双方约定以行政审计结论为准,法院不应启动工程造价鉴定程序。鉴定成员组成不合法,沈文康不具备公路工程造价资质,鉴定人员钱伟彪系临时增加。鉴定依据错误,《补充协议书》不应作为鉴定依据"。

【裁判理由】

关于本案是否应当启动工程造价司法鉴定的问题,江苏省高级人民法院认为,涉案工程的工程量在合同签订后发生了重大变化,工程价款需要通过专业造价鉴定予以确定。虽然《合同书》中有"最终决算以审计部门审计结论为准"的表述,但并未明确该处的审计部门为滨海县审计局。涉案工程已于 2011 年 10 月建成通车,滨海县审计局因种种原因在本案一审中仍未能出具审计报告,为及时解决涉案纠纷,一审法院依广东建筑公司的申请启动工程造价司法鉴定并无不当。滨海交通局关于合同内部分不应纳入鉴定范围,合同外部分应以行政审计为准,本案不应启动工程造价司法鉴定的上诉主张,不能成立。

【案例评析】

原《建设工程施工合同纠纷司法解释》第 20 条规定,即"当事人约定,发包人收到竣工结算文件后,在约定期限内不予答复,视为认可竣工结算文件的,按照约定处理。承包人请求按照竣工结算文件结算工程价款的,应予支持"。在《建设工程施工合同司法解释(一)》第 21 条仍沿用此规定。

而本案所言"审计部门审计结论",并不是送审价,而是审计价。送审价指工程完工后,施工单位或承包人报送的结算价经建设单位、监理初审后的工程造价,待报中介或财政评审单位审核,此为"送审价"。"送审价"经中介机构或财政评审单位审核后的,此为"审定价",如是政府工程还要经二次审计,此为最终审核价,或"审计价"。"审价"和"审计"虽然只有一字之差,但两者大相径庭。"审计",一般适用于政府项目,是指国家行政主管机关在项目竣工试运行后,由国家审计机关对其财务收支、投资效益、投资质量、国有资金运行状况等,按照审计机构的有关规定进行审核评价,主要是履行行政监督。"审价",一般是用于所有项目,包括社会项目和政府项目,是指中介机构在工程项目竣工验收后,根据合同、法律法规固定或国家定额等资料,对工程进行结算的工作。《审计法》第 2 条规定，国家实行审计监督制度。第21条规定，审计机关对国家的事业组织和使用财政资金的其他事业组织的财务收支，进行审计监督。由此可见，审计并不是一种简单的财务收支审核，更是对国有资产运行和国家企事业单位纪律的监督行为，所以，本案一审法院认为，"严格来说，审计监督在性质上是一种行政监督"。

如上所述，本案当事人约定的"审计部门审计结论"，为审计价，实际并不符合最高人民法院《关于审理建设工程施工合同纠纷案件适用法律问题的解释》第21条的规定。由于承包人原因，审计单位迟迟无法出具审计报告，为及时解决涉案纠纷，法院依申请启动工程造价司法鉴定并无不当。

【相关依据】

《审计法》

第二条　国家实行审计监督制度。坚持中国共产党对审计工作的领导，构建集中统一、全面覆盖、权威高效的审计监督体系。

国务院和县级以上地方人民政府设立审计机关。

国务院各部门和地方各级人民政府及其各部门的财政收支，国有的金融机构和企业事业组织的财务收支，以及其他依照本法规定应当接受审计的财政收支、财务收支，依照本法规定接受审计监督。

审计机关对前款所列财政收支或者财务收支的真实、合法和效益，依法进行审计监督。

第二十一条　审计机关对国家的事业组织和使用财政资金的其他事业组织的财务收支，进行审计监督。

《建设工程施工合同司法解释（一）》（法释〔2020〕25号）

第二十一条　当事人约定，发包人收到竣工结算文件后，在约定期限内不予答复，视为认可竣工结算文件的，按照约定处理。承包人请求按照竣工结算文件结算工程价款的，应予支持。

《建设工程价款结算暂行办法》

第十六条　发包人收到竣工结算报告及完整的结算资料后，在本办法规定或合同约定期限内，对结算报告及资料没有提出意见，则视同认可。

承包人如未在规定时间内提供完整的工程竣工结算资料，经发包人催促后14天内仍未提供或没有明确答复，发包人有权根据已有资料进行审查，责任由承包人自负。

根据确认的竣工结算报告,承包人向发包人申请支付工程竣工结算款。发包人应在收到申请后15天内支付结算款,到期没有支付的应承担违约责任。承包人可以催告发包人支付结算价款,如达成延期支付协议,承包人应按同期银行贷款利率支付拖欠工程价款的利息。如未达成延期支付协议,承包人可以与发包人协商将该工程折价,或申请人民法院将该工程依法拍卖,承包人就该工程折价或者拍卖的价款优先受偿。

裁判规则4 补充鉴定与重新鉴定的分野

【案例信息】

名称:浙江东城建筑工程有限公司(以下简称东城公司)、临海市开泰置业有限公司(以下简称开泰公司)建设工程合同纠纷

案号:(2018)浙民再308号

法院:浙江省高级人民法院

【关联事实】

2007年5月12日,双方当事人签订建设工程施工合同,约定:开泰公司将"临海开泰山水人家"1-20号住宅楼土建工程发包给东城公司施工,合同工期总日历天数541(桩基工程日期另计)天,合同价款人民币38180000元,双方就合同的权利义务进行了约定。2007年7月,开泰公司作为投标人将该工程在临海市招投标中心通过邀请招标方式进行招标,招标文件备案登记号为:建招备(2007)46号。后东城公司中标,双方当事人于2007年9月3日签订建设工程施工合同,该份合同在临海市建设工程招标投标管理站进行了备案。

2008年11月21日,临海市建设规划局对东城公司在施工中使用不合格钢筋进行停业整改、罚款等行政处罚。小区部分购房户对14-20号楼工程质量存在怀疑,要求相关部门对此进行检测。2009年4月22日,双方当事人及浙××汇工程设计有限公司、浙江山水建设监理有限公司就上述检测问题形成会议纪要,由开泰公司委托省建科院进行鉴定,此次鉴定费用由开泰公司负担。后开泰公司委托浙江省建设工程质量检验站有限公司对小区14号楼工程质量进行检测鉴定,该公司于2009年6月9日出具安全性检测鉴定报告,鉴定结果为合格。2011年1

月 15 日，双方当事人就钢筋、水泥价格调整方式、部分工程量需要重新计算、部分工程量增加形成会议纪要。2011 年 5 月 23 日，案涉工程竣工验收。

根据东城公司的申请，该院委托建工公司对案涉工程总造价及施工工期进行鉴定，东城公司花费鉴定费 336429 元，该公司作出鉴定报告。

一审法院作出（2014）台临民重字第 13 号民事判决，后东城公司上诉，请求：撤销一审判决，依法改判。

其中，关于浙江天易工程咨询有限公司（以下简称天易公司）天易咨询〔2016〕74 号《司法鉴定意见书》，东城公司认为其鉴定程序违法，法院不应采信。关于本案鉴定程序是否合法的问题，二审法院认为，根据 2017 年《民事诉讼法》第 76 条与 2015 年《民事诉讼法解释》第 121 条之规定，当事人有权就查明事实的专门性问题向人民法院申请司法鉴定，法院应当根据案件审理的需要对其中与待证事实相关联的事项依法定程序委托司法鉴定机构进行鉴定。本案双方当事人就诉争工程的造价结算、工期延误责任以及东城公司的停窝工损失责任等事项存在争议，一审法院根据当事人的申请依法委托建工公司、天易公司对上述相关事项进行司法鉴定，建工公司、天易公司亦依照一审法院的委托事项与要求作出相应司法鉴定意见，两份司法鉴定意见经一审庭审质证，东城公司未能提供足够证据否定其证明效力，且该鉴定程序合法，鉴定机构和鉴定人员均具备相关鉴定资格，故一审法院对该鉴定结论予以采信并无不当。

之后，东城公司申请再审，请求撤销一、二审判决，改判驳回开泰公司的诉讼请求、支持东城公司的反诉请求，或发回重审；本案一、二审诉讼费及鉴定费由开泰公司负担。其中对于台州市建工造价咨询有限公司（以下简称建工公司）台建工鉴字〔2014〕00001 号《工程造价咨询报告书》、浙江天易工程咨询有限公司（以下简称天易公司）天易咨询〔2016〕74 号《司法鉴定意见书》，东城公司主张无效。理由如下：（1）一、二审均未通知两次鉴定的鉴定人出庭接受质询，鉴定程序违法。（2）临海市人民法院重新审理时已准许东城公司的重新鉴定申请，故台建工鉴字〔2014〕00001 号《工程造价咨询报告书》失效，不能作为判决依据……

东城公司在再审中向法院提交了重新鉴定申请书，要求对诉争工程造价、因开泰公司原因造成工期延长的期间、法定顺延工期的期间进行重新鉴定，确定应当扣除的工期期间，并对因开泰公司原因造成的工程停窝工时间以及由此造成的东城公司的损失进行重新鉴定。开泰公司表示，不同意东城公司前述重新鉴定申请。

再审法院委托建工公司对临海开泰山水人家住宅小区工程总造价以双方2007年5月12日签订的建设工程施工合同为结算依据进行补充鉴定。

【裁判理由】

本院经审核认为，双方当事人在诉讼过程中一致确认双方实际履行的是2007年5月12日签订的建设工程施工合同，现建工公司回复意见确认其系采用2007年9月3日的中标备案合同作为结算依据进行司法鉴定，原审采纳该鉴定结论，确定诉争工程造价为42156263元不当。本院据此委托建工公司对临海开泰山水人家住宅小区工程总造价以双方2007年5月12日签订的建设工程施工合同为结算依据进行补充鉴定。

【案例评析】

本案具体涉及建设工程合同纠纷中，对鉴定意见的瑕疵，人民法院采取何种补救方法及其考量的问题。其中，最重要的是补充鉴定与重新鉴定的区分。本案再审申请人对案涉鉴定报告的鉴定程序提出了异议，认为建工公司出具台建工鉴字〔2014〕00001号《工程造价咨询报告书》、天易公司出具天易咨询〔2016〕74号《司法鉴定意见书》应属无效，请求重新鉴定。再审法院也认为原鉴定报告系采用2007年9月3日的中标备案合同作为结算依据而形成，该合同无效，故而原审采纳该鉴定结论视为不当。然而，再审法院没有允许重新鉴定的申请，而是依职权委托建工公司进行补充鉴定。

在建设工程合同纠纷中，当事人或代理律师收到不利于己方的鉴定意见后，都会采取一定的方法进行补救，或提出质证意见及质疑，或申请重新鉴定，或申请补充鉴定。提出质证意见及质疑，可能会流于形式，使当事人无从申辩。一般而言，法院委托鉴定结论的公信力较高，相应地，案件当事人申请重新鉴定的难度则更大。虽然本案再审法院没有说明不予准许重新鉴定的理由，但根据最高人民法院《关于民事诉讼证据的若干规定》第27条第1款（2019年修正后为第40条第1款）规定可知，本案不属于依法应当重新鉴定的情形，即（1）鉴定人不具备相应资格的；（2）鉴定程序严重违法的；（3）鉴定意见明显依据不足的；（4）鉴定意见不能作为证据使用的其他情形。该条提出，补正、补充鉴定或者补充质证、重新质证等方法可以弥补先前鉴定意见瑕疵的情况下，人民法院可以不予准许当事人重新鉴定的申请。原鉴定报告仅是结算依据不同，不属于以上情况，可以通过补充鉴定弥补瑕疵。

那么，补充鉴定的启动条件是什么呢？《司法鉴定程序通则》和《建设工程造价鉴定规范》（GB/T 51262－2017）对此有所规定，总结为以下几项：其一，原委托鉴定事项有遗漏的；其二，委托人就同一委托鉴定事项提供新的鉴定材料的；其三，委托人增加新的鉴定要求的；其四，鉴定人通过出庭作证，或自行发现有缺陷的；其五，其他需要补充鉴定的情形。

有学者认为，补充鉴定与重新鉴定的区别主要在于补充鉴定针对鉴定技术缺陷，而重新鉴定针对法律缺陷。鉴定技术缺陷，诸如鉴定报告中的计算错误、数据错误等，可采取补充鉴定进行补正。法律缺陷，诸如鉴定依据的证据材料未经质证、鉴定意见与鉴定事项不符、未按法院确定的鉴定方法鉴定、鉴定机构或人员缺乏资质或未回避等严重程序违法等情形，此类缺陷涉及司法程序，难以通过补充鉴定纠正，应当重新鉴定。此种观点有一定合理性，还应注意的是，《补充鉴定意见》不是对原委托鉴定意见的否定，而是进一步说明，是原委托鉴定的组成部分，应当继续由原司法鉴定机构进行补充鉴定。

浙江省高级人民法院民事审判第一庭《关于审理建设工程施工合同纠纷案件若干疑难问题的解答》（浙法民一〔2012〕3 号）第 17 条提出，“人民法院应避免随意、盲目委托鉴定和不必要的多次、重复鉴定。根据双方当事人的合同约定或者现有证据，足以认定工程量和工程价款的，不应再就工程价款委托鉴定”。从上述规定可以看出，为节省司法资源、尽快定分止争，司法机关对于建设工程合同纠纷司法鉴定的态度确定：能不重新鉴定的，便不重新鉴定；可以不全部鉴定的，仅就争议部分鉴定；通过补充鉴定可以弥补原鉴定意见的，就不再启动重新鉴定。

【相关依据】

最高人民法院《关于民事诉讼证据的若干规定》

第四十条 当事人申请重新鉴定，存在下列情形之一的，人民法院应当准许：

（一）鉴定人不具备相应资格的；

（二）鉴定程序严重违法的；

（三）鉴定意见明显依据不足的；

（四）鉴定意见不能作为证据使用的其他情形。

存在前款第一项至第三项情形的，鉴定人已经收取的鉴定费用应当退还。拒不退还的，依照本规定第八十一条第二款的规定处理。

对鉴定意见的瑕疵，可以通过补正、补充鉴定或者补充质证、重新质证等方法解决的，人民法院不予准许重新鉴定的申请。

重新鉴定的，原鉴定意见不得作为认定案件事实的根据。

《司法鉴定程序通则》

第三十条 有下列情形之一的，司法鉴定机构可以根据委托人的要求进行补充鉴定：

（一）原委托鉴定事项有遗漏的；

（二）委托人就原委托鉴定事项提供新的鉴定材料的；

（三）其他需要补充鉴定的情形。

补充鉴定是原委托鉴定的组成部分，应当由原司法鉴定人进行。

第三十一条 有下列情形之一的，司法鉴定机构可以接受办案机关委托进行重新鉴定：

（一）原司法鉴定人不具有从事委托鉴定事项执业资格的；

（二）原司法鉴定机构超出登记的业务范围组织鉴定的；

（三）原司法鉴定人应当回避没有回避的；

（四）办案机关认为需要重新鉴定的；

（五）法律规定的其他情形。

《建设工程造价鉴定规范》（GB/T 51262－2017）

5.12.1 有下列情形之一的，鉴定机构应进行补充鉴定：

1 委托人增加新的鉴定要求的；

2 委托人发现委托的鉴定事项有遗漏的；

3 委托人就同一委托鉴定事项又提供或者补充了新的证据材料的；

4 鉴定人通过出庭作证，或自行发现有缺陷的；

5 其他需要补充鉴定的情形。

5.12.2 补充鉴定是原委托鉴定的组成部分。补充鉴定意见书中应注明与原委托鉴定事项相关联的鉴定事项；补充鉴定意见与原鉴定意见明显不一致的，应说明理由，并注明应采用的鉴定意见。

裁判规则5　单方委托而形成的鉴定意见是否具有证明力

【案例信息】

名称：江阴益茂房地产开发有限公司（以下简称益茂公司）与海天建设集团有限公司（以下简称海天公司）建设工程施工合同纠纷

案号：（2019）苏民终1808号

法院：江苏省高级人民法院

【关联事实】

2011年7月27日，益茂公司向海天公司发出中标通知书，确定海天公司为益茂公司首府花园工程的中标人。

2011年8月，益茂公司（发包人）与海天公司（承包人）签订《建设工程施工合同》一份，约定由海天公司承建益茂公司首府花园项目。承包范围为土建、装修、水电安装、电梯、消防、园林室外工程等总承包。开工日期：2011年8月15日，竣工日期：2013年2月15日，合同工期总日历天数540天，合同价款164301100元。2011年9月8日，双方签订《益茂花都一期主体工程施工合同补充协议一》，载明：双方已签订了《建设工程施工合同》益茂花都一期主体工程及补充协议。

2014年9月9日和9月10日，海天公司向益茂公司移交了竣工结算申报资料，海天公司送审价为314436767.9元，而益茂公司委托第三方审计后认为结算价应为251758679.11元。双方就结算问题产生争议，遂成讼。

一审中，经海天公司申请，法院就工程造价委托无锡中天造价事务所有限公司（以下简称中天公司）进行鉴定（因双方就桩基工程结算已达成一致意见，故桩基工程不在委托鉴定范围内）。中天公司于2018年6月5日出具的鉴定报告载明首府花园工程造价为259192238.41元（海天公司送鉴金额为297436767.91元，核减38244529.5元）。同时在鉴定情况说明中载明：（1）补充协议附件六中有认质认价的材料，而鉴定资料中无相关双方认可的认质认价单，我司按补充协议第3.1条进行工程造价鉴定。（2）涉案工程造价鉴定（桩基部分不需要鉴定）与乙方报甲方的结算书结算金额不同，未考虑补充协议第12.6.4条。

针对该鉴定结论，海天公司和益茂公司均提出异议。鉴于双方对部分工程量存在争议，一审法院于2018年9月6日组织双方及鉴定人员再次进行现场勘查。

一审中，益茂公司曾申请进行工期鉴定，以确定施工方可顺延的工期天数。

一审法院审理后也委托中天公司对涉案工程中施工方可顺延的工期天数进行鉴定。后中天公司发函要求双方就该部分鉴定补充相应资料，但因当事人补充的资料不齐全，中天公司最终表示无法作出该项目的鉴定。在中天公司退鉴后，海天公司表示其要求对工期延期的原因及相应原因导致的延期天数继续进行鉴定，同时要求对非由于其原因造成工期延期，给其造成的停窝工费用进行鉴定。后一审法院委托江苏至衡诚达工程咨询有限公司（以下简称至衡诚达公司）对涉案工程中施工方可以顺延的工期天数以及施工方的停窝工损失进行鉴定。至衡诚达公司于2019年7月28日出具鉴定意见书。

海天公司对上述鉴定意见最终予以认可，并据此主张要求益茂公司赔偿其停窝工损失9537126.24元。益茂公司则对该鉴定意见不认可，认为不应采纳。

一审法院认为，关于益茂公司提出的其他异议问题，鉴定人员已作出了明确的答复，益茂公司也并无充分的证据足以推翻鉴定意见，不予采纳。

益茂公司提起上诉并提供新证据，请求：撤销一审判决，改判驳回海天公司的诉讼请求，支持益茂公司的反诉请求，并由海天公司承担本案一、二审诉讼费用。事实和理由：(1)一审中的工期鉴定未经过合法的摇号方式确定鉴定机构，该鉴定程序违法。(2)一审判决认定益茂公司与海天公司2011年8月签订的037号建设工程施工合同及2010年9月30日签订的补充协议均无效，系适用法律错误。(3)一审判决对本案基础事实认定不清。

二审庭审中，益茂公司称其于2020年11月25日在江阴市城建档案馆调取了涉案工程的实际混凝土、钢筋使用量材料，并委托江苏金港项目管理有限公司于2020年12月2日对中天公司一审中所作工程造价鉴定报告作出分析，依据分析报告，中天公司所作工程造价鉴定报告中应当扣减涉及混凝土、钢筋、模板、自拌砂浆、外墙面未制造钢丝网等项目差额共计27883258.13元，加上益茂公司之前提到的海天公司擅自修改施工方案导致顶板使用反梁结构的差价、现场装饰管线施工与施工图不匹配、未使用模板胶带纸、室内穿线配电箱安装系他人施工等因素所涉及的应扣减差额，涉案工程造价应在中天公司所作工程造价鉴定报告的基础上总计扣减29608750.54元，实际工程结算总价应为229583487.87元。

【裁判理由】

关于争议焦点(2)一审判决对涉案工程造价的认定是否正确。江苏省高级人民法院认为，一审法院根据当事人的申请对涉案工程造价委托中天公司进行鉴定，中天公司具有相应的鉴定资质，所作鉴定报告的具体依据、鉴定方法等均不违反法律规定，就益茂公司与海天公司对鉴定意见所提出的异议，鉴定人员亦给出了详尽的答复，故该鉴定意见可以作为认定案件事实的依据。

至于二审中益茂公司提出的其委托江苏金港项目管理有限公司对中天公司所作的工程造价鉴定报告进行分析，认为中天公司的鉴定报告中应当扣减29608750.54元的意见，该分析报告系益茂公司单方委托形成，其中并无新的事实或依据推翻一审中的司法鉴定意见。本院对该分析报告的证明力不予采信，益茂公司的该项上诉理由不能成立。

【案例评析】

本案例涉及鉴定意见的证明力及其采信的问题。益茂公司在二审中另行委托江苏金港项目管理有限公司对中天公司所作的工程造价鉴定报告进行分析，被二审法院认定为不具有证明力，原因有二：其一，该报告系单方委托形成；其二，该报告不涉及新的证据或事实。该报告是否属于“鉴定意见”暂且不论，不管是在诉讼前形成，还是诉讼中形成，一般单方委托而形成的的鉴定意见，很难会被认为具有证明力，得到法院采信。

我国法律、法规并未明确规定单方鉴定在我国民事诉讼中的法律性质或地位，但是实践中却并未禁止，也产生了大量关于单方鉴定的启动、举证、质证、采信的案例。

关于单方委托而形成的鉴定意见的性质。根据是否经过法院的委托或鉴定，鉴定可分为诉讼内鉴定和诉讼外鉴定。“诉讼内鉴定”指诉讼过程中，经当事人申请，由法院直接委托专门的鉴定机构或具有专门知识的人对有争议的专门性问题进行的鉴定。“诉讼外鉴定”指不经过法院的委托或指定，诉讼当事人单方委托或共同委托鉴定。本案中，对案涉工程的工程造价鉴定和工期鉴定则是经过当事人申请，由法院委托鉴定机构而为的“诉讼内的鉴定”，二审中一方当事人益茂公司单方委托的鉴定则是“诉讼外鉴定”。在实践中，两者的不同更多地在于法律性质和证明力。

诉讼外的鉴定既可能发生在诉讼前，也可能是诉讼过程中，而关于其性质，学术界存在不同的认识。有观点认为，其不属于《民事诉讼法》规定的鉴定意见，也不属于书证，仅仅是当事人陈述的一种特殊情形。在本案中，根据江苏省高级人民法院的表述，应持此种观点。

关于单方委托而形成的鉴定意见的证明力。《建设工程施工合同司法解释（一）》第30条规定，“当事人在诉讼前共同委托有关机构、人员对建设工程造价出具咨询意见,诉讼中一方当事人不认可该咨询意见申请鉴定的,人民法院应予准许,但双方当事人明确表示受该咨询意见约束的除外”。此规定即明确,当事人共同委托有关机构、人员对建设工程出具鉴定意见的,只要不是通过诉讼中人民法院委托鉴定机构的方式进行,其所形成的意见,一般不具备鉴定意见的证明力。双方当事人合意而在诉讼外共同委托鉴定机构的,通过委托合同等书面形式等明确表示,人民法院会尊重当事人的意思自治,采信该鉴定意见。

但单方委托而形成的鉴定意见并非完全不具有证明力。最高人民法院《关于民事诉讼证据的若干规定》第 41 条规定,“对于一方当事人就专门性问题自行委托有关机构或者人员出具的意见,另一方当事人有证据或者理由足以反驳并申请鉴定的,人民法院应予准许”。对于单方委托而作出的鉴定意见,并非均不能作为定案依据,应根据案件的具体情况决定是否采信:其一,自行委托的鉴定机构需要具备相应的鉴定资质,否则不被法院采信;其二,该鉴定结论不存在瑕疵且对方当事人没有提出足以反驳的证据对抗该鉴定结论的,该鉴定结论具有证据力;其三,对方当事人有足以反驳单方委托形成的鉴定结论的证据,但不申请重新鉴定的,该鉴定结论具有证据力。

【相关依据】

《建设工程施工合同司法解释(一)》(法释〔2020〕25 号)

第三十条 当事人在诉讼前共同委托有关机构、人员对建设工程造价出具咨询意见,诉讼中一方当事人不认可该咨询意见申请鉴定的,人民法院应予准许,但双方当事人明确表示受该咨询意见约束的除外。

最高人民法院《关于民事诉讼证据的若干规定》

第四十一条 对于一方当事人就专门性问题自行委托有关机构或者人员出具的意见,另一方当事人有证据或者理由足以反驳并申请鉴定的,人民法院应予准许。

裁判规则 6	当事人明确约定工程价款的结算以行政审计作为依据的,可否启动司法鉴定

【案例信息】

名称:丁某夫与深圳市中深建装饰设计工程有限公司(以下简称中深建公

司)、深圳市中深建装饰设计工程有限公司江苏分公司(以下简称深圳装饰江苏公司)等建设工程施工合同纠纷

案号:(2020)苏民申110号

法院:江苏省高级人民法院

【关联事实】

2013年6月14日,地铁公司与中深建公司以招投标方式签订《南京地铁十号线车站公共区装修工程(D10－TB02标)合同文件》(以下简称合同文件),约定:中深建公司承包南京地铁十号线车站公共区装修工程(D10－TB02标)。合同文件第17.4条约定进度款计付方式为:业主方在接到监理工程师期中支付证书14天内审批合格后,并在审批合格后28天内支付该期进度款给承包商,进度款应扣除质保金和审计预留金,审计预留金为当期已批准工程量价款扣除甲供材料金额的6%。合同文件第17.6条约定的竣工结算方式为:颁发单位工程验收意见后56天内或业主同意的任何时间,承包商按业主规定格式向监理工程师提交竣工结算文件,如监理工程师不同意或不能证实该竣工结算文件中某部分,承包商应予修改,并向监理工程师提交经修改的竣工结算文件,监理工程师就竣工结算文件中无争议的部分向业主开具期末支付证书;业主收到监理工程师期末支付证书后56天内,应组织审核竣工结算文件和期末支付证书,并对其中仍存争议的部分与承包商和监理工程师进行协商并达成一致,如仍然不能达成一致,由业主提出最终意见,承包商按照业主的最终意见进行修改并提交最终竣工结算文件;政府有关部门在本项目竣工结算完成后对本项目竣工结算进行审查,不论之前监理工程师或业主对结算中的有关问题协商一致或作出决定,如这些协商或决定与政府有关部门的最终审查结果不一致,应以政府有关部门的最终审查结果为准;经政府有关部门对本项目竣工结算最终审查结束后56天内,业主向承包商支付至结算价款(不含质保金),质保金另行支付。

2017年9月18日,丁某夫向一审法院提起诉讼,要求深圳装饰公司、深圳装饰江苏公司支付江心洲站工程款1887365元及利息,地铁公司对上述债务承担清偿责任。案涉江心洲站工程的政府审计因核减金额未达成一致(中深建公司不同意核减),故政府审计至今未审结。经一审法院释明,双方均不就案涉江心洲站工程申请工程造价评估,寄司法鉴定。

2018年9月13日,一审法院作出6471号民事判决,认定:深圳装饰江苏公司

的付款条件是江心洲站工程政府审计完成，且地铁公司应支付的工程款全部到位；因该工程政府审计未结束，难以从该工程政府审计总价中单独区分甲供材等，故丁某夫要求支付剩余工程款不符合《内部承包责任书》的约定，要求地铁公司承担连带责任，亦缺乏事实、法律依据，并驳回丁某夫的诉讼请求。

丁某夫不服该判决，向南京市中级人民法院提起上诉。2019 年 4 月 4 日，南京市中级人民法院作出（2019）苏 01 民终 804 号民事判决：驳回上诉，维持原判。

丁某夫不服该判决，申请再审。

【裁判理由】

江苏省高级人民法院经审查认为，丁某夫的申请再审理由不能成立。理由如下：

建设工程施工合同无效，但建设工程经竣工验收合格的，发包方和承包人均可以请求参照合同约定支付工程价款。当事人约定以行政审计、财政评审作为工程款结算依据的，应当按照约定处理。但行政审计、财政评审部门无正当理由长期未出具审计结论，当事人申请进行司法鉴定的，可以准许。本案中，丁某夫系案涉工程的实际施工人，其与深圳装饰江苏公司签订的《内部承包责任书》因违反法律、行政法规的强制性规定而无效，但案涉工程经竣工验收合格，丁某夫仍有权参照协议约定的付款条件要求中深建公司支付工程款。根据丁某夫与深圳装饰江苏公司签订的《内部承包责任书》约定，“地铁公司应支付中深建公司的工程款全部到位”是中深建公司与丁某夫结算工程款的条件之一，而中深建公司与地铁公司约定应以政府有关部门的最终审查结果为准支付工程款，现丁某夫主张以地铁公司报送政府相关部门审计前委托第三方进行的竣工结算审查报告的审查结算价确定案涉工程价款，缺乏事实依据。

在政府有关部门对案涉工程造价审计结果长期未能出具的情况下，丁某夫作为主张工程款债权的原告，经一审法院明确释明后，明确表示对案涉工程造价不申请司法鉴定，丁某夫应承担案涉工程价款无法确定的法律后果，一、二审法院驳回丁某夫的诉讼请求，并无不当。

【案例评析】

本案涉及司法鉴定的启动相关问题。当事人明确约定工程价款的结算以行政审计作为依据的，不宜进行司法鉴定，但审计部门长期未出具审计结论的除外。

最高人民法院《关于人民法院在审理建设工程施工合同纠纷案件中如何认定财政评审中心出具的审核结论问题的答复》(〔2008〕民一他字第4号,以下简称《答复》)规定:"财政部门对财政投资的评定审核是国家对建设单位基本建设资金的监督管理,不影响建设单位与承建单位的合同效力及履行。但是,建设合同中明确约定以财政投资的审核结论作为结算依据的,审核结论应当作为结算的依据。"

本案案涉工程属于整体招投标项目之一,争议发生时该项目政府审计尚未结束,案涉工程无法单独评估,所涉、代扣税金、暂扣质保金及审计预留金亦难以从整体招投标项目的政府审计总价中单独区分。经法院释明之后,本案当事人仍然不提起司法鉴定,不得不承担案涉工程价款无法确定的法律后果,错失胜诉机会。根据最高人民法院的《答复》,当事人可以在合同中约定工程价款的结算以财政投资的审核结论作为依据。工程造价司法鉴定启动的前提是,发包人或承包人对工程造价有争议,且人民法院对当事人的造价鉴定申请有审查的权力。但对于可以根据现有证据确定工程价款的案件,人民法院往往不予准许造价鉴定申请。例如,当事人明确约定工程价款的结算以第三方结论如行政审计、财政评审等作为依据的,不宜进行司法鉴定。江苏省高级人民法院于2020年1月2日发布的《建设工程施工合同纠纷案件委托鉴定工作指南》第3条第3项规定:"当事人申请鉴定存在下列情形之一,且没有相反证据予以反驳或者推翻的,不予准许:(三)当事人约定工程价款的结算以第三方结论如行政审计、财政评审等作为依据的。"根据上述规定,当事人明确约定工程价款的结算以第三方结论如行政审计、财政评审等作为依据的,人民法院可以直接将该等审计结论作为结算依据,双方不存在需要鉴定的造价争议。因此,此种情况不宜进行司法鉴定。

但也存在例外情形,即行政部门或财政部门无正当理由长期未出具审计结论。山东省高级人民法院《关于审理建设工程施工合同纠纷案件若干问题的解答》第3条规定:政府投资和以政府投资为主的建设项目,合同约定以行政审计、财政评审作为工程款结算依据的,如何处理?

政府投资和以政府投资为主的建设项目,合同约定以行政审计、财政评审作为工程款结算依据的,按照约定处理;但发包人故意迟延提交审计或妨碍审计条件成就,以及行政审计、财政评审部门明确表示无法进行审计或无正当理由超出合同约定的审计期限3个月,仍未作出审计结论、评审意见的,当事人申请对工程造价进行司法鉴定，应当准许。

本案的关键在于当事人是否可以申请鉴定，这也影响了案件结果。一审、二审和再审法院都驳回了丁某夫的上诉请求，维持原判。建设工程施工合同虽然无效，但工程经竣工验收合格的，发包方和承包人均可请求参照合同约定支付工程价款。本案当事人在合同中约定以行政审计、财政评审作为工程款结算依据的，应当按照约定处理。如果行政审计、财政评审部门无正当理由长期未出具审计结论，发包方和承包人可申请进行司法鉴定，法院可以准许。实践中，行政部门或财政部门一直拖延审计的情况时有发生，或者正如本案案涉工程不适宜部分审计的，施工单位往往希望尽早获得工程价款，继续坚持以审计结果为依据对施工单位来说是一种不小的损耗。

【相关依据】

最高人民法院《关于人民法院在审理建设工程施工合同纠纷案件中如何认定财政评审中心出具的审核结论问题的答复》

财政部门对财政投资的评定审核是国家对建设单位基本建设资金的监督管理，不影响建设单位与承建单位的合同效力及履行。但是，建设合同中明确约定以财政投资的审核结论作为结算依据的，审核结论应当作为结算的依据。

江苏省高级人民法院《建设工程施工合同纠纷案件委托鉴定工作指南》

3.【鉴定申请不予准许情形】当事人申请鉴定存在下列情形之一，且没有相反证据予以反驳或者推翻的，不予准许：

（一）当事人对申请鉴定的争议事项已自行达成协议的；

（二）当事人对申请鉴定的争议事项共同委托有关机构、人员出具咨询意见且双方明确表示受该咨询意见约束的；

（三）当事人约定工程价款的结算以第三方结论如行政审计、财政评审等作为依据的；

（四）当事人约定按照固定价（包括固定总价与固定单价）结算工程价款，未超出承包人约定承担的风险范围应当适用固定价的；

（五）当事人约定发包人无正当理由未在约定期限内对竣工结算文件作出答复视为认可竣工结算文件的；

（六）建设工程经竣工验收合格发包人提出质量异议，或者建设工程未经竣工验收合格发包人擅自使用后提出质量异议的；

（七）当事人没有证据或者理由足以反驳另一方当事人就专门性问题自行委托有关机构或者人员出具的意见的；

（八）其他足以认定鉴定申请所涉争议事项的情形。

山东省高级人民法院《关于审理建设工程施工合同纠纷案件若干问题的解答》

第三条 政府投资和以政府投资为主的建设项目，合同约定以行政审计、财政评审作为工程款结算依据的，如何处理？

政府投资和以政府投资为主的建设项目，合同约定以行政审计、财政评审作为工程款结算依据的，按照约定处理；但发包人故意迟延提交审计或妨碍审计条件成就，以及行政审计、财政评审部门明确表示无法进行审计或无正当理由超出合同约定的审计期限三个月，仍未作出审计结论、评审意见的，当事人申请对工程造价进行司法鉴定，应当准许。

裁判规则 7	对外委托案件应当以出具鉴定报告形式结案，鉴定意见书征求意见稿不得作为定案依据

【案例信息】

名称：江苏金厦建设集团有限公司（以下简称金厦公司）与无锡华南钢结构环保有限公司（以下简称华南公司）、宏鑫绿洲新能源（镇江）有限公司（以下简称宏鑫公司）建设工程施工合同纠纷二审民事

案号：（2018）苏民终 1478 号

法院：江苏省高级人民法院

【关联事实】

2010 年 2 月 2 日，江苏绿洲新能源有限公司（以下简称绿洲新能源公司）与金厦公司签订一份《建设工程施工合同》，约定绿洲新能源公司将镇江市京口区工业园区金阳大道绿洲新能源公司钢结构厂房 23000 平方米、办公楼 12000 平方米、宿舍 4000 平方米、食堂 2000 平方米、附属设施等发包给金厦公司施工，承包范围为发包方提供的图纸中的桩基、土建、水电、钢结构、道路和附属工程等，资金来源为自筹，合同价款为 5000 万元。

当日,双方又签订一份补充协议,约定发包方提供图纸中的桩基、土建、水电、钢结构、道路和附属工程等,项目总承包。

2013 年 5 月 26 日,华南公司、金厦公司与华楠金属结构公司共同签订一份转让协议,约定金厦公司同意华楠金属结构公司将钢结构分包协议的所有权利和义务转让给华南公司,该钢结构工程未付的工程款由金厦公司支付给华南公司,保修和维修义务亦由华南公司负责。

上述合同履行过程中,由于发包人原因导致工程停工。

2011 年 6 月 16 日,绿洲新能源公司(甲方)与宏鑫公司(乙方)签订一份资产转让合同,约定绿洲新能源公司将一期土地、二期土地、在建工程、固定资产以 10847 万元转让给宏鑫公司,绿洲新能源公司所拥有的知识产权无偿转让给宏鑫公司。

案涉工程于 2011 年 6 月 27 日复工,发包人变更为宏鑫公司。之后,工程名称变更为宏鑫公司薄膜电池工程。

2011 年 9 月 21 日,华南公司施工的钢结构工程基本完工,但因新建厂房工程不具备验收条件,导致该工程一直未能办理验收手续。

2012 年 7 月 21 日,宏鑫公司向金厦公司发出建设单位工程联系单称:为推进工程施工进度,经我公司与施工单位协商一致,决定自 2012 年 8 月起工程款支付方式调整为按每期施工单位申请,并经监理单位审核确认的工程量进度款项的 70% 向施工单位及时支付。工程款支付方式如有变动,需与施工单位工程协商确定后,另行调整。

2011 年 9 月 21 日,华南公司向建设单位发出施工单位工程联系单称:钢结构分部工程已经通过了质监站、建设单位、设计院等参建单位的主体验收合格,并承诺待施工通道完成后,余下的钢结构部分继续保质保量施工完毕。

2011 年 11 月 30 日,金厦公司收取钢结构工程的竣工图、变更图、深化设计图、施工方案及竣工结算书。

华南公司已收取工程款 1269.6184 万元,其中金厦公司主张已付款中应扣除其支付给吕海滨的 58900 元。

2013 年 8 月 1 日,绿洲新能源公司注销。

另查明:2015 年 4 月 27 日,一审法院受理金厦公司诉宏鑫公司建设工程施工合同纠纷一案。该案中,金厦公司诉请包含以下内容:解除建设工程施工合同及补充协议,宏鑫公司给付工程款4932.0099万元,并自2014年9月6日起至实际给付之日止按照每天3万元支付逾期付款违约金,金厦公司就上述工程款对宏鑫公司新建厂房的拍卖、变卖所得价款享有优先受偿权。在该案审理中,金厦公司申请对新建厂房项目工程进行工程造价鉴定,一审法院依法委托江苏德道天诚土地房地产评估造价咨询有限公司(以下简称德道天诚咨询公司)进行工程造价鉴定。德道天诚咨询公司提交初审报告认为,涉及本案的钢结构工程造价为1836.5447万元,该造价未列入争议部分。该案审理过程中,金厦公司申请撤回起诉。一审法院于2018年4月19日作出(2015)镇民初字第79号民事裁定,准许金厦公司撤诉。

之后,金厦公司就上述纠纷又提起诉讼。2018年4月23日,镇江市京口区人民法院受理金厦公司诉宏鑫公司建设工程施工合同纠纷一案。

本案一审争议焦点主要为:(1)华南公司是否为适格诉讼主体。(2)钢结构分包协议的效力认定。(3)本案工程款的认定。(4)金厦公司是否应当承担付款义务。(5)宏鑫公司是否应当承担给付工程款的责任。(6)华南公司主张的优先权能否成立。

关于争议焦点(3),一审法院认为,案涉钢结构工程系宏鑫公司新建厂房中的部分工程,其造价已经在金厦公司诉宏鑫公司工程款案中委托鉴定,鉴定机构也已经就钢结构工程出具初审意见为1836.5447万元(让利7%,三大材及税费不下浮)。华南公司对该初审意见予以认可,金厦公司虽认为有部分工程少计算工程量,但在其应付工程款范围内并不形成对华南公司的抗辩,故金厦公司不能免除付款责任。宏鑫公司未提出明确的异议。故可以参照该初审意见确认金厦公司应当支付工程款金额。依照钢结构分包协议约定,华南公司应承担决算总价8%管理费、配合费及税金,且华南公司对此予以认可,故本案工程款为1689.6211万元(1836.5447万元×92%)。金厦公司已付1269.6184万元,尚欠420.0027万元。

【裁判理由】

从德道天诚咨询公司出具的初审报告内容看,案涉钢结构工程造价为18365446.99元,且未将该部分价款列入争议项。华南公司虽对18365446.99元表示认可,但一审法院以德道天诚咨询公司出具的初审报告作为定案依据,不符合《最高人民法院对外委托鉴定、评估、拍卖等工作管理规定》第37条关于“对外委托案件应当以出具鉴定报告、审计报告、评估报告、清算报告等报告形式结案，或者以拍卖成交、流后、变卖、终止委托或不予委托的方式结案”的规定，应予纠正。

【案例评析】

本案涉及人民法院是否可以以鉴定意见书初审报告，即鉴定意见书征求意见稿作为定案依据的问题，二审法院虽然没有改变鉴定所涉的争议判决，但也否定了一审法院直接依据初审报告作为定案依据的做法。

在金厦公司诉宏鑫公司工程款案中，就案涉钢结构工程价款，德道天诚咨询公司出具的初审鉴定意见为1836.5447万元。该鉴定意见金厦公司、宏鑫公司作为合同当事人均未认可，鉴定单位尚在继续审核中，鉴定单位应当根据异议人的异议及其相关证据对初审鉴定意见（鉴定意见书征求意见稿）逐一进行复核、修改完善，直到对未解决的异议都能答复时，鉴定机构再向委托人出具正式鉴定意见书。

《最高人民法院对外委托鉴定、评估、拍卖等工作管理规定》第37条规定，对外委托案件应当以出具鉴定报告、审计报告、评估报告、清算报告等报告形式结案，或者以拍卖成交、流拍、变卖、终止委托或不予委托的方式结案。此条中的“鉴定报告”应为正式鉴定意见书，而非鉴定意见书征求意见稿（以下简称征求意见稿）。征求意见稿是在鉴定单位进行了初步的鉴定工作之后出具的初审报告，需要同征求意见函一并发给各方当事人，各方当事人在一定期限内进行答复或提出异议。关于正式鉴定意见书和鉴定意见书征求意见稿的区别，我国法律没有明文规定，但在《建设工程造价鉴定规范》（GB/T 51262－2017）“5.2　鉴定步骤”中，从鉴定的法定工作流程对两者进行了梳理。该规范第5.2.6条规定：“鉴定机构收到当事人对定意见书征求意见稿的复函后，鉴定人应根据复函中的异议及其相应证据对征求意见稿逐一进行复核、修改完善，直到对未解决的异议都能答复时，鉴定机构再向委托人出具正式鉴定意见书。”

另外，本案一审判决依据的初审鉴定意见造价实际未经过质证，也不能作为定案的依据。最高人民法院《关于民事诉讼证据的若干规定》第34条规定，未经质证的材料，不得作为鉴定的根据。《建设工程施工合同司法解释（一）》第34条规定，人民法院应当组织当事人对鉴定意见进行质证。鉴定人将当事人有争议且未经质证的材料作为鉴定依据的，人民法院应当组织当事人就该部分材料进行质证。经质证认为不能作为鉴定依据的，根据该材料作出的鉴定意见不得作为认定案件事实的依据。由此可知，质证是鉴定意见成为认定案件事实依据的必要条件，未经过质证的鉴定意见不得作为定案依据。因此，本案鉴定意见书征求意见稿实际也未经过质证，一审判决将其中钢结构工程初审价款直接认定为金厦公司与华南公司的结算款错误。虽然综合其他证据，二审法院并没有改变对该条争议的判决，但也认定一审法院此举不当。

【相关依据】

《建设工程施工合同司法解释（一）》（法释〔2020〕25号）

第三十四条　人民法院应当组织当事人对鉴定意见进行质证。鉴定人将当事人有争议且未经质证的材料作为鉴定依据的，人民法院应当组织当事人就该部分材料进行质证。经质证认为不能作为鉴定依据的，根据该材料作出的鉴定意见不得作为认定案件事实的依据。

最高人民法院《关于民事诉讼证据的若干规定》

第三十四条　人民法院应当组织当事人对鉴定材料进行质证。未经质证的材料，不得作为鉴定的根据。

经人民法院准许，鉴定人可以调取证据、勘验物证和现场、询问当事人或者证人。

《最高人民法院对外委托鉴定、评估、拍卖等工作管理规定》

第三十七条　对外委托案件应当以出具鉴定报告、审计报告、评估报告、清算报告等报告形式结案，或者以拍卖成交、流拍、变卖、终止委托或不予委托的方式结案。

《建设工程造价鉴定规范》（GB/T 51262－2017）

5.2　鉴定步骤

5.2.5　鉴定机构在出具正式鉴定意见书之前，应提请委托人向各方当事人发出鉴定意见书征求意见稿和征求意见函（格式参见本规范附录M），征求意见函应明确当事人的答复期限及其不答复行为将承担的法律后果，即视为对鉴定意见书无意见。

5.2.6　鉴定机构收到当事人对定意见书征求意见稿的复函后，鉴定人应根据复函中的异议及其相应证据对征求意见稿逐一进行复核、修改完善，直到对未解决的异议都能答复时，鉴定机构再向委托人出具正式鉴定意见书。

5.2.7 当事人对鉴定意见书征求意见稿仅提出不认可的异议未提出具体修改意见,无法复核的,鉴定机构应在正式鉴定意见书中加以说明,鉴定人应作好出庭作证的准备。

5.2.8 当事人逾期未对鉴定意见书征求意见稿提出修改意见,不影响正式鉴定意见书的出具,鉴定机构应对此在鉴定意见书中予以说明。

裁判规则 8 建设工程鉴定报告仅有两位鉴定人员的签字盖章,不是申请重新鉴定的依据

【案例信息】

名称:中建安装集团有限公司(以下简称中建安装公司)、宁波浙铁大风化工有限公司(以下简称大风化工公司)建设工程合同纠纷

案号:(2018)浙民初 6 号

法院:浙江省高级人民法院

【关联事实】

2011 年 12 月 22 日,发包方(业主)大风化工公司与承包方(承包商)中建安装公司(2012 年 10 月 31 日中建工业设备安装有限公司变更为中建安装工程有限公司,2018 年 12 月 18 日中建安装工程有限公司变更为中建安装集团有限公司)签订《EPC 工程总承包合同》。第一部分合同协议书第 1.3 条约定,工程承包范围及内容为业主委托承包方完成 10 万吨/年非光气法聚碳酸酯联合装置工程(含配套 4 万吨/年碳酸二甲酯、10 万吨/年碳酸二苯酯生产装置及公用工程)的工程设计、设备和材料的采购、工程施工以及在工程最终验收前应由承包方完成的工作。第 3 条合同价款约定本合同采用固定总价方式。

案涉工程于 2011 年 12 月 27 日开工,中建安装公司按照大风化工公司提供的施工图纸进行施工。2014 年 10 月 16 日,案涉工程全部完成,且联动试车工作完成,经建设单位、设计单位、监理单位、施工单位组织联合检查验收通过,一致同意交工,并出具了《工程交工证书》。同日,中建安装公司向大风化工公司办理工程建设交工技术文件移交手续。截至 2018 年 5 月 30 日,大风化工公司向中建安装公司支付工程款累计 641707906 元。

工程交工后，双方为工程竣工结算问题召开多次协调会，形成多份工程结算会议纪要。

因双方无法就工程竣工结算达成一致意见，中建安装公司于2018年1月提起诉讼，大风化工公司于2018年3月提出反诉。

案件审理过程中，中建安装公司申请对除DMC、DPC装置以外的工程进行造价鉴定，大风化工公司申请对各部分（DMC、DPC、PC）工程逾期交付的原因、过错方及因此导致逾期交付的天数进行鉴定。本院依法委托浙江浙坤工程管理有限公司进行司法鉴定。

2019年11月12日，浙江浙坤工程管理有限公司出具浙坤价鉴（2019）1001号《10万吨/年非光气法聚碳酸酯联合装置工程（本诉）工程造价鉴定意见书》（以下简称《本诉工程造价鉴定意见书》）、浙坤价鉴（2019）1002号《10万吨/年非光气法聚碳酸酯联合装置工程（反诉）工程造价鉴定意见书》（以下简称《反诉工程造价鉴定意见书》）。2019年11月26日，浙江浙坤工程管理有限公司出具《鉴定意见书质证意见回复》。2019年12月1日，浙江浙坤工程管理有限公司出具浙坤价鉴（2019）1003号《10万吨/年非光气法聚碳酸酯联合装置工程工程造价鉴定补充意见书》（以下简称《补充意见一》）。2019年12月9日，浙江浙坤工程管理有限公司出具浙坤价鉴（2019）1004号《10万吨/年非光气法聚碳酸酯联合装置工程工程造价鉴定补充意见书》（以下简称《补充意见二》）。

中建安装公司在质证意见中提出，该案的工程造价鉴定意见的鉴定程序有问题。中建安装公司认为，鉴定人不具备鉴定资格、鉴定程序违法、鉴定机构违规鉴定、鉴定方法错误，申请法院组织重新鉴定。……鉴定机构违规鉴定。涉案项目不但争议标的巨大，且涉及工程专业较多，本案项目几乎涵盖所有的工程专业，按《建设工程造价鉴定规范》要求应成立三名及以上鉴定人组成的鉴定项目组，而本案鉴定机构指派的鉴定人仅有两名，显然违反《建设工程造价鉴定规范》的规定。

【裁判理由】

关于鉴定程序的审核意见。1.本案工程造价鉴定机构浙江浙坤工程管理有限公司系具有甲级资质证书的工程造价咨询企业。本案工程造价鉴定人方某2010年7月21日取得造价工程师职业资格，2011年10月9日取得造价工程师注册证书。洪某于2015年7月6日取得安装专业造价员职业资格，2018年10月28

日取得一级造价工程师职业资格,2019 年 6 月 11 日取得造价工程师注册证书。鉴定审核人齐国舟于 2008 年 7 月 21 日取得安装专业造价员职业资格,2018 年 10 月 28 日取得一级造价工程师职业资格,2019 年 6 月 11 日取得造价工程师注册证书。浙江浙坤工程管理有限公司于 2019 年 11 月 12 日出具本案工程造价鉴定意见书时,方平、洪某、齐国舟均系注册造价工程师,具有鉴定资格。中建安装公司主张鉴定机构指派的鉴定人不具备鉴定资格,不能成立。2. 鉴定机构未在规定时间内向委托人、当事人送达《鉴定人员组成通知书》,确属瑕疵。但是自鉴定人开始鉴定工作至完成鉴定工作,中建安装公司对鉴定人员均未提出异议,且没有证据证明鉴定人存在应当回避而不主动回避的情况,故中建安装公司以鉴定机构未送达《鉴定人员组成通知书》为由主张鉴定程序违法,尚难以成立。3. 中建安装公司主张鉴定机构指派的鉴定人仅有两名,违反《建设工程造价鉴定规范》的规定,与事实不符,不能成立。4. 中建安装公司以鉴定人所使用的造价软件是盗版软件为由主张本案鉴定意见书鉴定方法错误,依据不足,不能成立。5. 中建安装公司主张鉴定人弄虚作假,炮制《专家意见书》,依据不足,不能成立。6. 中建安装公司提出的鉴定机构以鉴代审的问题,属于对鉴定意见的实体异议,将在下文进行审查。综上所述,中建安装公司关于鉴定人不具备鉴定资格、鉴定程序违法、鉴定机构违规鉴定、鉴定方法错误的主张不能成立,本院对其申请重新鉴定不予准许。

【案例评析】

本案涉及建设工程合同纠纷中,一方当事人认为司法鉴定的鉴定程序有误,申请重新鉴定的问题。司法实务中,或因为司法鉴定的复杂性、差异性,或出于诉讼策略的考量,建设工程合同纠纷的当事人往往会申请重新鉴定。针对诉讼中产生的司法鉴定和诉讼前当事人单方委托产生的鉴定,启动重新鉴定的要件和依据并不相同,通过申请的难度不一。

中建安装公司对案涉鉴定程序提出了异议,其中一条理由为“本案鉴定机构指派的鉴定人仅有两名,显然违反《建设工程造价鉴定规范》的规定”。浙江省高级人民法院仅以“与事实不符”驳回了中建安装公司的重新鉴定申请,并未展开论述。综合上下文,笔者推论中建安装公司是根据《建设工程造价鉴定规范》第 3.4.3条的规定提出异议,即“鉴定机构对同一鉴定事项,应指定两名及以上鉴定人共同进行鉴定。对争议标的较大或涉及工程专业较多的鉴定项目,应成立由三名及以上鉴定人员组成的鉴定项目组”。此规定中的“争议标的较大或涉及工程专业较多”并没有一个真实且可执行的标准，在个案中的差异较大。在（2018）浙民再308号案件中，同样是案件当事人以“仅有两位鉴定人员签章”为由申请重新鉴定，浙江省高级人民法院认为，原建设部于2010年作出《关于建设工程造价鉴定报告合法性问题的复函》（建法函〔2010〕128号），明确“建设工程造价鉴定报告只要有一位注册造价工程师签字、加盖执业印章，同时加盖工程造价咨询企业的执业印章，应当认定该建设工程造价鉴定报告合法、有效，报告中上述签字的造价工程师承担相关责任，其他人员签字并不影响该鉴定报告的合法、有效性。”故该案浙江高院并未准许该项申请。虽（2018）浙民再308号案件涉及的重新鉴定申请为工期鉴定，住建部《关于建设工程造价鉴定报告合法性问题的复函》（建法函〔2010〕128号）中涉及的是工程造价鉴定，但在对鉴定人员签字盖章方面的程序性要求应当是一样的。且《关于建设工程造价鉴定报告合法性问题的复函》（建法函〔2010〕128号）已于2011年1月19日被《关于公布住房和城乡建设部规范性文件清理结果目录的公告》（住房和城乡建设部公告第894号）废止，不过浙江高院仍沿用上述观点。

根据最高人民法院《关于民事诉讼证据的若干规定》第40条的规定，重新鉴定的启动要件包括以下几项：其一，鉴定人不具备相应资格的；其二，鉴定程序严重违法的；其三，鉴定意见明显依据不足的；其四，鉴定意见不能作为证据使用的其他情形。该条司法解释采用“列举＋概括”的立法模式，其中第4条便是申请重新鉴定的兜底条款。实际上，“相应资格”“鉴定程序”都是相对模糊的概念，其边界并不明确。加之兜底条款的存在，此种情况下的重新鉴定申请都会经过法院的严格审查，重新鉴定申请通过的难度较大。最高人民法院《关于民事诉讼证据的若干规定》第41条规定，对于一方当事人就专门性问题自行委托有关机构或者人员出具的意见，另一方当事人有证据或者理由足以反驳并申请鉴定的，人民法院应予准许。可以看出，对于一方当事人自行委托而产生鉴定意见的异议，仅需“另一方当事人有证据或者理由足以反驳”且“申请鉴定”即可成立。第40条和第41条的差异，反映了对两种鉴定结论异议而欲申请重新鉴定的难度不同，法院委托鉴定结论的公信力更高，相应地，案件当事人申请重新鉴定的难度则更大。也即如针对同一鉴定内容的两种鉴定结论矛盾时，因法院委托鉴定在程序上和法律依据上更具正当性，法院一般将采信法院委托的鉴定。

对于双方诉前共同委托的鉴定，一方对鉴定意见不服的，根据《建设工程施工合同司法解释(一)》(法释〔2020〕25 号)第 30 条的规定,除双方明确表示接受该鉴定意见的,法院对当事人申请司法鉴定应当予以准许。该条司法解释也同样印证了,相比当事人委托而产生的鉴定意见,法院委托鉴定在程序上和法律依据上更具正当性,申请重新鉴定的难度更大。

【相关依据】

《建设工程施工合同司法解释(一)》(法释〔2020〕25 号)

第三十条 当事人在诉讼前共同委托有关机构、人员对建设工程造价出具咨询意见,诉讼中一方当事人不认可该咨询意见申请鉴定的,人民法院应予准许,但双方当事人明确表示受该咨询意见约束的除外。

最高人民法院《关于民事诉讼证据的若干规定》

第四十条 当事人申请重新鉴定,存在下列情形之一的,人民法院应当准许:

(一)鉴定人不具备相应资格的;

(二)鉴定程序严重违法的;

(三)鉴定意见明显依据不足的;

(四)鉴定意见不能作为证据使用的其他情形。

存在前款第一项至第三项情形的,鉴定人已经收取的鉴定费用应当退还。拒不退还的,依照本规定第八十一条第二款的规定处理。

对鉴定意见的瑕疵,可以通过补正、补充鉴定或者补充质证、重新质证等方法解决的,人民法院不予准许重新鉴定的申请。

重新鉴定的,原鉴定意见不得作为认定案件事实的根据。

第四十一条 对于一方当事人就专门性问题自行委托有关机构或者人员出具的意见,另一方当事人有证据或者理由足以反驳并申请鉴定的,人民法院应予准许。

《工程造价咨询企业管理办法》

第二十二条 工程造价咨询企业从事工程造价咨询业务,应当按照有关规定的要求出具工程造价成果文件。

工程造价成果文件应当由工程造价咨询企业加盖有企业名称、资质等级及证书编号的执业印章,并由执行咨询业务的注册造价工程师签字、加盖执业印章。

《建设工程造价鉴定规范》(GB/T 51262 - 2017)

3.4.3 鉴定机构对同一鉴定事项,应指定两名及以上鉴定人共同进行鉴定。

对争议标的较大或涉及工程专业较多的鉴定项目，应成立由三名及以上鉴定人员组成的鉴定项目组。

裁判规则 9	鉴定单位与一方当事人存在业务往来，是否构成回避的法定事由

【案例信息】

名称：宿迁市金鹏置业有限公司（以下简称金鹏公司）、宿迁市东南建设有限公司（以下简称东南公司）建设工程施工合同纠纷

案号：（2018）苏民终 966 号

法院：江苏省高级人民法院

【关联事实】

东南公司与金鹏公司于 2011 年 8 月 29 日经磋商签订了《工程施工意向协议书》，协议书中约定："1. 工程名称及规模：金鹏国际基地面积约 16 亩，地上 28 层，地下二层，总建筑面积约 88750 平方米，其中地下室，约 18500 平方米，一至四层裙房约 13950 平方米，塔楼约 56300 平方米。"

2012 年 9 月 24 日，金鹏公司就案涉工程对外招标，东南公司于 2012 年 10 月 19 日中标，双方于 2012 年 10 月 22 日签订《建设工程施工合同》，并于 2012 年 11 月 2 日办理合同备案。

2014 年 6 月 18 日，金鹏公司将幕墙、外装饰门窗等项目发包给案外第三方南通佳德窗业幕墙有限公司（以下简称佳德公司）施工。2014 年 7 月 16 日，东南公司向金鹏公司发出了《关于请求宿迁市金鹏置业有限公司停止金鹏国际项目幕墙及外装饰施工的函》，要求金鹏公司停止对工程幕墙及外装饰工程分包施工行为。2014 年 7 月 24 日，东南公司向金鹏公司发出了《再次要求宿迁市金鹏置业有限公司立即停止分包总承包项目函》，再次要求金鹏公司停止分包总承包项目。2014 年 10 月 11 日，东南公司向金鹏公司发出了《要求宿迁金鹏置业有限公司立即支付违约损失 2000 万元的函》。

2014 年 11 月 12 日，江苏中拓项目管理咨询有限公司宋玉飞监理部向东南公司发出《工程暂停令》，其中明确"由于接质安站通知要求环境监测点两公里范围

内的所有在建工程全部停止施工(复工等待质安站通知),现通知你方必须于2014 年 11 月 12 日 14:22 起,对本工程所有工程实施局部暂停施工”。2014 年 11 月 26 日,江苏中拓项目管理咨询有限公司宋玉飞监理部向东南公司发出《监理工程师通知单(进度控制类)》,其中明确“今接市大气办通知,我市大气应急预案今日起取消,环境监测点内一公里范围内建筑工地可以恢复施工,特此通知! 接通知后,望你部加强人力、物力投入,争取把滞后的工期赶上来”。2014 年 12 月 8 日,江苏中拓项目管理咨询有限公司宋玉飞监理部向东南公司发出《工程暂停令》,其中明确“由于接质安站通知要求环境监测点一公里范围内的所有在建工程全部停止施工(复工等待质安站通知),现通知你方必须于 2014 年 12 月 8 日 17:00 起,对本工程所有工程实施局部暂停施工”。在 2014 年 12 月 8 日后,东南公司再未收到复工通知。

2015 年 1 月 19 日,金鹏公司向东南公司发出《解除合同通知书》,认为东南公司严重违约。

诉讼过程中,江苏在园项目管理集团有限公司(以下简称天园公司)于 2015 年 7 月 13 日出具《情况说明》,对宿迁金鹏国际项目工程现状现场作了实测记录,双方当事人一致承诺:现场一旦改变,导致无法再次实测时,不得就本实测记录提出任何质疑。

为确定案涉工程造价,一审法院依法委托鉴定机构对案涉工程进行鉴定。在鉴定过程中,双方多次提交新证据并提出异议,鉴定机构分别进行了答复。归纳双方争议点,主要体现在以下几个方面:(1)关于无金鹏公司签字或印章的 32 份土建签证能否作为认定相关工程量的依据;(2)关于无金鹏公司签字或印章的 6 份安装签证能否作为认定相关工程量的依据;(3)东南公司针对鉴定机构出具的鉴定报告而作的《核对对比函》中涉及的漏项、漏量、价少等异议有无依据。

2015 年 12 月 22 日东南公司针对鉴定机构出具的《鉴定报告征求意见稿》制作了《核对对比函》。鉴定机构收悉该函后,多次进行核对,并根据东南公司、金鹏公司以及法院调取的证据对《鉴定报告征求意见稿》作了相应调整,对有争议的部分列明提交由法院裁决。

此外,关于东南公司要求就鉴定报告中涉及的工程量进行逐项对账的主张,一审法院不予支持。

双方当事人金鹏公司和东南公司均提起上诉,东南公司上诉请求为“请求依法重新鉴定,改判给付工程款暂定4000万元或发回重审”。事实和理由:鉴定意见不客观公正,要求撤换鉴定机构重新鉴定。鉴定机构具有回避事项而未回避。鉴定机构天园公司系金鹏公司项目前期桩基、基坑支护工程的工程造价咨询单位和土建、安装招投标预算代理单位,有可能影响司法鉴定的公正性,天园公司应当回避。东南公司一审期间多次要求鉴定机构回避,但一审法院未予准许。一审法院在确定天园公司为案涉工程鉴定机构时,东南公司未参与选择或摇号确定鉴定机构。虽然一审法院通知东南公司参与选择或摇号确定鉴定机构时,东南公司未能前往存在过错,但一审法院应另定时间重新通知双方共同选择或摇号确定鉴定机构,而不应在东南公司未参与的情况下确定与金鹏公司有长期合作关系的天园公司作为鉴定机构。东南公司系基于人民法院确定鉴定机构权威性的盲目信任,出于对鉴定机构客观中立进行造价鉴定的美好预期,才接受了天园公司作为鉴定机构,没有在鉴定伊始申请其回避。综上,鉴定机构的确定不符合规范要求……

【裁判理由】

针对金鹏国际项目中的桩基、基坑支护工程双方另行签订了《建设工程施工合同》,并委托天园公司出具了审核报告,该两项工程的工程款双方已另行结算,并未包含在本案受鉴项目范围内,东南公司以天园公司担任过受鉴项目咨询人为由主张应予回避,没有事实和法律依据。至于其主张天园公司担任过案涉工程土建、安装招投标预算代理单位,未提供证据证明,且东南公司亦未提供天园公司在鉴定过程中存在违反公正原则行为的情形,故东南公司以天园公司未予回避为由提出案涉鉴定程序违法的主张亦不能成立。

【案例评析】

本案具体涉及建设工程合同纠纷中鉴定单位与一方当事人存在业务往来,鉴定单位是否应当回避等问题。民事诉讼中的回避制度,是指在民事案件诉讼过程中,本案当事人、翻译人员,书记员、鉴定人、勘验人等因与案件或案件中的当事人,具有在某一种相关利害关系,或说其他一些特殊关系的,有可能对此次民事案件审判不能公平公正地处理的时候,从而暂停参与该案诉讼审判等活动中的一项诉讼制度。

本案当事人东南公司提起上诉,申请重新鉴定。理由为:鉴定机构应回避而未回避,之后举例鉴定机构与另一当事人金鹏公司存在业务往来,“鉴定机构天园公司系金鹏公司项目前期桩基、基坑支护工程的工程造价咨询单位和土建、安装招投标预算代理单位,有可能影响司法鉴定的公正性,天园公司应当回避”。审理法院以该项目已结算,未包含在本案受鉴项目范围内,且东南公司未提供天园公司在鉴定过程中存在违反公正原则行为的情形、证据证明,不足以影响其独立、客观、公正进行鉴定,驳回东南公司的重新鉴定申请。

关于鉴定人员的回避,我国法律实际已有较为明确的规定,但在实务中还是常常引起争议。

首先涉及的就是鉴定人员的回避事由。司法鉴定人在执业活动中应当依照有关诉讼法律和《司法鉴定程序通则》规定实行回避。根据《司法鉴定程序通则》第20条的规定,具体应当回避的情况包括:其一,司法鉴定人本人或者其近亲属与诉讼当事人、鉴定事项涉及的案件有利害关系,可能影响其独立、客观、公正进行鉴定的;其二,司法鉴定人曾经参加过同一鉴定事项鉴定的,或者曾经作为专家提供过咨询意见的,或者曾被聘请为有专门知识的人参与过同一鉴定事项法庭质证的。2021年修正的《民事诉讼法》第47条规定有审判人员应当回避的情形,同样“适用于书记员、翻译人员、鉴定人、勘验人”,具体包括:其一,是本案当事人或者当事人、诉讼代理人近亲属的;其二,与本案有利害关系的;其三,与本案当事人、诉讼代理人有其他关系,可能影响对案件公正审理的;接受当事人、诉讼代理人请客送礼,或者违反规定会见当事人、诉讼代理人的,当事人有权要求他们回避。较之于《司法鉴定程序通则》的规定,该条第2款和第3款实际扩宽了应当回避的范围,且赋予法官更大的自由裁量权,同时引发更多争议。

就本案而言,江苏省高级人民法院主要依据《司法鉴定程序通则》第20条进行审判,虽然案涉鉴定机构此前与一方当事人存在业务往来,但不曾参加过同一鉴定事项鉴定、不曾作为专家提供过咨询意见、不曾被聘请为有专门知识的人参与过同一鉴定事项法庭质证,且其业务往来也不构成利害关系,影响其独立、客观、公正进行鉴定。

至于申请回避的程序,《民事诉讼法》第48条规定,“当事人提出回避申请,应当说明理由,在案件开始审理时提出;回避事由在案件开始审理后知道的,也可以在法庭辩论终结前提出”。该条同时规定了回避申请提出的时间。回避申请应当于案件审理之前提出,审理后提出的,申请人还需证明“回避事由在案件开始审理后知道的”。本案回避申请人于案件审理后提出,对回避事由和知晓回避事由的时间均未提供相关证据证明，故无法得到人民法院的支持。

【相关依据】

《民事诉讼法》

第四十七条　审判人员有下列情形之一的，应当自行回避，当事人有权用口头或者书面方式申请他们回避：

（一）是本案当事人或者当事人、诉讼代理人近亲属的；

（二）与本案有利害关系的；

（三）与本案当事人、诉讼代理人有其他关系，可能影响对案件公正审理的。

审判人员接受当事人、诉讼代理人请客送礼，或者违反规定会见当事人、诉讼代理人的，当事人有权要求他们回避。

审判人员有前款规定的行为的，应当依法追究法律责任。

前三款规定，适用于书记员、翻译人员、鉴定人、勘验人。

第四十八条　当事人提出回避申请，应当说明理由，在案件开始审理时提出；回避事由在案件开始审理后知道的，也可以在法庭辩论终结前提出。

被申请回避的人员在人民法院作出是否回避的决定前，应当暂停参与本案的工作，但案件需要采取紧急措施的除外。

《司法鉴定程序通则》

第七条　司法鉴定人在执业活动中应当依照有关诉讼法律和本通则规定实行回避。

第二十条　司法鉴定人本人或者其近亲属与诉讼当事人、鉴定事项涉及的案件有利害关系，可能影响其独立、客观、公正进行鉴定的，应当回避。

司法鉴定人曾经参加过同一鉴定事项鉴定的，或者曾经作为专家提供过咨询意见的，或者曾被聘请为有专门知识的人参与过同一鉴定事项法庭质证的，应当回避。

第二十一条　司法鉴定人自行提出回避的，由其所属的司法鉴定机构决定；委托人要求司法鉴定人回避的，应当向该司法鉴定人所属的司法鉴定机构提出，由司法鉴定机构决定。

委托人对司法鉴定机构作出的司法鉴定人是否回避的决定有异议的，可以撤销鉴定委托。

裁判规则 10	鉴定名册制度是否决定鉴定机构的资质，进而影响鉴定意见的合法性

【案例信息】

名称：新昌县康乐房地产开发有限公司（以下简称康乐公司）、浙江省新昌县勤业装潢有限公司（以下简称勤业公司）建设工程合同纠纷

案号：（2018）浙民申 2895 号

法院：浙江省高级人民法院

【关联事实】

2014 年 9 月 28 日，原告对位于新昌县南明街道鼓山中路 117 号人民医院食堂装饰工程建设项目的施工依法进行招标。同年 10 月 11 日，在新昌县公共资源交易中心交易大厅公开进行的人民医院食堂装饰工程招投标活动中，由被告中标承建。

在工程施工过程中，新昌县城镇建设工程监理有限公司分别于 2014 年 11 月 4 日，2015 年 3 月 24 日、4 月 13 日、5 月 5 日、5 月 26 日向被告发出监理通知单五份，对监理及建设单位现场检查发现被告施工过程中存在的问题进行汇总，并向被告书面进行通知，要求其限期进行整改。合同约定的工期届满后，原告分别于 2015 年 4 月 7 日、4 月 22 日、5 月 6 日、5 月 25 日向被告发送函告及通知四份，催促被告保证工程施工质量、按时完成施工、对发现的质量问题予以整改。2015 年 6 月 25 日至 6 月 26 日，原、被告及监理单位、设计单位、新昌县质监站联合对人民医院食堂装饰工程进行质量及功能安全检查，并对检查中发现的问题进行汇总。同年 7 月 2 日，原告委托浙江新希望律师事务所向被告寄送《律师函》一份，要求被告按约履行合同义务，对联合检查发现的质量问题在 3 个工作日内形成整改方案并落实整改。对施工质量及整改问题双方未能成达成一致意见，导致本案纠纷发生。

在本案一审审理过程中，经原告申请，该院委托浙江新世纪工程检测有限公司（以下简称新世纪公司）对于人民医院食堂装饰工程已完成部分的工程质量进行鉴定。新世纪公司向该院出具检测报告一份，对于不符合设计及规范要求的施工项目逐项进行了判定。另经原告申请，该院委托绍兴大业建设工程管理有限公司对于人民医院食堂装饰工程已完成部分的工程量和工程造价，不符合设计及验收规范要求部分的工程量及工程造价以及相应的拆除、修复费用进行鉴定。

该检测报告的鉴定依据主要为建筑装饰装修工程施工质量等验收规范以及设

计图纸等施工资料,因此,其查勘结果和判定意见可以作为认定工程质量是否合格的依据,一审法院对此予以认定。至于应付工程价款的金额,一审法院以绍兴大业建设工程管理有限公司出具的工程造价咨询报告载明的鉴定意见作为认定依据。

康乐公司、勤业公司均提起上诉。其中,勤业公司认为两份鉴定报告无效,不能作为认定本案事实的依据,要求对本案进行重新鉴定。(1)新世纪公司出具的检测报告无效,该公司无装饰工程质量鉴定资格,鉴定人员没有经司法行政机关审核登记并取得《司法鉴定人执业证》,鉴定程序多处违法,未签订司法鉴定委托书,未送达《司法鉴定组成人员通知书》,并对当事人本来没有争议的事实也进行了鉴定。报告中认定的质量问题均与事实不符,或于法无据。(2)绍兴大业建设工程管理有限公司出具的补充鉴定报告无效,该公司没有取得《司法鉴定许可证》,鉴定人员没有取得《司法鉴定人执业证》没有鉴定资格,根据《司法鉴定程序通则》的规定,应进行重新鉴定,而不是补充鉴定。补充鉴定程序严重违法,未送达《司法鉴定组成人员通知书》,对勤业公司提出的异议,没有进行核对和答复,没有进行调整并出具鉴定意见,存在私自会见一方当事人的可能,鉴定时间延长超过8个月。补充鉴定内容错误,鉴定章与《工程造价咨询报告书》中的鉴定章不一致,鉴定人员没有在补充鉴定上签名。新世纪公司出具的检测报告本身无效,所以基于该检测报告所进行的补充鉴定显然无效。补充鉴定中无司法鉴定委托书、建设司法鉴定协议书,无有关检验、测绘报告、记录、图片、照片及其他资料。补充报告第三部分第1－4项都超出鉴定许可范围;第5项,对于签证单未签证部分造价应按勤业公司提供的证据确认实际发生的工程量。(3)补充鉴定基于新世纪公司出具的检测报告作出估价结论,显然不当。补充鉴定对不合格部分进行扣减明显错误,鉴定按有无签单来确定变更增加的工程量不合法。

关于鉴定资质,二审法院认为,一审中涉及的司法鉴定是一审法院在诉讼过程中根据当事人申请依法定程序委托鉴定所形成的司法鉴定结论。相关鉴定机构属于浙江省高级人民法院审核认定并公布的鉴定单位,已列入备案名册范围之内,相关鉴定人员亦具有相应的行业从业资质证书,应当认定资质完备,勤业公司主张鉴定机构和鉴定人员无相应资质没有法律依据,二审法院不予采信。二审法院驳回上诉,维持原判。

之后,勤业公司提出再审申请,认为鉴定报告无效,应当重新鉴定。(1)鉴定机构新世纪公司并无建筑装饰工程质量检测鉴定资格,鉴定人员也未经审核登记并取得执业证，属超业务范围鉴定。(2)鉴定机构新世纪公司对双方无争议的事实进行鉴定。(3)绍兴大业建设工程管理有限公司出具的补充鉴定报告无效，该公司没有取得《司法鉴定许可证》，鉴定人员也无《司法鉴定人执业证》，无鉴定资格……

【裁判理由】

一审在双方同意基础上，依照司法鉴定程序的规定，组织确定鉴定机构并移送司法鉴定，程序并无不当。鉴定机构系鉴定名录范围内选择产生，勤业公司主张鉴定机构不具备相应鉴定资质，缺乏依据……鉴定机构所作的鉴定结论，在勤业公司提出的异议不能成立的情形下，依法应予采纳。原审依鉴定结论作出判决，符合法律规定。

【案例评析】

本案具体涉及建设工程合同纠纷中，鉴定名册制度是否决定鉴定机构的资质，进而影响鉴定意见合法性的问题。本案二审和再审中，当事人勤业公司都对案涉鉴定意见，分别从鉴定资质、鉴定程序、鉴定内容和鉴定结论等方面提出了异议，进而否定鉴定意见的真实性、合法性，以期启动重新鉴定。二审法院和再审法院都驳回了该异议。

建工合同纠纷中，鉴定问题复杂且极具重要性，当鉴定机构作出对当事人不利的鉴定意见时，当事人往往希望启动重新鉴定，从鉴定机构及人员的资质出发便是第一步。本案再审法院肯定了案涉鉴定机构资质的合法性，其理由为“鉴定机构系鉴定名录范围内选择产生，勤业公司主张鉴定机构不具备相应鉴定资质，缺乏依据”。该院所言“鉴定名录”系出自 2015 年全国人民代表大会常务委员会《关于司法鉴定管理问题的决定》第 2 条。再审法院以鉴定机构系鉴定名录范围内选择产生从而认可鉴定机构资质及鉴定意见的合法性，无可厚非。但鉴定名录并非对鉴定机构的资质的认可，如其本身不具备鉴定资质，影响鉴定意见的合法性，故而并不因其在鉴定名录中而对其鉴定意见进行认可。需明确的是，建设工程司法鉴定不属于司法部门管理的司法鉴定类别之一。

鉴定实行类别登记、备案制，并非所有的鉴定都纳入司法行政部门的名录，也并非没有纳入的都不具有证据能力。2015 年全国人民代表大会常务委员会《关于司法鉴定管理问题的决定》第 2 条明确规定，“国家对从事下列司法鉴定业务的鉴定人和鉴定机构实行登记管理制度：(一)法医类鉴定；(二)物证类鉴定；(三)声像资料鉴定;(四)根据诉讼需要由国务院司法行政部门商最高人民法院、最高人民检察院确定的其他应当对鉴定人和鉴定机构实行登记管理的鉴定事项。法律对前款规定事项的鉴定人和鉴定机构的管理另有规定的,从其规定”。由此可见,并非所有司法鉴定都纳入登记管理制度,即“鉴定名录”。

2015 年,环境损害司法鉴定也纳入司法行政部门统一登记管理范围,从此,只有法医类、物证类、声像资料和环境损害四类鉴定由司法行政部门统一登记管理,其他鉴定事项不属于司法行政部门统一登记管理范围。

2020 年 3 月 25 日,司法部办公厅发布《关于开展司法鉴定机构和鉴定人清理整顿工作的通知》(司办通〔2020〕27 号),清理整顿全国经司法行政机关登记的司法鉴定机构和鉴定人的执业资格及其执业行为。其中,关于清理整顿内容要求:对明确属于从事“四类外”鉴定业务的鉴定机构和鉴定人,依法坚决注销登记;对已登记的“四类外”鉴定机构中所从事的鉴定业务确属“四大类”鉴定类别的,依法变更登记。该条再次确认了除“四类外”,其他鉴定事项不属于要求统一登记管理的范围,司法实践中行政部门超范围登记没有法律依据。

另外,司法实践中也存在另一个所谓“对外委托名册”,其性质在最高人民法院《关于北京市司法局就登记管理的鉴定机构均进入北京法院专业机构名册意见的复函》(法办函〔2019〕604 号)中有所明确:“对外委托名册只是人民法院开展委托鉴定工作的使用名单,并非行政许可,没有进入人民法院对外委托名册的各类社会中介机构,仍然可以接受公安、检察、行政机关、当事人等社会各界的委托,并不影响其执业。”

【相关依据】

全国人民代表大会常务委员会《关于司法鉴定管理问题的决定》

二、国家对从事下列司法鉴定业务的鉴定人和鉴定机构实行登记管理制度:

(一)法医类鉴定;

(二)物证类鉴定;

(三)声像资料鉴定;

(四)根据诉讼需要由国务院司法行政部门商最高人民法院、最高人民检察院确定的其他应当对鉴定人和鉴定机构实行登记管理的鉴定事项。

法律对前款规定事项的鉴定人和鉴定机构的管理另有规定的,从其规定。

九、在诉讼中,对本决定第二条所规定的鉴定事项发生争议,需要鉴定的,应当委托列入鉴定人名册的鉴定人进行鉴定。鉴定人从事司法鉴定业务,由所在的鉴定机构统一接受委托。

鉴定人和鉴定机构应当在鉴定人和鉴定机构名册注明的业务范围内从事司法鉴定业务。

鉴定人应当依照诉讼法律规定实行回避。

最高人民法院《关于民事诉讼证据的若干规定》

第四十条 当事人申请重新鉴定,存在下列情形之一的,人民法院应当准许:

(一)鉴定人不具备相应资格的;

(二)鉴定程序严重违法的;

(三)鉴定意见明显依据不足的;

(四)鉴定意见不能作为证据使用的其他情形。

存在前款第一项至第三项情形的,鉴定人已经收取的鉴定费用应当退还。拒不退还的,依照本规定第八十一条第二款的规定处理。

对鉴定意见的瑕疵,可以通过补正、补充鉴定或者补充质证、重新质证等方法解决的,人民法院不予准许重新鉴定的申请。

重新鉴定的,原鉴定意见不得作为认定案件事实的根据。

第四十一条 对于一方当事人就专门性问题自行委托有关机构或者人员出具的意见,另一方当事人有证据或者理由足以反驳并申请鉴定的,人民法院应予准许。

最高人民法院办公厅《关于北京市司法局就登记管理的鉴定机构均进入北京法院专业机构名册意见的复函》

一、关于地方司法行政部门登记管理范围问题

《全国人民代表大会常务委员会关于司法鉴定管理问题的决定》(以下简称《决定》)第二条规定,司法行政管理部门对法医类、物证类、声像资料和根据诉讼需要由司法部商最高人民法院、最高人民检察院确定的鉴定事项进行登记管理。2015 年,经司法部商最高人民法院、最高人民检察院同意,将环境损害司法鉴定纳入司法行政部门统一登记管理范围。至此,只有法医类、物证类、声像资料和环境损害四类鉴定(以下简称四类鉴定)由司法行政部门统一登记管理,其他鉴定事项不属于司法行政部门统一登记管理范围。

裁判规则 11　鉴定意见的认证理由

【案例信息】

名称：上海数众投资管理有限公司（以下简称数众公司）与上海市安装工程集团有限公司（以下简称安装公司）建设工程施工合同纠纷

案号：（2019）沪民终 72 号

法院：上海市高级人民法院

【关联事实】

2014 年 10 月 28 日，数众公司（发包方）与安装公司（承包方）签订《上海国际集控数据平台（数众云）项目建设工程 EPC 总承包合同》。该合同第一部分《合同协议书》约定，工程名称：上海国际集控数据平台（数众云）项目。工程内容及规模：上海国际集控数据平台（数众云）项目施某总承包，建筑面积约 12000 平方米。工程承包范围：（1）按照发包方对机房基础和墙面板材的材料参数要求进行设计施某（要达到发包方要求及安全技术指标）；（2）机房的设计、选材、材料采购、机房装饰、地面防静电处理、材料搬运等；（3）机房的动力装置（包括外电引入的接口、备用电源的安装调试）、室内设备、空调、照明等安装、电源布线等；（4）配合发包方进行设备的调试、调测；（5）机房的接地及防雷处理（按国家标准）；（6）机房的消防设施、安全监控等相关设施的施某安装及报验。施某开工日期：2014 年 11 月 1 日。发包方客户具备进场布线条件日期：2015 年 3 月 31 日。建设完成日期：2015 年 4 月 10 日完成数据中心全部工程建设，2015 年 4 月 30 日完成工程验收。

该合同第二部分《通用条款》第 14.12.4 款约定，发包方在接到承包方根据第 14.12.1 款约定提交的竣工结算报告和完整的竣工结算资料的 30 日内，未能提出修改意见，也未予答复的，视为发包方认可了该竣工结算资料作为最终竣工结算资料。

由于承包方施某原因使竣工日期延误，每延误 1 日的误期赔偿金额为合同协议书中承包方递交的履约保证金的 3‰或叁拾万元（小写金额：300000 元）。在建筑施某实施过程中，出现工程质量等相关问题经发包方提出整改意见后，承包方未能加以落实整改，则罚款拾万至叁拾万元（小写金额：100000 元至 300000 元）。

双方根据本工程特点，商定的变更范围：机柜数量变更、发包方客户设计变更所导致的设备施某变更。变更价款约定的其他方法：当本工程机柜数量或施某设备产生确定性变更后，由发包方在第五次付款时如数支付相应机柜数量增减所增加的工程款。

2015 年 4 月 30 日，安装公司、数众公司及监理单位上海宝钢工程咨询有限公司签署《竣工验收报告》，监理验收意见一栏载明，符合要求，验收合格。

数众公司方陈某签收竣工资料移交（1）及竣工资料移交（2），共计涉及 42 组资料，并注明内容待查。

2016 年 6 月 28 日，安装公司向数众公司发出《告知函》，载明，双方签订《上海国际集控数据平台（数众云）项目建设工程 EPC 总承包合同》后，安装公司按约于 2015 年 4 月 30 日项目按期完工并交付业主方使用，同时，安装公司于 2016 年 1 月已正式递交结算书。根据双方合同约定，数众公司应于 2016 年 5 月 1 日支付 5000 万元及相应利息（利息从 2015 年 5 月 1 日至 2016 年 5 月 1 日）776.25 万元，共计到期合同款 57762500 元，截至目前，仅收到数众公司支付的应付款中的1500 万元，到期应付款中尚有 42762500 元未予支付。安装公司已经向数众公司多次催讨该笔款项，但数众公司至今仍未安排付款。鉴于上述事实，现请数众公司务必于 2016 年 7 月 6 日前付清上述到期应付款 42762500 元，同时根据合同约定对项目增加部分工作量进行结算，否则，安装公司将循法律途径解决由此造成的损失。望数众公司在收到告知函 3 日内给予书面答复。

数众公司于 2016 年 6 月 30 日向安装公司发出《回复函》，载明，"贵公司 2016 年 6 月 28 日的'告知函'已收悉，我公司对未能按照合同约定支付贵公司 5000 万元全部的工程款及相应利息表示歉意。为使该数据中心项目更好的发展，我公司引进了新的合作伙伴，计划利用空闲的空间新增机柜，提供给已确定的优质客户使用。从 2016 年 4 月开始至今，我公司与合作伙伴已经达成了发展目标及合作意向。目前正处于尽职调查和财务审计阶段，因此停止了相关支付及增项的结算。根据我公司与合作伙伴双方的约定，2016 年 7 月下旬我公司将完成增资扩股，届时我公司将支付贵公司的工程款，同时支付因拖延而增加的利息。贵公司在项目建设及目前的维护工作中与我方合作都非常愉快，希望在今后的协作中继续互相支持，相互谅解。不希望采用法律途径解决我们之间暂时拖延支付的问题。我方将尽快完成公司重组。2016 年 8 月中旬支付本年度对贵公司的拖延合同款，完成增项部分的清算"。

2015 年 1 月 8 日，数众公司支付安装公司 4500 万元。2015 年 2 月 13 日，数众公司支付安装公司 2500 万元。2015 年 2 月 17 日，数众公司支付安装公司2000 万元。2015 年 4 月 2 日，数众公司支付安装公司 4500 万元。2016 年 1 月 29 日，数众公司分两笔分别支付安装公司 300 万元、200 万元。2016 年 2 月 1 日，数众公司支付安装公司 500 万元。2016 年 2 月 2 日，数众公司支付安装公司 500 万元。2016 年 6 月 13 日，数众公司支付安装公司 1500 万元。

【裁判理由】

关于本案争议焦点之一，系争工程是否存在质量问题。系争工程于 2015 年 4 月 30 日办理竣工验收手续，应当据此推定系争工程符合质量要求，即使之后投入使用过程中发生质量问题，亦仅应当由安装公司在保修期内承担保修责任。

一审法院认为，数众公司关于工程质量问题的证据中，监理工地例会纪要及监理周报均发生于竣工验收之前，而监理回访报告无监理单位盖章，真实性尚难确认，上述证据明显不能证明系争工程在竣工验收时仍存在质量问题。同济大学房屋质量检测站于 2014 年 12 月 11 日出具的检测报告，系针对安装公司施某之前的检测，亦明显不能证明安装公司施某完成后尚存在质量问题。数众公司提供的同济大学建筑设计研究院（集团）有限公司出具的安全性评估、结构承重可行性评估及加固措施方案载明，该公司系接受案外人朝亚公司委某，在将对本案系争工程外的三四层承重加固进行可行性研究的背景下出具相关报告，因此，上述报告不能作为认定系争工程是否存在质量问题的依据。相反，安装公司提供的抗震鉴定报告及 2016 年 3 月 17 日的质量回访记录表、征求质量意见书等证据，可以证明系争工程不存在质量问题，且数众公司在竣工验收之后多次对此予以确认。安装公司提供的双方关于工程款支付的往来函件中，数众公司对拖欠工程款表示歉意，并表示将通过融资等方式解决工程款的支付问题，亦从未提及系争工程存在质量问题。综上，综合安装公司及数众公司提供的证据，可以认定系争工程质量合格，数众公司应当按约履行支付工程款的义务。数众公司以系争工程存在质量问题为由，要求安装公司支付相应违约金，缺乏事实依据。

二审法院认为，系争工程于 2015 年 4 月 30 日办理竣工验收，数众公司及监理单位已确认验收合格，说明工程符合质量要求。投入使用后，在安装公司的质量回访记录表、征求质量意见书上，数众公司均未反映有质量问题。在双方关于工程款支付的往来函件中，也只反映数众公司对拖欠工程款表示歉意，亦从未提及工程存在质量问题，直至本案诉讼之前，均无证据显示其曾向安装公司提出过质量问题，并要求安装公司承担修复责任。数众公司一审中提供的同济大学建筑设计研究院（集团）有限公司出具的安全性评估、结构承重可行性评估及加固措施方案载明,该公司是接受案外人委某,在将对本案系争工程外的三四层承重加固进行可行性研究的背景下出具的相关报告,数众公司现以此证明系争工程主体存在质量问题,缺乏依据,其申请对质量问题进行鉴定,一审法院认为有拖延诉讼之嫌,未予准许,本院予以认同。

关于本案的另一争议焦点,增加工程的造价结算。根据双方提供的关于工程款的交涉函件,对于增加工程款的结算,数众公司收到安装公司递交的增补结算文件后,双方一直在进行协商,因此,增加工程款的结算不应简单地依据上述约定以安装公司单方递交的增补结算文件作为结算依据。经安装公司申请,一审法院依法通过上海市高级人民法院委某第一测量师事务所进行了司法鉴定。针对鉴定意见及补充鉴定意见,双方当事人均提出了异议,鉴定单位亦作出了详细回复。鉴于鉴定单位及鉴定人具有相应资质,鉴定程序经鉴定单位补正,亦无不合法之处,鉴定依据充分,鉴定人对双方异议所作回复具有合理性,一审法院对鉴定意见及补充鉴定意见,予以采信。数众公司申请更换鉴定单位,重新进行鉴定,缺乏依据,一审法院不予准许。

二审法院认为,关于增加工程的造价结算中的鉴定程序问题。数众公司认为鉴定程序违法,鉴定意见书不能作为本案确定增加工程造价的依据,第一测量师事务所对其异议均作出了回复,数众公司一审中曾明确表示对鉴定单位及鉴定人资格予以认可。本院认为,鉴于鉴定单位及鉴定人具有相应资质,鉴定程序经鉴定单位补正,亦无不合法之处,鉴定人亦到庭接受质询,对增加工程款的司法审价鉴定意见及补充鉴定意见,可以作为本案事实认定的依据。数众公司申请重新鉴定,缺乏依据,不予准许。

【案例评析】

本案例涉及建设工程施工合同纠纷中,司法鉴定意见的认证及理由问题。本案中,关于司法鉴定的争议点主要集中系争工程是否存在质量问题以及增量工程的造价结算。系争工程是否存在质量问题主要围绕三份鉴定报告展开,一审法院和二审法院并没有认可同济大学房屋质量检测站于 2014 年 12 月 11 日出具的检测报告和数众公司提供的同济大学建筑设计研究院(集团)有限公司的检测报告在争议点上的证明力,都没有采信。相反,安装公司提供的抗震鉴定报告等证据,证明了系争工程不存在质量问题。

在增量工程的造价结算,数众公司对鉴定程序提出异议,认为鉴定程序违法,鉴定意见书不能作为本案确定增加工程造价的依据，对包括司法鉴定人自行对鉴定意见书进行复核、现场勘验时司法鉴定人未到场、鉴定单位私自接受安装公司提交的未经质证的鉴定材料、鉴定单位超出其资质等。鉴定单位对上述异议均作出回复并出具补充鉴定意见，载明已另外指定造价工程师对原鉴定意见进行复核，复核人员同意原鉴定意见。另外，所有鉴定意见及相关材料均已交双方质证，鉴定单位对双方的质证意见也出具了书面回复说明。

除法律规定的情形外，提出司法鉴定申请往往是负有举证义务一方当事人的举证行为。很多建设工程合同纠纷的原告在提起诉讼时，就会向法院提交一份单方委托的鉴定报告。诉讼中，被告往往会以系原告单方委托为由不承认鉴定结论，原告只得向法院提出鉴定申请。法院同意后又产生一份鉴定结论。一个纠纷中可能存在数份鉴定报告，根据提供的鉴定材料或者时间因素，鉴定结果可能存在差异或者大相径庭。同一案件产生多份鉴定结论，结论之间相互冲突，对法官提出了相当大的挑战。

一般而言，法院采纳鉴定单位出具的鉴定意见的前提有：(1)委托鉴定的程序合法；(2)鉴定单位对当事人异议进行复核、调整、回复；(3)鉴定人员能够出庭接受质询；(4)当事人对鉴定意见及相关材料均进行了质证；(5)针对提出的异议，当事人无法举证或者不足以推翻鉴定意见。

【相关依据】

《建设工程施工合同司法解释(一)》(法释〔2020〕25 号)

第十九条　当事人对建设工程的计价标准或者计价方法有约定的，按照约定结算工程价款。

因设计变更导致建设工程的工程量或者质量标准发生变化，当事人对该部分工程价款不能协商一致的，可以参照签订建设工程施工合同时当地建设行政主管部门发布的计价方法或者计价标准结算工程价款。

建设工程施工合同有效，但建设工程经竣工验收不合格的，依照民法典第五百七十七条规定处理。

第二十条　当事人对工程量有争议的，按照施工过程中形成的签证等书面文件确认。承包人能够证明发包人同意其施工，但未能提供签证文件证明工程量发生的，可以按照当事人提供的其他证据确认实际发生的工程量。

第二十一条　当事人约定，发包人收到竣工结算文件后，在约定期限内不予答复，视为认可竣工结算文件的，按照约定处理。承包人请求按照竣工结算文件结算工程价款的，人民法院应予支持。

第三十一条 当事人对部分案件事实有争议的，仅对有争议的事实进行鉴定，但争议事实范围不能确定，或者双方当事人请求对全部事实鉴定的除外。

第三十三条 人民法院准许当事人的鉴定申请后，应当根据当事人申请及查明案件事实的需要，确定委托鉴定的事项、范围、鉴定期限等，并组织当事人对争议的鉴定材料进行质证。

第三十四条 人民法院应当组织当事人对鉴定意见进行质证。鉴定人将当事人有争议且未经质证的材料作为鉴定依据的，人民法院应当组织当事人就该部分材料进行质证。经质证认为不能作为鉴定依据的，根据该材料作出的鉴定意见不得作为认定案件事实的依据。

裁判规则 12 另案鉴定报告并非本案鉴定意见，是否采信需法院具体判断

【案例信息】

名称：上海农工商建设发展有限公司（以下简称农工商公司）与昆山明丰房地产有限公司（以下简称明丰公司）建设工程施工合同纠纷

案号：（2020）苏民终 425 号

法院：江苏省高级人民法院

【关联事实】

农工商公司系具有一级建筑工程施工总承包资质的总承包企业。

2010 年 6 月 30 日，明丰公司与农工商公司订立《建设工程承包补充合同》（以下简称补充合同），约定由农工商公司承包明丰公司开发的英伦尊邸项目的土建和安装工程，承包方式为包工包料，工程暂定总价为 30247.9869 万元，最终按本合同结算条款结算；本合同签署一周内，农工商公司向明丰公司支付工程履约保证金 300 万元，于脚手架拆除后返还。

2010 年 7 月 23 日，明丰公司与农工商公司就英伦尊邸一标段（D1 – D10/L1 – L12 楼建筑安装工程）、英伦尊邸二期（G1 – 4、G14 – 16#高层住宅楼、全地下车库

及 L13#公寓楼建筑安装工程)、英伦尊邸三期(G5# －12#高层住宅楼建筑安装工程)、英伦尊邸四期幼儿园、1 －3#商铺、综合用房、人防车库(地下人防工程)、半地下车库(地下车库　)、G13#高层住宅楼及门卫工程订立了四份建设工程施工合同。四份合同分别约定了开工日期和竣工日期。四份合同中均约定,合同价款采用可调价格合同,其中三份对合同价款调整方式未作约定。

上述合同订立后,农工商公司按约进行施工。工程陆续完工并分期进行了竣工验收备案,其中一期工程于 2011 年 12 月 22 日进行竣工验收备案,二期、四期工程于 2013 年 8 月 9 日进行竣工验收备案,三期工程于 2012 年 12 月 31 日进行竣工验收备案。

2018 年 12 月 5 日,受明丰公司的委托,立信公司出具《关于英伦尊邸项目结算审核的咨询报告》。2019 年 1 月 4 日,农工商公司向明丰公司发送《关于张浦英伦尊邸项目要求继续推进决算的函》,载明:贵我双方于 2018 年 11 月 30 日就图纸(安装工程已经在诉讼发生争议的因素未包括在内)和部分签证工程量的审核达成共识,该部分造价金额为 42259. 888074 万元,但贵方虽经我方多次索讨,至今未能将该部分相应的决算报告文本(包括电子版)向我方提供,贵司亦对我司要求的在此共识以外的问题与分歧继续商讨没有给予响应。为避免误读甚至曲解,明晰事实,我司郑重声明:42259. 888074 万元的金额并非项目结算的全部,客观存在的问题和分歧应按双方原定计划在完善资料、共同甄别后实事求是处理。2019 年 1 月 8 日,明丰公司收到上述函件。

2009 年 3 月 5 日下午,明丰公司召开的总经理办公会会议记录显示,对附件 5 的讨论意见。孙某良:我认为结算价已经确定。金某永:整个付款过程中有很多因素造成借款问题,如合同没签,工程协作合同价偏低、付款比例低,施工单位做不了,春节期间农民工吵闹,为了控制付款比例,以借款形式付出。所有支付都是根据工程进展控制在一定比例内支付,虽名为借款,实际是指工程款,支付是双方股东一致同意的。但是在后续操作中事情没有做好,后续付工程款的时候没有及时把借款问题处理好。结算 4. 2 亿元是大家都认可的,都签字了,现在施工单位又提出异议,项目公司拟一份函限定时间让施工单位提供证据资料,没有理由的超付部分该追回的一定要追回。刘某俊:3100 万元要追回且要计利息。

此后,农工商公司与明丰公司未能就争议问题达成一致,农工商公司遂以起诉理由诉至一审法院,请求判如所请。

2017 年 1 月 4 日,胡某福以英伦尊邸水电安装工程实际施工人的身份向江苏省昆山市人民法院(以下简称昆山市法院)起诉农工商公司与明丰公司,要求农工商公司与明丰公司支付工程款和利息。该案审理过程中,昆山市法院委托苏州吉泰建设项目管理有限公司(以下简称吉泰公司)进行工程造价鉴定,吉泰公司出具鉴定报告,确认英伦尊邸项目水电安装工程造价为 1283.855097 万元。明丰公司认为该鉴定报告的基础材料源于胡某福以及向城建档案馆调取的资料,无法确认胡某福就是涉案工程的实际施工人,该鉴定报告的真实性无法核实,如果内容真实,仅约束胡某福和农工商公司,农工商公司与明丰公司应当依照双方相应的合约和签证单进行结算。昆山市法院作出(2018)苏 0583 民初 16513 号民事判决:(1)农工商公司于判决生效之日起 10 日内支付胡金福工程款 54.79986 万元及逾期付款利息(以 54.79986 万元为基数,自 2014 年 1 月 1 日起计算到实际支付之日止,按照中国人民银行同期同类贷款基准利率计算);(2)明丰公司在未付工程款范围内对上述给付义务承担连带清偿责任。后农工商公司不服,向江苏省苏州市中级人民法院提起上诉。二审中胡某福提出书面申请,以其一审中已申请冻结了农工商公司 100 万元银行存款,且农工商公司与明丰公司的建设工程施工合同纠纷还在一审诉讼过程中,等待时间漫长为由,请求撤销并放弃对明丰公司的诉讼请求。江苏省苏州市中级人民法院遂于 2019 年 9 月 26 日作出(2019)苏 05 民终 6393 号民事判决,维持一审判决第 1 项,撤销一审判决第 2 项。

本案二审中的争议焦点是:(1)双方当事人是否已对人工费补差达成合意,农工商公司主张的人工费补差能否成立;(2)明丰公司是否应当向农工商公司支付胡金福案件中的司法鉴定意见与立信公司咨询报告间的差额款;(3)明丰公司是否应向农工商公司支付华某签字的《英伦尊邸农工商一队结算说明》与立信公司咨询报告间的差额款。

关于工农商公司主张明丰公司承担该案中司法鉴定报告与立信公司咨询报告关于水电部分的差价,一审法院不予支持。

一审之后,上海农工商建设发展有限公司提起上诉,请求:(1)撤销一审判决,改判明丰公司支付工程款 3818.900868 万元(人工补差款 2900.315608 万元,一队结算差价 496.80996 万元、胡某福结算差价 421.7753 万元);(2)一、二审案件受理费均由明丰公司负担。理由为:胡某福案件司法鉴定意见应直接作为本案的结算依据,明丰公司应当支付司法鉴定意见与立信公司咨询报告之间的差额款 421.7753

万元。明丰公司系胡某福诉讼案件的当事人，该案中的司法鉴定意见对明丰公司具有约束力。胡某福案件审理中，明丰公司并未就包含人工补差在内的鉴定方法和金额提出异议，也证明双方就人工补差问题已经形成合意。

【裁判理由】

江苏省高级人民法院认为，农工商公司承接了英伦尊邸项目后，将其中部分水电安装工程交给胡某福施工，胡某福与农工商公司因工程结算事项产生争议，遂诉至法院，请求判令农工商公司支付欠付的工程价款及利息，明丰公司作为工程的发包人在欠付工程款的范围内承担清偿责任。根据合同相对性，胡某福应当参照其与农工商公司之间的约定结算工程价款，明丰公司应当参照其与农工商公司之间的约定结算工程价款。胡某福案中，鉴定机构作出的司法鉴定意见，系对胡某福与农工商公司之间工程价款的结算，并不当然对明丰公司产生法律约束力。而且，胡某福案件的司法鉴定意见于2017年12月20日出具，而此后，明丰公司又委托立信公司对包括胡某福施工范围在内的全部工程造价进行审核，明丰公司与农工商公司于2018年11月30日签署《工程结算审核单》，对双方之间的工程造价签字盖章确认，进一步表明明丰公司、农工商公司均确认双方之间的工程结算应当依照双方之间的约定进行，胡某福案的司法鉴定意见并不对明丰公司产生法律约束力。因此，农工商公司主张明丰公司应当依照胡某福案件的司法鉴定意见确定的金额向农工商公司支付421.7753万元的差额款，没有事实和法律依据，一审法院未予支持，并无不当。

【案例评析】

本案涉及另案的司法鉴定报告的效力及法院认定的问题。当事人明丰公司为案涉工程发包人，农工商公司为承包人，农工商公司承接了英伦尊邸项目后，将其中部分水电安装工程交给胡某福施工，胡某福为案涉部分工程的实际施工人。早在2017年1月4日，胡某福以英伦尊邸水电安装工程实际施工人的身份向昆山市法院起诉农工商公司与明丰公司，该案审理中，一审法院委托有关鉴定机构作出了司法鉴定意见，该司法鉴定意见对人工费按政府指导价进行了调整。承包人农工商公司提出以胡某福案中的司法鉴定报告直接作为本案的结算依据，明丰公司应当支付差额款421.7753万元实际并无法律依据。

首先，胡某福案中的司法鉴定意见系对胡某福与农工商公司之间工程价款的结算,故而胡某福案件的司法鉴定意见并不当然约束明丰公司。其次,因为诉累,胡某福最终亦撤回了对明丰公司的诉请。最后,基于合同的相对性,实际施工人胡某福与承包人农工商公司应当参照双方的约定结算工程价款,发包人明丰公司与承包人农工商公司应当双方的约定结算工程价款,发承包方对工程款约定的上浮下浮,以及诉讼过程中作出的让步协调不能跨越建设工程合同的相对性。因此,胡某福案件的司法鉴定意见对本案当事人明丰公司和农工商公司不能产生约束力,亦不能证明双方就人工费调整达成了确定的一致意见。

分析此案还需厘清以下两个疑问。

第一,此案可否突破合同的相对性原则。《建设工程施工合同司法解释(一)》第43条赋予规定实际施工人可以通过直接起诉发包人来主张权利。其法理基础主要有两种观点:其一,不当得利说。该观点认为实际施工人通过劳动和建筑材料物化成具体的建筑工程,该工程为实际施工人的劳动成果。又因实际施工人与非法转包人之间不存在有效合同,非法转包人实际取得的实际施工人的建筑工程成果应当为不当得利。发包人虽基于其合法有效的施工合同可合法取得建设工程所有权,但如未依约支付所有工程款,未支付部分应属不当得利。其二,代位权延伸说。该观点认为实际施工人的工程款请求权属于债权请求权,是代位权在建设工程合同范围的适用。但此种情况下,也仅是赋予实际施工人以突破合同相对性原则的权利,以债权请求权为表现,分包人或承包人(非法转包人)并不具有此等权利。

第二,另案所做的鉴定意见是为何种属性。鉴定意见是指各行业的专家对案件(项目)中的专门性问题所出具的专门性意见。根据《民事诉讼法》(2021年修正)第66条的规定,鉴定意见属于证据的一种,必须查证属实,才能作为认定事实的根据。但具体到本案中,胡某福案的司法鉴定意见并不出自本案,是否属于“本案”的鉴定意见呢?在(2019)最高法民申100号案件中,最高人民法院认为,另案作出的鉴定报告仅属书证,非属本案鉴定意见,人民法院审查后认为其难以证明案件事实的依法可以不予采信。笔者认为此种观点更为合理,另案的司法鉴定意见仅属于书证的一种,并不能当然认定案件事实,还需其他证据加以证明。鉴定意见兼具科学性和证据性的双重属性,只有鉴定人员的出庭、经过一系列的询问和质证详细解答法官和当事人的询问,才能充分展现案件事实,达到鉴定意见作为证据的基本要求。

【相关依据】

《民事诉讼法》

第六十六条　证据包括：

（一）当事人的陈述；

（二）书证；

（三）物证；

（四）视听资料；

（五）电子数据；

（六）证人证言；

（七）鉴定意见；

（八）勘验笔录。

证据必须查证属实，才能作为认定事实的根据。

《建设工程施工合同司法解释（一）》（法释〔2020〕25号）

第四十三条　实际施工人以转包人、违法分包人为被告起诉的，人民法院应当依法受理。

实际施工人以发包人为被告主张权利的，人民法院应当追加转包人或者违法分包人为本案第三人，在查明发包人欠付转包人或者违法分包人建设工程价款的数额后，判决发包人在欠付建设工程价款范围内对实际施工人承担责任。

裁判规则13	诉讼前已经对工程造价达成协议的，法院对工程造价的鉴定申请不予准许

【案例信息】

名称：苏州恒翔酒店管理有限公司（以下简称苏州恒翔公司）与上海建工五建集团有限公司（以下简称建工五建公司）、天下粮仓集团有限公司（以下简称天下粮仓公司）建设工程合同纠纷

案号：（2019）沪民申1061号

法院：上海市高级人民法院

【关联事实】

2016年2月1日，天下粮仓公司作为甲方、建工五建公司作为乙方，双方签订了《关于天下粮仓三十万吨谷物磨制加工中心厂房扩建项目复工协议》，约定30万吨谷物磨制加工中心厂房扩建项目因甲方长期拖欠工程进度款而导致自2010年5月工程全面停工。

本案一审庭审中，天下粮仓公司向法庭提交了汇总表、涉案工程的照片、建设工程施工合同等，证明建工五建公司至今没有完成工程，且工程存在质量问题，建工五建公司应当履行的报告义务和结算义务都没有履行，应当承担违约责任，天下粮仓公司为此就建工五建公司已完成的工程量、实际误工量及是否按图施工提出了鉴定申请。建工五建公司则质证认为，真实性不认可，照片反映的现场和时间都无法确定，普陀法院已经判令解除了原合同，根据2017年1月5日的结算书和4－6月三个月的工作量，建工五建公司已经完成复工协议的内容，项目是否完工和完成结算书中工程是两个概念，工程已经在2016年6月30日交付给天下粮仓公司，根据司法解释的规定，工程一旦交付使用，建设单位不得以工程质量存在问题为由不予支付工程款。墙体开裂和剥落可能是因为天下粮仓公司使用不当导致的，也可能是建工五建公司为了止损多次停工导致的。苏州恒翔公司质证认为，对于汇总表和照片认可，需要对质量问题和工程进行鉴定，并提出了相关的申请。

一审法院认为，当事人应当按照约定全面履行自己的义务。本案中，建工五建公司、天下粮仓公司签署的扩建项目复工协议、补充说明及承诺函、报价书、备忘录等均系双方的真实意思表示，合法有效，双方均应恪守。……天下粮仓公司及苏州恒翔公司的辩称意见，与已查明的事实不符，不予采纳，对于其相应的鉴定申请，亦不再准许。

一审法院驳回了天下粮仓公司及苏州恒翔公司的鉴定申请，审理后于2018年8月31日作出(2017)沪0117民初8386号判决。

苏州恒翔公司提出上诉，请求撤销一审判决，改判驳回建工五建公司一审中的全部诉讼请求；本案一审、二审案件受理费由建工五建公司负担。上诉人认为会签单、进度表、进度款汇总申请表等证据并不具备证明力，故建工五建公司提供的结算依据不能证明结算书系建工五建公司、天下粮仓公司真实的意思表示，涉案工程的工程价款总额应通过司法鉴定予以确认。

二审法院认为，涉案结算书、备忘录、工程款收款明细、复工报价书、款项支付会签单及附件等，可以相互印证建工五建公司与天下粮仓公司实际履行了合同并就工程款结算达成一致之意思表示。苏州恒翔公司就上述证据材料提出的异议，尚不足以推翻建工五建公司与天下粮仓公司就工程款结算已协商一致的事实，苏州恒翔公司关于涉案工程价款应通过司法鉴定予以确认的上诉意见，缺乏证据证明，本院不予采纳。

二审法院驳回了上诉，维持原判，并作出(2018)沪01民终13762号判决。

苏州恒翔公司申请再审称，第一，建工五建公司提交的涉案结算书、备忘录、工程款收款明细、款项支付会签及附件等真实性存疑、形式不符合签署惯例，建工五建公司未能证明上述材料的真实性，应承担举证不能的后果，不能就此认定建工五建公司与天下粮仓公司就工程款结算达成一致，二审未对实际投入的工程款进行司法鉴定，仅根据瑕疵证据认定涉案工程款项，改变了优先受偿权的范围，系属事实认定错误和法律适用错误……

【裁判理由】

再审法院认为，本案中，建工五建公司与天下粮仓公司共同签订的涉案工程复工协议、补充说明及承诺函、复工报价书、备忘录等文件系双方当事人真实意思表示，合法有效，能够证明双方之间存在建设工程施工合同关系；涉案的工程结算书、备忘录、工程款收款明细、复工报价书、款项支付会签单及相关附件等，可以印证双方之间实际履行了施工合同并就工程款结算达成了一致的意思表示。苏州恒翔公司就上述的证据真实性提出质疑，但未就自己的主张提供任何证据予以证明，其认为原审法院认定事实错误的意见，本院不予采纳。

【案例评析】

本案例涉及申请鉴定和鉴定启动的问题。《建设工程施工合同司法解释(一)》第29条规定，“当事人在诉讼前已经对建设工程价款结算达成协议，诉讼中一方当事人申请对工程造价进行鉴定的，人民法院不予准许”。该条司法解释规定了，建设工程合同的当事人对工程造价达成一致协议的，应当诚信履约，遵守协议的约定，对诉讼中提出的鉴定申请，法院不予准许。在本案中，原审被告天下粮仓公司和原审第三人苏州恒翔公司都先后向审理法院提出鉴定申请，一审、二审和再审法院均未准许鉴定申请。涉案结算书、备忘录、工程款收款明细、复工报价书、款项支付会签单及附件等，足以相互印证建工五建公司与天下粮仓公司就工程款结算达成一致之意思表示，并且双方之间实际履行了施工合同，符合本条中的"当事人在诉讼前已经对建设工程价款结算达成协议",故而上述两家公司的申请都没有得到支持。

在建设工程司法实践中,结算协议具有独立于施工合同的效力,"结算书""结算协议"的签署表明当事人已就工程价款达成了合意。约定优先是从约原则的本质,从约原则便是工程造价司法鉴定的原则之一,具有独立法律效力的结算协议也是当事人应遵守的重要约定。实际上,这也是诚实信用原则的体现。司法实践中,达成结算协议后,当事人对工程价款又提出异议,申请鉴定,滥用鉴定权利的情形十分常见,其中不乏拖延诉讼、浪费司法资源的情况。建设工程合同的当事人如对工程造价形成了有效的协议,不存在无效或可变更、撤销的情形的,双方应恪守诚实信用原则,如约履行,诉讼中提出鉴定申请,实际上就是对该协议的否定。

对于建设工程合同的当事人,建设工程结算协议是对建设工程结算价款和支付方式的确认,关系到合同当事人的切身利益,因此,发包人和承包人应当在充分考虑工程实际情况后慎重签署。

【相关依据】

《民法典》

第七条 民事主体从事民事活动,应当遵循诚信原则,秉持诚实,恪守承诺。

第五百零九条 当事人应当按照约定全面履行自己的义务。

当事人应当遵循诚信原则,根据合同的性质、目的和交易习惯履行通知、协助、保密等义务。

当事人在履行合同过程中,应当避免浪费资源、污染环境和破坏生态。

《建设工程施工合同司法解释(一)》(法释〔2020〕25号)

第二十九条 当事人在诉讼前已经对建设工程价款结算达成协议,诉讼中一方当事人申请对工程造价进行鉴定的,人民法院不予准许。

裁判规则14 未经验收而擅自使用工程的,发包人无权主张启动工程质量鉴定

【案例信息】

名称:上海泽闻家具有限公司(以下简称泽闻公司)与上海啸典家具有限公司

（以下简称啸典公司）建设工程合同纠纷

案号：（2021）沪01民终2344号

法院：上海市第一中级人民法院

【关联事实】

2016年10月20日，泽闻公司（合同甲方、订做方）与啸典公司（合同乙方、承揽方）签订《合同书》1份，约定：项目名称：上海××酒店，交货地点：上海××酒店；附件项目报价单A4纸18页（房间）（为本合同之组成部分）……乙方严格按照甲方签字确认的材料样品和工艺要求组织生产，产品符合设计要求。本工程质量标准按样板工程施工，产品符合行业验收标准。甲方按其提供的图纸节点，签字确认的生产材料样品、色板、签字确认的图纸尺寸进行检测验收。验收标准以乙方所做样板家具为准。如未能按样板家具工艺及标准制作，甲方有权拒绝收货，由此造成的损失由乙方承担。甲方组织三方验收，并将不合格产品以书面形式通知乙方修复或更换，乙方需在甲方规定时间内维修或更换……

泽闻公司在本案一审审理过程中曾向法院申请对啸典公司定作的家具质量进行鉴定，一审法院遂依法委托上海C有限公司予以鉴定，该公司后以康德思酒店禁止各方进入导致鉴定无法进行，在协调无果的情况下，终止鉴定处理为由向法院回函答复。二审中，泽闻公司以经与酒店方沟通，酒店方愿意配合进行家具质量鉴定为由，又申请对装修工程的质量问题进行鉴定。啸典公司则主张其2017年向泽闻公司交付了工程，至今已经4年，已经过了3年质保期。泽闻公司现要求鉴定，没有意义。

【裁判理由】

本院认为，双方合同约定工程保修期为3年，现泽闻公司提出质量鉴定的申请的时点已超约定的质保期，而泽闻公司二审提供的2021年1月3日其法定代表人和总包方面人员微信聊天记录及聊天记录附件，涉及的是所谓在质保期完结前客房缺陷问题，故啸典公司有关质保期在2020年4月已经届满，泽闻公司在没有和啸典公司验收的情况下擅自使用后再提出质量异议，不符合法律规定的主张成立，泽闻公司现二审再行申请鉴定，不应予以准许。

【案例评析】

本案例涉及发包人擅自使用未经验收合格工程的情况下，法院启动质量鉴定的问题。《建设工程施工合同司法解释（一）》第14条规定，“建设工程未经竣工验收，发包人擅自使用后，又以使用部分质量不符合约定为由主张权利的，人民法院不予支持；但是承包人应当在建设工程的合理使用寿命内对地基基础工程和主体结构质量承担民事责任。”

未经竣工验收合格，发包人擅自使用的，后再提出异议，不符合《建设工程施工合同司法解释（一）》中启动司法鉴定的情况，再者，案涉工程已经实际使用，后续的质量问题属于保修范畴，此时的保修问题不能成为发包人支付工程款的抗辩事由，因此，即使发包人提起质量鉴定，亦无鉴定之必要，法院不应予以准许。

【相关依据】

《建设工程施工合同司法解释（一）》（法释〔2020〕25号）

第十四条 建设工程未经竣工验收，发包人擅自使用后，又以使用部分质量不符合约定为由主张权利的，人民法院不予支持；但是承包人应当在建设工程的合理使用寿命内对地基基础工程和主体结构质量承担民事责任。

裁判规则15 未提供足以反驳的相反证据和正当理由推翻鉴定意见的，法院可采信鉴定意见

【案例信息】

名称：宁波心广置业有限公司（以下简称心广公司）、浙江省二建建设集团有限公司（以下简称二建公司）建设工程施工合同纠纷

案号：（2019）浙民再235号

法院：浙江省高级人民法院

【关联事实】

2010年7月10日，发包人（宁波东晨置业有限公司、宁波市镇海区农村信用合作联社、宁波冠城置业有限公司、心广公司、宁波建园房地产开发有限公司、宁波市镇海区住房发展投资有限公司，以下简称六家建设单位）与承包人（二建公司）签订了一份《建设工程施工合同（镇海新城D2、D4地块商务楼项目）》。

2010年8月24日，本案双方当事人签订了一份《镇海新城D2、D4地块商务楼项目D2－4工程施工补充合同》。2011年7月25日，二建公司与六家建设单位签订了《镇海新城D2、D4地块商务楼项目补充协议（一）地下室围护工程决算》。

2013年，六家建设单位与二建公司签订了一份《镇海新城D2、D4地块商务楼项目补充合同（附属工程）》。

《陶土板幕墙分项工程质量验收记录》《玻璃幕墙（隐框）分项工程质量验收记录》《幕墙分部（子分部）工程验收记录》都载明施工单位检查评定合格，监理（建设）单位验收意见为合格且有单位盖章。2014年《单位工程竣工报告》载明：D2－4地块开工日期2010年9月15日，质量技术资料齐全完整，本工程已完成合同约定项目，符合设计及规范要求，经自检合格。

2014年10月27日，宁波市镇海区建筑（交通）工程安全质量监督站向原告发出《建筑工程质量整改通知书》，载明：质监站对D2－4商务楼工程进行了质量检查，发现以下问题：（1）部分开向通道的窗户高度低于2米……2015年二建公司出具《整改回复单》，载明：以上1－9条问题已按要求整改完成。该回复单上有二建公司、监理单位盖章，心广公司未盖章。

2015年4月22日《四方单位工程质量竣工验收记录》载明：验收发现问题：（1）建筑外立面陶土板观感质量较差，表面泛白……该记录上有双方当事人、设计单位、监理单位盖章。

二审审理中，二审法院委托浙江大合检测有限公司（以下简称大合公司）对镇海新城D2、D4地块商务楼项目D2－4工程中的幕墙工程质量及质量严重程度是否影响2015年4月22日的竣工验收通过进行鉴定。后根据大合公司建议，对委托鉴定内容进行调整，调整为：镇海新城D2、D4地块商务楼项目D2－4工程中的幕墙工程的施工质量是否符合设计及相关规范要求；如不符合，是否需要返工重做、返修或加固处理后才能进行竣工验收。大合公司于2018年1月29日出具司法鉴定报告，大合公司于2018年1月29日出具司法鉴定报告，明确：镇海新城D2、D4地块商务楼项目D2－4工程中陶土板幕墙工程施工质量不符合设计要求；玻璃幕墙（隐框、明框）工程施工质量基本符合设计要求。建议：对不符合（未满足）设计要求的部位，应按设计要求进行修复处理。检测破损部位的修复为临时性修复，在后续修复处理时，对其应予以重新按设计要求进行修复。2018年3月10日又出具鉴定说明回复函一份，明确：（1）陶土板幕墙施工与设计不符情况相对较为严重，施工与设计相比较存在结构形式改变、工艺改变、平面布置改变等重大改变，故认为陶土板幕墙工程施工质量不符合设计要求。（2）玻璃幕墙施工与设计不符情况相对较为轻微，施工与设计相比较存在缺陷，但不存在结构形式改变、工艺改变、平面布置改变等重大改变。故认为玻璃幕墙(隐框、明框)工程施工质量基本符合设计要求。(3)根据《建筑工程施工质量验收统一标准》(GB 50300 - 2013)第5.0.6条第3款规定:经有资质的检测机构检测鉴定达不到设计要求,但经原设计单位核算认为能够满足安全和使用功能的检验批,可予以验收。也就是说,不符合设计要求的缺陷经设计复核认为可以满足安全和使用要求的,仍可以给予验收。

宁波市中级人民法院二审认为,根据双方当事人的诉辩称,本案的争议焦点之一为涉案工程是否已经竣工验收合格。心广公司提出涉案工程中的幕墙工程存在质量问题,因此未通过竣工验收。二建公司提出涉案工程质量问题已整改完毕,已于2015年4月22日通过竣工验收。对此,2015年4月22日的竣工验收记录明确涉案工程存在11项问题,并"要求施工单位及时落实相关整改措施,整改工作必须到位,不留质量隐患,其中外立面陶土板问题要求施工单位尽快联系材料厂家,查明原因,提出处理方案交由监理及建设单位,获得批准后处理;立型玻璃幕墙支托节点成型观感质量较差问题,支托要求使用通长设置"。对此,二建公司虽称已整改完毕,监理单位也明确表示确实整改过,但二建公司至今未能提供业主单位心广公司最后确认为工程合格的证据,二建公司又未能提供证据证明其已按验收记录要求,联系厂家、提出处理方案,并已报心广公司同意进行整改,或整改后已要求勘察、设计、监理等单位进行确认、心广公司存在故意推诿验收的事实,结合二建公司未向心广公司提交全套完整的工程竣工资料的事实、心广公司对幕墙工程质量一直提出异议及二审审理中对幕墙工程质量进行鉴定的结果,一审法院认定涉案工程已于2015年4月22日竣工验收,依据不足。至于勘察、设计、监理等单位出具的工程勘察质量检查报告、工程设计质量检查报告、工程质量监理报告,均评定为"合格",根据《建设工程质量管理条例》第16条第1款第4项的规定,勘察、设计、施工、工程监理等单位分别签署的质量合格文件仅是建设工程竣工验收应当具备条件之一,因此上述单位的质量评定,也不能推定涉案工程已竣工验收合格。综上,涉案工程已验收合格的事实难以认定。

经二建公司申请,本院依法委托杭州华茗设计集团有限公司(以下简称华茗公司)对"大合公司出具的司法鉴定报告确认的案涉镇海新城D2、D4地块商务楼项目D2 - 4工程中陶土板幕墙施工存在的质量问题是否影响工程整体竣工验收"进行鉴定,华茗公司鉴定后出具了SJ19 - 013号司法鉴定报告,并于2020年5月

27日作出《关于"省二建需我司鉴定人员回答的问题"的回复》。

二建公司质证认为:(1)本案鉴定要求为对陶土板进行设计验算复核,并非重新质量鉴定。但华茗公司并未对陶土板施工工艺进行任何专业技术上的验算复核,严重违背鉴定目的和要求,明显违法。(2)鉴定报告对大合公司鉴定意见引用不完整、不全面,不但遗漏了该公司致宁波市中级人民法院回复函中本案可以适用《验收统一标准》第5.0.6条第2项规定的重要意见,而且擅自篡改大合公司的踏勘意见。(3)鉴定报告多处错误引用规范文件,曲解条文含义,分析意见严重失实且缺乏依据。①本案鉴定对象明确为陶土板幕墙,而陶土板属于人造板材,并非石材,但鉴定报告引用了玻璃幕墙、石材等技术规范,明显错误;②鉴定报告引用了《人造板材幕墙工程技术规范》(JGJ 336－2016),该技术规范于2016年12月1日起正式实施,而案涉幕墙设计发生在2013年,该技术规范显然不适用本案;③鉴定报告将人造板材和石材概念混淆,由此作出的意见与事实不符;④《建筑幕墙》(GB/T 21086－2007)第9.2.2条和大合公司的回复函均明确人造板材是可以使用胶粘的,但鉴定报告却认为人造板材不能仅使用胶粘,显然与国家标准不符;⑤鉴定报告认为陶土板幕墙使用胶粘严重影响安全,缺乏相应的依据;⑥根据《建筑工程施工质量验收统一标准》(GB 50300－2013)第5.0.6条第3项的规定,对于与设计不符的施工部分,允许通过原设计单位复核予以确定能否通过竣工验收,但鉴定报告却径直以本案陶土板幕墙未按图施工为由,认为不具备核算条件,缺乏依据。况且,如果鉴定机构认为不具备核算条件,理当退回鉴定,又何来鉴定意见和结论。(4)鉴定报告所涉专家论证人员资格严重不符,由此形成的专家意见严重缺乏专业性和可靠性,且程序违法。综上,华茗公司出具的鉴定报告及《关于"省二建需我司鉴定人员回答的问题"的回复》严重背离客观事实,严重缺乏事实依据,严重错误且违法,不能作为认定案件事实的依据。

心广公司质证认为,对华茗公司出具的鉴定报告及《关于"省二建需我司鉴定人员回答的问题"的回复》均无异议。

再审法院经审核认为,对于心广公司提交的证据,因二建公司在本案一审审理过程中认可收到心广公司讼争200万元汇款,且一、二审法院对该事实也予以认定,故就该款项支付事实无须再次确认。至于该款项系借款还是支付工程款,本院在事实认定部分不作处理。二建公司提交证据4系规划、环保验收,与本案讼争幕墙工程质量问题缺乏关联,故对该证据不予认定;证据1、2、3均与保修事宜相关,而保修事宜与本案诉请缺乏关联,故对该部分证据,本院不予认定。对于华茗公司出具的鉴定报告及书面回复,鉴定机构及人员均具有相应资质,委托鉴定程序及鉴定依据合法,鉴定结论明确,可以作为认定案件事实的依据。

综合法院认定事实和证据,再审法院认定:案涉工程并未竣工验收,二建公司理当继续对案涉工程予以返工或返修,并由双方当事人自行重新组织验收,故心广公司"要求二建公司立即采取整改、维修、重做等措施直至该项目工程通过工程竣工验收合格为止,并向心广公司提交全套竣工图纸在内的全部竣工资料"之反诉请求,实无支持之必要,故再审法院亦予以驳回。同时,撤销一审、二审判决,驳回二当事人的上诉和反诉。

【裁判理由】

再审法院经审核认为,对于心广公司提交的证据,因二建公司在本案一审审理过程中认可收到心广公司讼争 200 万元汇款,且一、二审法院对该事实也予以认定,故就该款项支付事实无须再次确认。至于该款项系借款还是支付工程款,本院在事实认定部分不作处理。二建公司提交证据 4 系规划、环保验收,与本案讼争幕墙工程质量问题缺乏关联,故对该证据不予认定;证据 1、2、3 均与保修事宜相关,而保修事宜与本案诉请缺乏关联,故对该部分证据,本院不予认定。对于华茗公司出具的鉴定报告及书面回复,鉴定机构及人员均具有相应资质,委托鉴定程序及鉴定依据合法,鉴定结论明确,可以作为认定案件事实的依据。

涉案的陶土板幕墙的安装方式不但与设计不符,而且无规范依据,相反,还违反了多项国家标准及规范,显然达不到"经设计单位核算、鉴定,仍可满足相关设计规范和使用功能要求"的条件……因此,本案适用《建筑工程施工质量验收统一标准》(GB 50300-2013)第 5.0.6 条第 1 款第 1 项的规定,案涉工程应当按照设计要求进行返工或返修,并重新进行验收。

为明确案涉工程是否能够竣工验收,本院依法委托华茗公司进行司法鉴定。鉴定结论表明,涉案工程部分陶土板并未通过挂件连接,而是直接胶粘在框架上,该施工工艺不仅与设计方案不符,且违反了国家标准等规范要求,必须按照设计要求进行返工或返修,并重新进行验收。根据华茗公司的鉴定结论,可以认定案涉陶土板工程目前尚不能通过竣工验收。二建公司虽对华茗公司的鉴定结论存有异议,但并未提出足以反驳的相反证据和正当理由,故二建公司的异议不能成立,本院依据该鉴定结论确认案涉工程尚不能通过竣工验收。因案涉工程尚未竣工验收，故二建公司要求心广公司支付工程款及相应利息等诉讼请求均不能成立，本院予以驳回。

【案例评析】

根据司法部于2016年发布的《司法鉴定程序通则》第2条的规定，“司法鉴定是指在诉讼活动中鉴定人运用科学技术或者专门知识对诉讼涉及的专门性问题进行鉴别和判断并提供鉴定意见的活动。司法鉴定程序是指司法鉴定机构和司法鉴定人进行司法鉴定活动的方式、步骤以及相关规则的总称”。《建设工程施工合同司法解释（一）》第32条第1款对此也有规定，“当事人对工程造价、质量、修复费用等专门性问题有争议，人民法院认为需要鉴定的，应当向负有举证责任的当事人释明。”该条采用列举式加概括式的方法指明司法鉴定的“对象”。建设工程合同纠纷的实务中，一般鉴定对象最主要的就是工程造价、工程质量、修复费用、工期等。

本案的争议焦点主要是案涉工程是否已经通过竣工验收，推及司法鉴定的对象，主要是案涉工程的质量鉴定，即幕墙工程质量是否符合设计及相关规范要求。二审审理中，二审法院委托大合公司对涉案工程的幕墙工程质量及质量严重程度是否影响2015年4月22日的竣工验收通过进行鉴定。后根据大合公司建议，将鉴定内容调整为：案涉工程中的幕墙工程的施工质量是否符合设计及相关规范要求；如不符合，是否需要返工重做、返修或加固处理后才能进行竣工验收。该鉴定单位作出的建议是合理的，二审法院初始提出的鉴定内容，除需判断案涉工程的质量是否符合外，另需综合施工进度、现场调度等非专业因素的确定，并不适合作为鉴定内容进行鉴定。

本案经历一审、二审和再审，前后三次司法鉴定，专业性较高。鉴定意见作为八大法定证据类型之一，与其他证据相比，鉴定意见具有科学性与诉讼性的统一、主观性与客观性的统一等基本特征。再审中，法院依据当事人申请对案涉工程幕墙再次启动鉴定，承包人二建公司从鉴定的内容和程序方面等方面对鉴定意见进行质证：此次鉴定并非重新质量鉴定；鉴定报告引用不完整、不全面；鉴定报告错误引用规范文件，曲解条文含义，分析意见严重失实且缺乏依据；鉴定报告中专家意见严重缺乏专业性和可靠性，且程序违法。但法院鉴定机构及人员均具有相应资质，委托鉴定程序及鉴定依据合法，鉴定结论明确，且二建公司并没有提出足够反驳鉴定意见的证据和理由，异议不成立，该鉴定意见可以作为认定案件事实的依据。

对鉴定意见的异议一般可从以下五个方面着手,以最大限度地争取裁判者的支持:(1)异议的具体内容;(2)异议的依据;(3)正确的意见;(4)正确意见的依据;(5)己方的要求。从本案来看,实务中法院对于司法鉴定的异议的要求和标准较高,需有充分可信的证据和理由,“二建公司虽对华茗公司的鉴定结论存有异议,但并未提出足以反驳的相反证据和正当理由,故二建公司的异议不能成立,本院依据该鉴定结论确认案涉工程尚不能通过竣工验收”。

更何况鉴定意见的采信还蕴含着价值判断与逻辑判断。最高人民法院《关于民事诉讼证据的若干规定》第 85 条规定,“人民法院应当以证据能够证明的案件事实为根据依法作出裁判。审判人员应当依照法定程序,全面、客观地审核证据,依据法律的规定,遵循法官职业道德,运用逻辑推理和日常生活经验,对证据有无证明力和证明力大小独立进行判断,并公开判断的理由和结果”。法院是否采信鉴定意见,不仅关乎鉴定意见的证明力、可靠度,还依赖于法官的经验和价值判断。在综合全案证据与事实的基础上,鉴定意见须能够达到法定的证明标准,对鉴定内容具有足够的证明力,方可被采信。同样地,对鉴定意见的异议也需要高度的证明力,与其他证明相印证。

最高人民法院在 2019 年也有类似案例,在海天建设集团有限公司与西安佑利置业有限公司建设工程施工合同纠纷二审民事判决书[(2019)最高法民终 1335 号]中,最高人民法院认为,“鉴定意见认为,海天公司未按规范施工、7#楼确实存在外露质量问题,应由海天公司承担责任。海天公司主张其不应承担案涉修复费用,但未提供相反证据推翻鉴定意见的结论,本院对此不予认可”。

【相关依据】

《建设工程施工合同纠纷司法解释(一)》(法释〔2020〕25 号)

第三十二条 当事人对工程造价、质量、修复费用等专门性问题有争议,人民法院认为需要鉴定的,应当向负有举证责任的当事人释明。当事人经释明未申请鉴定,虽申请鉴定但未支付鉴定费用或者拒不提供相关材料的,应当承担举证不能的法律后果。

一审诉讼中负有举证责任的当事人未申请鉴定,虽申请鉴定但未支付鉴定费用或者拒不提供相关材料,二审诉讼中申请鉴定,人民法院认为确有必要的,应当依照民事诉讼法第一百七十条第一款第三项的规定处理。

最高人民法院《关于民事诉讼证据的若干规定》

第八十五条　人民法院应当以证据能够证明的案件事实为根据依法作出裁判。

审判人员应当依照法定程序，全面、客观地审核证据，依据法律的规定，遵循法官职业道德，运用逻辑推理和日常生活经验，对证据有无证明力和证明力大小独立进行判断，并公开判断的理由和结果。

《司法鉴定程序通则》

第二条　司法鉴定是指在诉讼活动中鉴定人运用科学技术或者专门知识对诉讼涉及的专门性问题进行鉴别和判断并提供鉴定意见的活动。司法鉴定程序是指司法鉴定机构和司法鉴定人进行司法鉴定活动的方式、步骤以及相关规则的总称。

《建筑工程施工质量验收统一标准》(GB 50300－2013)

5.0.6　当建筑工程施工质量不符合要求时，应按下列规定进行处理：

1　经返工或返修的检验批，应重新进行验收；

2　经有资质的检测机构检测鉴定能够达到设计要求的检验批，应予以验收；

3　经有资质的检测机构检测鉴定达不到设计要求、但经原设计单位核算认可能够满足安全和使用功能的检验批，可予以验收；

4　经返修或加固处理的分项、分部工程，满足安全及使用功能要求时，可按技术处理方案和协商文件的要求予以验收。

裁判规则 16　未质证的鉴定材料并不必然导致重新鉴定

【案例信息】

名称：上海祥银建材有限公司(以下简称祥银公司)与上海海怡建设(集团)有限公司第五分公司(以下简称海怡第五分公司)、上海海怡建设(集团)有限公司建设工程分包合同纠纷

案号：(2017)沪民申2122号

法院：上海市高级人民法院

【关联事实】

2010年3月28日，祥银公司(乙方)与海怡第五分公司(甲方)签订了《脚手架双包协议》，合同第一条"工程承包范围和内容及单价和计价方法"中就脚手架搭设、拆除的单价约定为43.70元/平方米，结算原则为按建筑面积，就搭设井架(含拆除)的单价约定为1200元/台，结算原则未约定，工程范围和承包内容(备注)中记载为：此单价为包工包料价格，包括脚手架和木工排架用的钢管、扣件、竹笆、绿网、铅丝材料以及所有人工等一切费用，以上单价不包括钢构用管和粉刷用管；计算说明中记载为：脚手架使用按第一幢房屋基础开始为开始计算，本单价的使用周期为9个月，到最后一幢房屋的脚手架拆除出场为止，超期按0.20元/天/平方米补贴乙方，提前按0.20元/天/平方米退款(注：如图纸更改，±00以下不用排架现浇扣3元/平方米)。

2011年11月8日，祥银公司向海怡第五分公司出具了"钢管、扣件清单"，该清单中记载"钢管总长854.30米、总扣件372个，脚手架双抢人员今天全部退出，余下不能拆除钢管、扣件转租给甲方，如有丢失钢管按每米18元、扣件每只6.50元"。2011年11月9日，海怡第五分公司工作人员在上述材料上签署"上述情况属实，工棚拆除即归还杨晓波钢管"。2011年4月11日，海怡第五分公司确认实际使用钢构用管1920平方米，2011年9月7日，海怡第五分公司确认实际使用粉刷用管34466平方米，但对于单价均未确认。

本案原审过程中，根据当事人申请，一审法院委托上海××有限公司对涉案脚手架超期使用工程造价以及祥银公司提供的钢构用管、粉刷用管使用费单价进行鉴定，鉴定意见为：(1)根据祥银公司要求按照全部建筑面积(68740.50平方米)计算超期脚手架工程量，超期时间为2011年1月20日至11月22日(292天)，并按协议约定单价补贴(0.20元/平方米/天)，鉴定造价为4014445.20元。(2)根据海怡公司及海怡第五分公司对初稿意见征询的意见，按照实际发生的材料工程量以及材料日租金进行计算的脚手架超期费用的鉴定造价为656576.77元。(3)祥银公司提供的钢构用管1920平方米、粉刷用管34466平方米的使用费单价的鉴定总造价为54328元。鉴定费39000元，其中24000元由祥银公司预缴、15000元由海怡公司及海怡第五分公司预缴。本案原审审价质证中，双方对钢构用管、粉刷用管使用费鉴定造价意见均无异议。

重审过程中，一审法院又委托原鉴定机构对涉案工程造价进行补充鉴定，鉴定意见为：按照合同约定的补贴单价乘以超期各单体延期天数，计算出脚手架超期费用为631491.76元。审理中，鉴定机构表示，根据海怡公司及海怡第五分公司之后提供的五份《危险作业监控记录表》内容，与监理公司出具的《情况说明》相比较，四号楼拆除时间晚了43天，五号楼拆除时间晚了30天，脚手架超期费用合计744342.86元；《危险作业的监控记录表》系对拆除过程的监控，应在拆除过程结束后签字。经质证，祥银公司认为按照合同约定，应按照全部建筑面积计算脚手架超期使用费，《危险作业监控记录表》的真实性无法判断，记录内容也不符合事实，即使真实，也只能证明某一阶段的拆除；原审鉴定的第一种意见中遗漏了三间门卫间（建筑面积45.4平方米）的费用，实际应按总面积68785.9平方米计算。海怡公司及海怡第五分公司认可补充鉴定造价631491.76元，《危险作业的监控记录表》是事后制作，落款时间只能证明形成时间，不能证明脚手架拆除时间。

再审中，祥银公司申请再审称：(1)根据建设工程合同的性质及合同条款文义解释并结合上下文关系，系争工程超期费用均应按工程整体面积计算。且双方均认可超期部分的补贴是违约金性质，按照整体面积计算方能体现惩罚性。(2)一审判决依据的主要证据即鉴定意见所依据的证据未经质证。祥银公司依据《民事诉讼法》第200条第2、4项之规定申请再审。

【裁判理由】

上海市高级人民法院认为，首先，就超期费用的计算基数双方所签合同并未作出明确约定，且系争工程所涉五幢单体建筑超期施工时间并不一致，脚手架的拆除进度亦不相同。一、二审法院依据实际情况按照单体建筑面积计算超期费用，并无不当。其次，一审判决所依据的鉴定意见已经双方当事人质证，对鉴定意见的质证当然涵盖了对作出鉴定意见所依据的基础证据的质证。祥银公司主张相关证据未经质证，本院不予采信。综上，祥银公司主张的再审事由不成立，不符合再审条件。

【案例评析】

本案例涉及鉴定材料未经质证、认证，以及法院采信鉴定意见的问题。《建设工程施工合同司法解释（一）》第34条规定："人民法院应当组织当事人对鉴定意见进行质证。鉴定人将当事人有争议且未经质证的材料作为鉴定依据的，人民法院应当组织当事人就该部分材料进行质证。经质证认为不能作为鉴定依据的，根据该材料作出的鉴定意见不得作为认定案件事实的依据。”该条司法解释中所称“鉴定材料”实际上就是本案高级人民法院裁判驳回再审中所提及的“作出鉴定意见所依据的基础证据”，本案原审过程中，根据当事人申请，一审法院委托上海××有限公司对涉案脚手架超期使用工程造价以及祥银公司提供的钢构用管、粉刷用管使用费单价进行鉴定，出具了鉴定意见。重审过程中，一审法院又委托原鉴定机构对涉案工程造价进行补充鉴定，出具了鉴定意见，两份鉴定意见都经过了质证。

实际上，鉴定材料未经质证、认证，并不必然导致重新鉴定。依据最高人民法院《关于民事诉讼证据的若干规定》第 40 条、司法部《司法鉴定程序通则》第 31 条，鉴定材料是否经过质证并非鉴定机构重新鉴定的法定事由，除非“办案机关认为需要重新鉴定”。鉴定材料未经质证、认证的，法院可以通过补正、补充鉴定或者补充质证、重新质证等方法，弥补鉴定材料的瑕疵。

【相关依据】

《建设工程施工合同司法解释(一)》(法释〔2020〕25 号)

第三十四条 人民法院应当组织当事人对鉴定意见进行质证。鉴定人将当事人有争议且未经质证的材料作为鉴定依据的，人民法院应当组织当事人就该部分材料进行质证。经质证认为不能作为鉴定依据的，根据该材料作出的鉴定意见不得作为认定案件事实的依据。

最高人民法院《关于民事诉讼证据的若干规定》

第四十条 当事人申请重新鉴定，存在下列情形之一的，人民法院应当准许：

(一)鉴定人不具备相应资格的；

(二)鉴定程序严重违法的；

(三)鉴定意见明显依据不足的；

(四)鉴定意见不能作为证据使用的其他情形。

存在前款第一项至第三项情形的，鉴定人已经收取的鉴定费用应当退还。拒不退还的，依照本规定第八十一条第二款的规定处理。

对鉴定意见的瑕疵，可以通过补正、补充鉴定或者补充质证、重新质证等方法解决的，人民法院不予准许重新鉴定的申请。

重新鉴定的，原鉴定意见不得作为认定案件事实的根据。

《司法鉴定程序通则》

第三十一条 有下列情形之一的，司法鉴定机构可以接受办案机关委托进行重新鉴定：

（一）原司法鉴定人不具有从事委托鉴定事项执业资格的；

（二）原司法鉴定机构超出登记的业务范围组织鉴定的；

（三）原司法鉴定人应当回避没有回避的；

（四）办案机关认为需要重新鉴定的；

（五）法律规定的其他情形。

裁判规则 17　拟通过司法鉴定确认工程价款时，鉴定申请人应当提供的材料

【案例信息】

名称：上海秋元华林建设集团有限公司（以下简称秋元华林公司）与浙江省建工集团有限责任公司（以下简称浙江建工集团）以及中铁城建集团第三工程有限公司（以下简称中铁城建三公司）建设工程施工合同纠纷

案号：（2020）沪 03 民终 44 号

法院：上海市第三中级人民法院

【关联事实】

2008 年 12 月，沿海铁路浙江公司与中铁建设集团签订《新建铁路甬台温线奉化等八个站房及站场相关工程第Ⅱ标段施工合同》1 份，约定发包人沿海铁路浙江公司接受承包人中铁建设集团对于新建铁路甬台温线奉化等八个站房及站场相关工程第Ⅱ标段的施工投标，双方共同达成协议，签约合同价为 181810186 元等内容。上述标段为中铁建设集团与中铁二十二局集团有限公司联合体中标，经双方共同授权，由中铁建设集团全权代表联合体全体成员与沿海铁路浙江公司签订总承包合同。上述标段中的雁荡山站房工程为中铁二十二局集团有限公司履行施工总承包合同。

2009 年 3 月 4 日，中铁二十二局集团有限公司与浙江建工集团签订《建设工程施工专业分包合同》（以下简称合同一），约定中铁二十二局集团有限公司向浙江建工集团分包新建铁路甬台温线奉化等八个站房及站场相关工程第Ⅱ标段——雁荡山站钢结构、幕墙、内装修等工程，分包合同价款暂定 58955043 元等内容。

2009 年 4 月 7 日，中铁二十二局六公司（后更名为中铁城建三公司）与秋元华林公司签订《建设工程施工专业分包合同》（以下简称合同二），约定中铁二十二局六公司向秋元华林公司分包甬台温铁路宁波至温州段新建工程雁荡山站房内装修工程，分包合同价款暂定 8069863 元等内容。

2009 年（日期为签订合同二后），秋元华林公司又与浙江建工集团签订《建设工程施工专业分包合同》（以下简称合同三），约定浙江建工集团向秋元华林公司分包甬台温铁路宁波至温州段新建工程雁荡山站房内装修工程，分包合同价款暂定 6199495 元等内容。合同三与合同二除关于工程价款的约定不一致外，其他条款均大体一致。

中铁城建三公司出示一份秋元华林公司与浙江建工集团之间的《甲种本合同》，但作为该份合同签约方的秋元华林公司与浙江建工集团均明确表示从未见过该份合同，对中铁城建三公司提交法庭的该份证据的真实性不予认可，对合同约定的内容亦不予认可（但二审庭审中，浙江建工集团当庭确认了《甲种本合同》的证据效力）。《甲种本合同》与秋元华林公司和浙江建工集团签订的《建设工程施工专业分包合同》工程名称、施工地点、分包工程范围等内容完全重合，《甲种本合同》不但加盖有合同签订两主体浙江建工集团与秋元华林公司公章，还分别加盖有浙江建工集团当时的法定代表人“沈德法印”以及秋元华林公司当时的法定代表人“瞿某林印”，其形式要件合法、有效。《甲种本合同》第 20.1 条明确约定：“合同价款形式：固定单价合同。”

案涉工程施工过程中还产生签证 12 份，涉及设计变更等合同外工程，共计工程款为 1951060.83 元。各方当事人对已付工程款为 555 万元（400 万元 + 155 万元）无异议。

雁荡山铁路工程已于 2009 年 10 月 1 日整体交付并实际运行使用。

【裁判理由】

本案中，沿海铁路浙江公司将新建铁路甬台温线奉化等八个站房及站场相关工程第Ⅱ标段的施工工程发包给中铁建设集团与中铁二十二局集团有限公司，上述标段中的雁荡山工程由中铁二十二局集团有限公司为总承包人，中铁二十二局集团有限公司将其中的钢结构、幕墙、内装修等工程分包给浙江建工集团。浙江建工集团又将案涉工程交由秋元华林公司实际施工，该行为违反了“禁止分包单位将其承包的工程再分包”和“承包人非法转包、违法分包建设工程或者没有资质的实际施工人借用有资质的建筑施工企业名义与他人签订建设工程施工合同的行为无效”的规定,故应认定秋元华林公司与浙江建工集团之间签订的合同为无效合同。秋元华林公司已对案涉工程进行实际施工,其间的投入已物化为建设工程,其价值因系建筑工程不能返还应通过折价补偿的方式进行处理,即应以合同约定的工程价款结算方式计算其完成的实际工程量进行折价补偿。

在工程结算中,固定总价与固定单价是两种截然不同的结算方式。本案中,秋元华林公司与浙江建工集团的合同明确约定“暂定总价 6199495 元”,一审法院将暂定总价认定为固定总价显系不当。针对同一涉案工程,秋元华林公司与浙江建工集团在《建设工程施工专业分包合同》之外,又签订一份《甲种本合同》。虽然一、二审中,秋元华林公司都再三否认《甲种本合同》的效力,但《甲种本合同》与秋元华林公司和浙江建工集团签订的《建设工程施工专业分包合同》工程名称、施工地点、分包工程范围等内容完全重合,《甲种本合同》不但加盖有合同签订两主体浙江建工集团与秋元华林公司公章,还分别加盖有浙江建工集团当时的法定代表人“沈某法印”以及秋元华林公司当时的法定代表人“瞿某林印”,其形式要件合法、有效,其证据效力并非秋元华林公司的简单否认就能否定。《甲种本合同》与《建设工程施工专业分包合同》显然系浙江建工集团与秋元华林公司针对同一工程签订的两份关联合同,两者应作为一个整体看待。由于一审期间,秋元华林公司否认《甲种本合同》效力,浙江建工集团因故也没有对《甲种本合同》当庭发表实质性质证意见,一审法院因此没有认定《甲种本合同》的证据效力。但二审庭审中,浙江建工集团当庭确认了《甲种本合同》的证据效力,故《甲种本合同》可视为二审新的证据。《甲种本合同》第 20.1 条明确约定:“合同价款形式:固定单价合同。”该约定系对何为双方《建设工程施工专业分包合同》中约定的“固定价格”进一步具体、明确。综合《建设工程施工专业分包合同》与《甲种本合同》,秋元华林公司和浙江建工集团之间的涉案工程结算应依照“暂定总价、固定单价”原则进行。

二审中,浙江建工集团提出进行涉案工程价款司法鉴定,但在二审法院限定期限内,浙江建工集团不但无法向本院提供《甲种本合同》第 20.1 条中明确约定的固定单价,反而向二审法院说明《甲种本合同》在签订时就没有附录固定单价。就该节与司法鉴定能否实质启动的重大事实,经二审法院向秋元华林公司与中铁城建三公司核实,他们也均陈述从未见过《甲种本合同》附录的固定单价。至此,由于涉案各方当事人均无法提供《甲种本合同》第 20.1 条中约定的固定单价,本案显然失去了按照固定单价进行司法鉴定的现实可能性。

鉴于秋元华林公司与浙江建工集团《建设工程施工专业分包合同》中有“暂定总价 6199495 元”的约定,如涉案当事人可以提供合法、有效的工程量签认,二审同样可以依照工程惯例,套用定额,根据工程量签认来核定秋元华林公司应当取得的工程价款。但本案中,秋元华林公司与中铁城建三公司均明确向二审法院表示,其并不持有工程量签认;浙江建工集团同样无法提供秋元华林公司的工程量签认。至此,涉案工程结算根据工程量签认通过司法鉴定来核定秋元华林公司应得的工程价款也失去了可能。

鉴于涉案的各方当事人既无法提供《甲种本合同》约定的固定单价,又无法提供秋元华林公司实际施工的工程量签认,二审通过司法鉴定进行涉案工程审价查明浙江建工集团与秋元华林公司讼争工程价款已没有现实可能性。浙江建工集团主张对秋元华林公司存在工程款超付,现并无证据可以证实。在此种情况下,作为实际施工方与工程价款接受人的秋元华林公司又坚持认为其与浙江建工集团之间系固定总价合同,一审法院据此将秋元华林公司与浙江建工集团《建设工程施工专业分包合同》约定的“暂定总价 6199495 元”视为固定总价,并综合秋元华林公司 12 份经总包方、设计单位、驻地监理签认的签证单,最终认定浙江建工集团尚应支付秋元华林公司的涉案工程款数额为 2042601.28 元亦无不可。

【案例评析】

本案例涉及工程价款司法鉴定的问题。《建设工程施工合同司法解释(一)》第 28 条仍沿用上述规定:“当事人约定按照固定价结算工程价款,一方当事人请求对建设工程造价进行鉴定的,人民法院不予支持。”

司法鉴定实质为当事人举证方式的一种,鉴定意见亦为一种证据。《民事诉讼法》(2021 年修正)第 67 条第 1 款明确规定:“当事人对自己提出的主张,有责任提供证据。”司法鉴定所需检材也是当事人有责任提供的证据之一。拟通过法院司法鉴定确认建设工程施工的工程价款时,提出司法鉴定的当事人应当提供法院所需检材,如提供建设工程施工合同中的合同价款形式条款、证明采取了固定总价还是固定单价等结算方式的文件、合法有效的工程量签认、竣工图纸、设计变更、竣工文件、审价报告、费用支付凭证等。但如果不能提供，申请进行司法鉴定的一方当事人应当承担不利的后果，法院将综合本案证据材料行使确认工程价款的裁量权，以尽早定分止争，完成工程结算。

【相关依据】

《民法典》

第一百五十七条　民事法律行为无效、被撤销或者确定不发生效力后，行为人因该行为取得的财产，应当予以返还；不能返还或者没有必要返还的，应当折价补偿。有过错的一方应当赔偿对方由此所受到的损失；各方都有过错的，应当各自承担相应的责任。法律另有规定的，依照其规定。

第七百九十三条　建设工程施工合同无效，但是建设工程经验收合格的，可以参照合同关于工程价款的约定折价补偿承包人。

建设工程施工合同无效，且建设工程经验收不合格的，按照以下情形处理：

（一）修复后的建设工程经验收合格的，发包人可以请求承包人承担修复费用；

（二）修复后的建设工程经验收不合格的，承包人无权请求参照合同关于工程价款的约定折价补偿。

发包人对因建设工程不合格造成的损失有过错的，应当承担相应的责任。

《民事诉讼法》

第六十七条第一款　当事人对自己提出的主张，有责任提供证据。

《建设工程施工合同司法解释（一）》（法释〔2020〕25号）

第一条　建设工程施工合同具有下列情形之一的，应当依据民法典第一百五十三条第一款的规定，认定无效：

（一）承包人未取得建筑业企业资质或者超越资质等级的；

（二）没有资质的实际施工人借用有资质的建筑施工企业名义的；

（三）建设工程必须进行招标而未招标或者中标无效的。

承包人因转包、违法分包建设工程与他人签订的建设工程施工合同，应当依据民法典第一百五十三条第一款及第七百九十一条第二款、第三款的规定，认定无效。

裁判规则 18	鉴定人将有争议且未经质证的材料作为鉴定依据的，法院应当组织当事人进行质证

【案例信息】

名称：上海非腾建筑工程设备有限公司（以下简称非腾公司）与上海琅福实业有限公司（以下简称琅福公司）、上海天德建设（集团）有限公司（以下简称天德公司）建设工程施工合同纠纷

案号：（2020）沪 01 民终 8147 号

法院：上海市第一中级人民法院

【关联事实】

2015 年 8 月 30 日，琅福公司（发包人、甲方）与非腾公司（承包人、乙方）签订《建设工程施工合同》，约定非腾公司承接××厂房改建工程，工期 180 天，暂定合同总价 6601551.89 元。工程款的支付：以约定的各期工程进度为标准，按下列方式支付工程款，另外，乙方必须将甲方每期支付的工程款不低于 15% 的款项保证足额支付人工工资。（1）合同签订后乙方进场前支付本工程暂定造价的 30% 工程款；（2）施工后第二个月支付本工程暂定造价的 15%；（3）施工后第三个月支付本工程暂定造价的 15%；（4）施工后第四个月支付本工程暂定造价的 10%；（5）施工后第五个月支付本工程暂定造价的 10%；（6）施工后第六个月支付本工程暂定造价的 10%；（7）结算完成后支付总造价余款的 7%，3% 作为保修金；（8）本合同中约定的暂定工程款，只作为施工过程中支付工程款的标准，最终工程款以双方确认的结算金额为准。……凡因乙方原因，甲方及相关部门发出工程暂停令，甲方将给予乙方每次至少 2000 元罚款，乙方并在期限内整改。非腾公司的经营范围为：脚手架、钢管、扣件、铸造产品、建筑仪器、建筑材料、机电设备、机械产品的销售，脚手架、扣件、钢管的租赁，脚手架的搭拆。非腾公司并无建设工程的施工资质。

2015 年 8 月 29 日，非腾公司法定代表人付某广向琅福公司出具了收款 1000000元的收条；2015 年 9 月 1 日，琅福公司向付某广支付工程款 1000000 元。2015 年 9 月 11 日，琅福公司向付某广支付工程款 800000 元，付某广出具相应金额的收条。2015 年 12 月 15 日，琅福公司向付某广支付工程款 500000 元，付某广出具相应金额的收条。2016 年 5 月 20 日，琅福公司向付某广支付工程款 500000

元,付某广出具相应金额的收条。2016 年 5 月 31 日,琅福公司向付某广支付工程款 200000 元,付某广出具了收款金额为 700000 元的收条。2016 年 8 月 29 日,琅福公司向付某广支付工程款 150000 元,付某广出具相应金额的收条。2016 年 9 月 2 日,琅福公司向付某广工程款 150000 元,付某广出具相应金额的收条。2016 年 11 月 2 日,琅福公司向付某广工程款 300000 元,付某广出具相应金额的收条。上述付款合计金额 3600000 元,收条确认的收款金额为4100000元。

另外,2015 年 12 月 3 日,琅福公司向案外人葛某付款 300000 元,2016 年 6 月 28 日,琅福公司向案外人葛某付款 200000 元,付款金额合计 500000 元。琅福公司明确该 500000 元即为 2016 年 5 月 31 日收条中差额部分的付款。

2017 年 1 月 22 日,非腾公司法定代表人在关于 ××路 ××号工程纠纷处置(琅福公司替非腾公司垫付工人工资方案明细)上签字确认,领款工人亦在该明细上签字确认,代付金额合计 500000 元。2016 年 12 月 8 日至 2017 年 5 月 5 日,相关部门就本案所涉工程发出过建设工程安全监督停工指令单,要求涉案工程停止施工并进行整改。

经琅福公司申请,上海市高级人民法院委托上海申元工程投资咨询有限公司对涉案工程进行鉴定,鉴定单位出具了上海市闵行区 ××路 ××号 ××老厂房改造工程造价鉴定意见书。鉴定意见书所用数据中,“房屋的基础部分”以及“梁板柱配筋”工程量系参照琅福公司提供的手绘图纸为依据进行计算,其余数据均根据现场实际测量数据进行计算。针对“房屋的基础部分”以及“梁板柱配筋”两部分内容,结合琅福公司提供的手绘图纸和非腾公司提供的白图,经对比:“房屋的基础部分”,非腾公司提供的白图基础尺寸比琅福公司提供的手绘图纸的基础尺寸偏大一些;“梁板柱配筋部分”,非腾公司提供的白图与琅福公司提供的手绘图纸的配筋基本一致,细微差异对工程造价影响不大。鉴定结论为:改造工程总造价为 3978570 元,其中无争议金额为 3510540 元,有争议部分金额为 468030 元。有争议部分的项目有:屋顶拆除、墙体拆除、门窗户拆除、室外路面拆除、墙面铲除、垃圾清运,拆除部分金额合计为 458284 元,垃圾清运金额为 9746 元。为该次鉴定,琅福公司垫付鉴定费 80000 元。鉴定中,琅福公司对非腾公司提供的白图不予认可,非腾公司对琅福公司提供的手绘图纸亦不予认可,故现场可见的数据均由鉴定部门现场测量,现场不可见的数据由琅福公司自认的手绘图纸确认。

现上诉人上诉请求称:“一审鉴定意见有错误,不应作为认定事实的依据。

1. 鉴定依据不符合法律规定。按法律规定，用于司法鉴定的依据，必须经法庭举证、质证，但这次司法鉴定中上诉人提供的白图没有作为鉴定依据，而琅福公司私下提供的手绘图纸未经庭审出示，未经举质证，却被直接用作鉴定依据，违反法律规定。2. 一审鉴定内容不全面。一审中，琅福公司提供了大量施工照片，包含着大量的施工信息，但在鉴定前法院对这些照片并未进行举质证，只是在鉴定结束后，法庭才对这些照片进行了补充质证，程序有误。3. 鉴定标准有误。根据约定，结算适用上海市定额标准，但一审鉴定并未按此标准进行。4. 一审鉴定意见中，双方存在争议的部分不计入工程款内的认定，缺乏法律依据。”

【裁判理由】

非腾公司无相关施工资质，根据法律规定，琅福公司、非腾公司就闵行区××路××号签订的《建设工程施工合同》无效。但非腾公司已完成部分施工，故琅福公司应当支付相应的工程款。

工程价款司法鉴定过程中，琅福公司对非腾公司提供的白图不予认可，非腾公司对琅福公司提供的手绘图纸亦不予认可，双方已就鉴定材料进行质证，又因现场可见的数据均由鉴定部门现场测量，现场不可见的数据由琅福公司自认的手绘图纸确认，该鉴定程序合法、认定标准合法。对于有争议的拆除工程部分，因已无现场，鉴定部门根据施工合同对应约定的工程量计列，符合规定，应予确认，金额为458284元。对于垃圾清运费用，相关当地组织已经出具相应的证明，非腾公司对证明内容有异议，但又无法提供其清运垃圾并产生费用的凭证，故一审法院推定非腾公司并未因此产生相关费用，故该笔垃圾清运费无须向非腾公司支付。至于非腾公司提出的鉴定中尚遗漏项目的上诉请求，因非腾公司提出的所谓遗漏项目在现场并不可见，琅福公司亦不认可，非腾公司在二审中虽提交了大量照片，但琅福公司对于该照片的真实性及关联性不予认可，非腾公司亦未能就该组照片的来源及关联性予以补强，故二审法院对此难以采信，故非腾公司要求就此补充鉴定，依据不足；一审中已就双方确认的预算单中约定的拆除项目进行了鉴定，现非腾公司提出存在增加的拆除项目，但上诉人未能就此提交变更签证单等证据材料予以佐证，且现场亦无法体现，故一审法院未将此纳入鉴定范围，并无不当。

一审鉴定程序适当，对于双方争议的两份图纸，一审法院亦进行了质证，并要求鉴定单位在补充比对后核定了鉴定结论，故该鉴定报告合法有效，应予以采纳。

【案例评析】

本案例涉及建设工程施工合同纠纷中,工程价款司法鉴定材料、鉴定意见的质证问题。司法鉴定是将科学实践活动应用于司法范畴,鉴定方法的科学与否决定了鉴定结论的正确性。在当事人未对建设工程价款结算达成协议,司法鉴定势在必行时,司法鉴定结果的公正性对法院最终认定建设工程价款数额亦具有重大意义。

《建设工程施工合同司法解释(一)》第34条规定,"人民法院应当组织当事人对鉴定意见进行质证。鉴定人将当事人有争议且未经质证的材料作为鉴定依据的,人民法院应当组织当事人就该部分材料进行质证。经质证认为不能作为鉴定依据的,根据该材料作出的鉴定意见不得作为认定案件事实的依据"。建设工程施工合同纠纷中,工程价款结算往往是纠纷的焦点,在双方存在争议,需要通过司法鉴定确定涉案工程价款的情形下,司法鉴定的公正性应当得到保证,鉴定机构的工作应当在公正的基础上进行。经过当事人对司法鉴定材料及由其作出的鉴定意见进行充分的质证,鉴定意见的证据效力方可被认可。鉴定结果的产生过程符合法律规定时,当事人应予以承认,如果提起补充鉴定等请求,亦应当提供充分的证据,否则法院将不予采纳。

但在本案中,二审判决书中仅以"琅福公司对非腾公司提供的白图不予认可,非腾公司对琅福公司提供的手绘图纸亦不予认可"表述一审鉴定质证过程,存在对鉴定材料缺乏实质性的质辩过程的可能。此外,司法鉴定意见是一种特殊的证据形式,即使鉴定人出庭,因当事人及其代理人缺乏有关司法鉴定技术方面的专门知识,对鉴定意见的质询仅停留于感性认识层面,仅针对鉴定意见的合法性提出意见,对鉴定意见的关联性和客观性几乎少有或无法质疑。法官对当事人的质询和异议通常也只要求鉴定人以书面答复取代口头质辩,使质证流于形式。这也是实践中司法鉴定质证一个亟待解决的问题。

【相关依据】

《民法典》

第一百五十七条　民事法律行为无效、被撤销或者确定不发生效力后,行为人因该行为取得的财产,应当予以返还;不能返还或者没有必要返还的,应当折价补偿。有过错的一方应当赔偿对方由此所受到的损失;各方都有过错的,应当各自承担相应的责任。法律另有规定的,依照其规定。

第七百九十三条第一款　建设工程施工合同无效,但是建设工程经验收合格的,可以参照合同关于工程价款的约定折价补偿承包人。

《民事诉讼法》

第六十七条第一款 当事人对自己提出的主张,有责任提供证据。

《建设工程施工合同司法解释(一)》(法释〔2020〕25 号)

第三十四条 人民法院应当组织当事人对鉴定意见进行质证。鉴定人将当事人有争议且未经质证的材料作为鉴定依据的,人民法院应当组织当事人就该部分材料进行质证。经质证认为不能作为鉴定依据的,根据该材料作出的鉴定意见不得作为认定案件事实的依据。

裁判规则 19 鉴定费用承担的争议

【案例信息】

名称:宁波丰谷置业有限公司(原宁波丰谷实业有限公司,以下简称丰谷公司)、中国建筑第五工程局有限公司(以下简称中建五局公司)建设工程施工合同纠纷

案号:(2020)浙民终 444 号

法院:浙江省高级人民法院

【关联事实】

2015 年 7 月 31 日,丰谷公司向中建五局公司发出中标通知书,通知中建五局公司中标丰谷公司开发的宁波市鄞州区南部商务区三期 A4 地块卓安大厦项目。2015 年 8 月 18 日,中建五局公司与丰谷公司签订建设工程施工合同。2018 年 8 月 27 日,丰谷公司向中建五局公司发出开工通知书,通知开工日期为 2015 年 8 月 28 日。2017 年 2 月 14 日,中建五局公司向丰谷公司发函停止施工。后经相关部门协调,中建五局公司恢复施工。2017 年 12 月中建五局公司再次停止施工。

根据招投标文件,土方工程系丰谷公司指定分包给新中源公司。新中源公司已经向宁波市鄞州区人民法院另案起诉中建五局公司和丰谷公司,要求中建五局公司和丰谷公司支付工程价款及违约金。宁波市鄞州区人民法院作出(2018)浙 0212 民初 15538 号民事判决,认定新中源公司完成涉案土方工程的工程量为 116000 立方米,单价为固定每平方米 82.75 元,中建五局公司已支付工程价款

6270000 元，判决中建五局公司支付新中源公司剩余工程价款 3329000 元。中建五局公司不服该判决提起上诉，该院作出（2019）浙 02 民终 1894 号民事判决：驳回上诉，维持原判。

该院依法委托浙江中瑞工程管理有限公司（以下简称中瑞公司）对中建五局公司已经完成的工程量进行司法鉴定。2018 年 12 月 12 日中瑞公司出具工程造价咨询报告书司法鉴定征求意见稿。在听取双方当事人对该司法鉴定征求意见稿的意见后，中瑞公司于 2019 年 1 月 18 日出具中瑞价司鉴法字（2018）011 号司法鉴定报告，认定中建五局公司已经完成的涉案工程造价为 34067423 元。

在鉴定过程中，于 2018 年 11 月 5 日、2019 年 9 月 26 日，组织双方当事人进行了两次现场踏勘。2019 年 11 月 5 日中瑞公司出具中瑞价司鉴法字（2018）011 号司法鉴定补充意见报告。该报告载明对涉案工程进行补充鉴定后认为中建五局公司已经完成的涉案工程造价需在原鉴定意见报告造价 34067423 元的基础上增加 77460 元。2020 年 1 月 2 日中瑞公司再次出具司法鉴定补充意见报告，对双方当事人对鉴定报告的意见作出说明。

一审法院认为，本院已就合同解除、无争议工程价款 31895722 元及交付资料等事项先行判决，关于争议工程价款及利息、垃圾清理费尚未处理。一审法院作出（2018）浙 02 民初 1665 号之一民事判决。因（2018）浙 02 民初 1665 号之一民事判决书漏写鉴定费负担，一审法院作出（2018）浙 02 民初 1665 号民事裁定书，裁定鉴定费 422500 元由丰谷公司负担。

原审原告和原审被告均提起上诉，其中，丰谷公司上诉请求：（1）改判鉴定费用 422500 元由中建五局公司承担；（2）改判一审判决第 1 项确定的剩余工程款为 2250970 元；（3）改判中建五局公司承担垃圾清运费 4989150 元；（4）改判中建五局公司承担一、二审诉讼费用。

丰谷公司认为，一审判决及补正裁定确认鉴定费 422500 元由丰谷公司承担，于法无据。根据《诉讼费用交纳办法》的规定，支付工程款系中建五局公司提出，鉴定费用应由中建五局公司承担。2015 年《民事诉讼法解释》第 245 条规定的笔误是指诉讼费用漏写，不包括鉴定费。一审法院对鉴定费的承担以裁定书的形式进行补正，没有法律依据。工程量的举证责任在于中建五局公司，判令丰谷公司承担鉴定费用于法无据。对于中建五局公司提出的工程款主张，丰谷公司依法享有法定的抗辩权。一审判决只字未提及丰谷公司有违约行为，从这一点来说，鉴定费也不应当由丰谷公司承担。

针对丰谷公司的上诉，中建五局公司辩称，关于鉴定费承担，原审法院以裁定方式补正并由丰谷公司承担符合法律规定。根据《诉讼费用交纳办法》第二章规定，鉴定费用属于诉讼费用。根据《诉讼费用交纳办法》第29条规定，诉讼费用由败诉方负担。本案中，因丰谷公司拒绝支付相应工程款导致双方发生争议，最终经鉴定认定其欠付工程款，丰谷公司系败诉方。丰谷公司主张工程拖期无事实依据且与鉴定费承担无直接关联。故原审法院认定鉴定费由其承担符合上述规定。

【裁判理由】

关于本案鉴定费的负担问题，浙江省高级人民法院认为，首先，因（2018）浙02民初1665号之一民事判决书漏写鉴定费负担，一审法院采取作出补正裁定确定鉴定费负担的做法本身并无不妥。其次，本案建设工程施工合同解除后，双方当事人均有义务对已完成的工程量或工程款进行结算，但双方并未进行结算。根据一审法院2018年9月3日询问笔录和2018年9月4日询问笔录，双方当事人均表示愿意通过司法鉴定方式确定本案工程价款，故一审法院根据中建五局公司的申请依法委托浙江中瑞工程管理有限公司对本案工程价款进行司法鉴定，并决定鉴定费暂由中建五局公司预付100%，系出于启动司法鉴定程序的需要，而不是基于举证责任作出分配。另外，中建五局公司要求丰谷公司立即支付工程款36000000元的诉讼请求并未得到全额支持。据此，本案鉴定费422500元，不宜由丰谷公司一方负担，应由双方当事人各半负担。

综上所述，中建五局公司的上诉请求不能成立，应予驳回。丰谷公司关于鉴定费负担的上诉请求，部分成立，应予支持；其余上诉请求不能成立，应予驳回。一审判决认定事实清楚，适用法律正确，实体处理得当，应予维持。一审确定鉴定费422500元由丰谷公司负担，存在不当，应予纠正。

【案例评析】

本案涉及鉴定费用的承担问题。本案一审民事判决书漏写鉴定费负担，一审法院采取作出补正裁定确定鉴定费负担，由丰谷公司承担全部鉴定费用，二审改判，由双方当事人丰谷公司和中建五局公司各半负担。以上改判也说明，在建工纠纷实践中，就算鉴定费用不是争议的主要焦点，但案件当事人对鉴定费用的承担十分重视，实体裁判却极易疏忽。虽然本案中，中建五局公司以《诉讼费用交纳办法》的规定提出反驳丰谷公司的诉请一，但是二审法院并没有采信其观点，而是认为本案的鉴定“系出于启动司法鉴定程序的需要，而不是基于举证责任作出分配”，且中建五局公司的诉请并没有得到全部支持为理由，判定鉴定费用由双方当事人各承担一半。

关于建设工程施工合同纠纷中鉴定费用的承担在实践中也有争议，另有最高人民法院作出相反的判决。在唐某刚、万某军建设工程分包合同纠纷再审审查与审判监督民事裁定书［（2020）最高法民申 5354 号］中，最高人民法院认为，依照《诉讼费用交纳办法》第 12 条规定，诉讼过程中因鉴定发生的依法应当由当事人负担的费用，人民法院根据“谁主张，谁负担”的原则，该案一审中申请的鉴定以案涉工程实际产生的劳务费为内容，系属唐某刚、万某军的主张范围，其应承担该主张的举证责任，负担该鉴定相关费用；鉴定费不同于诉讼费，亦不属于案件受理费，故二审法院依据上述规定未将该费用由双方当事人分担，并无不当。

除以上直接依据《诉讼费用交纳办法》第 12 条规定的，全国各地法院对鉴定费用往往行使自由裁量权，判定结果不一。确定鉴定费用的承担原则，首先就要厘清鉴定费用的性质。

关于鉴定费用的性质，根据我国现行《诉讼费用交纳办法》第 6 条的规定，鉴定费用不属于诉讼费用。也有学者认为“我国现行鉴定费用制度不合理的根本原因在于未能正确地厘定鉴定费用的性质。鉴定人应当向受诉法院而非当事人请求给付鉴定费用。鉴定费用最终须作为诉讼费用的一部分由当事人负担”。

关于鉴定费用的承担原则和法律依据，按照我国现行法律、法规规定，鉴定费用的承担主要遵循“谁主张，谁负担”的原则，法律依据即为《诉讼费用交纳办法》第 12 条，“人民法院根据‘谁主张，谁负担’的原则，决定由当事人直接支付给有关机构或者单位，人民法院不得代收代付”。此规定虽然明确了主张鉴定的当事人承担鉴定费用，但人民法院“决定由当事人直接支付给有关机构或者单位”实际也给法院以自由裁量权，同时造成了司法实践的差异。在本案中，工程款是双方当事人共同的争议，对查明案件事实有必要，且均表示愿意通过司法鉴定方式确定本案工程价款，由提出鉴定主张的一方承担显然有失公平。故而一审法院并没有裁定由提出鉴定申请的中建五局公司承担鉴定费用，但由丰谷公司承担全部鉴定费用，并不科学。二审第鉴定费用的改判符合案件事实，具有一定合理性。

【相关依据】

《诉讼费用交纳办法》

第六条 当事人应当向人民法院交纳的诉讼费用包括:

(一)案件受理费;

(二)申请费;

(三)证人、鉴定人、翻译人员、理算人员在人民法院指定日期出庭发生的交通费、住宿费、生活费和误工补贴。

第十二条 诉讼过程中因鉴定、公告、勘验、翻译、评估、拍卖、变卖、仓储、保管、运输、船舶监管等发生的依法应当由当事人负担的费用,人民法院根据谁主张、谁负担的原则,决定由当事人直接支付给有关机构或者单位,人民法院不得代收代付。

人民法院依照民事诉讼法第十一条第三款规定提供当地民族通用语言、文字翻译的,不收取费用。

第二十九条 诉讼费用由败诉方负担,胜诉方自愿承担的除外。

部分胜诉、部分败诉的,人民法院根据案件的具体情况决定当事人各自负担的诉讼费用数额。

共同诉讼当事人败诉的,人民法院根据其对诉讼标的的利害关系,决定当事人各自负担的诉讼费用数额。

第六章

建设工程价款优先受偿权问题

裁判规则 1	建设工程价款优先受偿权的行使期限，起算时间的认定依据

【案例信息】

名称：江苏苏格达斯铝合金科技有限公司（以下简称苏格达斯公司）与江苏苏南建设集团有限公司（以下简称苏南建设公司）建设工程价款优先受偿权纠纷

案号：（2021）苏 04 民终 407 号

法院：江苏省常州市中级人民法院

【关联事实】

2014 年 12 月 16 日苏南建设公司与苏格达斯公司签订了建设工程施工合同，约定由苏南建设公司为苏格达斯公司的综合车间一、综合车间二的钢结构工程、门窗工程等施工，合同价款 1188 万元，双方对有关权利义务进行了约定。关于工程款支付双方约定，苏格达斯公司在工程验收后两年内付清款，两年外加付利息。在施工过程中苏南建设公司应苏格达斯公司要求进行部分增量施工。2016 年 8 月 26 日苏南建设公司施工工程交付验收。2018 年 1 月 23 日因苏格达斯公司未按约定支付工程款，苏南建设公司向常州市金坛区人民法院起诉主张工程款权利，该法院于 2018 年 3 月 20 日出具民事调解书，确认苏南建设公司工程款 5773000 元，苏格达斯公司同意分批至 2018 年 11 月 30 日前付清。因苏格达斯公司未按期履行付款义务，2018 年 6 月 26 日苏南建设公司向法院申请执行，该案在执行过程中，2018 年 12 月因案外人某天鼎公司向江苏泗阳县法院申请执转破，法院于2019年5月31日作出有关程序终结裁定书,后常州市金坛区人民法院接受泗阳法院移送对苏格达斯公司破产审查,常州市金坛区人民法院于2020年3月21日作出苏格达斯公司破产宣告裁定。2020年7月20日,苏南建设公司向苏格达斯公司发出书面函表示,其在2019年4月19日申报案涉债权时错误申报为普通债权,请求核定变更5773000元为工程款优先受偿权之债权。2020年7月22日,苏格达斯公司对苏南建设公司发出通知书,认为苏南建设公司的变更申请不成立,如有异议可以诉讼。

【裁判理由】

一审审理期间,《建设工程施工合同纠纷司法解释(二)》尚在施行,因此一审法院依据该司法解释的规定审理案件并无不当。《建设工程施工合同纠纷司法解释(二)》第22条规定,承包人行使建设工程价款优先受偿权的期限为6个月,自发包人应当给付建设工程价款之日起算。(因2020年12月29日发布《建设工程施工合同司法解释(一)》并于2021年1月1日起开始施行,该解释第41条规定,承包人应当在合理期限内行使建设工程价款优先受偿权,但最长不得超过18个月,自发包人应当给付建设工程价款之日起算。)司法解释确定的6个月(2021年1月1日后为18个月)的期限作为承包人的权利行使期,应当是除斥期间而非特殊诉讼时效,该期间为不变期间,不存在中止、中断或者延长的情形。承包人必须在该期间内行使优先受偿权,否则不能得到支持。如确因发包人的原因,导致付款条件未能成就,双方协商一致另行确定了付款时间,不存在恶意损害他人利益的情形,应认定对付款时间的约定为有效,优先受偿权的行使起算时间以协议确定的付款时间为准。

【案例评析】

本案例涉及在经过法院调解后,当事人申请强制执行,在此过程中案外人申请执转破的建设工程价款优先受偿权行使期限及起算时间的问题。关于建设工程款优先权行使,经过长期理论与实践发展,现在以原《建设工程施工合同纠纷司法解释(二)》第22条落地,条文为"承包人行使建设工程价款优先受偿权期限为六个月,自发包人应当给付工程价款之日起算"。该条文现被《建设工程施工合同司法解释(一)》第41条替代。一般按保底保护原则,建设工程价款给付日,分期给付的,可以按最后一期给付日起算。承包人与发包人协议付款,除双方串通损害第三人的，一般认定有效，协议付款发生纠纷，终局处理程序为诉讼程序。双方对于给付工程款发生纠纷，苏南建设公司 2018 年 1 月 23 日起诉时没有请求确认工程款优先权，双方达成分批履行工程款协议，并经法院诉讼程序中确认，确因发包人的原因，导致付款条件未能成就，双方协商一致另行确定了付款时间，不存在恶意损害他人利益的情形，应认定对付款时间的约定为有效，优先受偿权的行使起算时间以协议确定的付款时间为准。按协议，苏格达斯公司应在 2018 年 11 月 30 日前付款毕，按前述规定苏南建设公司行使优先权权利期限至 2019 年 5 月 31 日前。故本案中优先受偿权的起算时间应为 2018 年 11 月 30 日，但直至 2019 年 5 月 31 日，苏南建设公司未以诉讼或者仲裁的方式主张优先受偿权，该权利消灭。本案中，在此期间的 2019 年 4 月 19 日，苏南建设公司已经向苏格达斯公司申报债权，但是申报的是普通债权，直至 2020 年 7 月 20 日苏南建设公司才向苏格达斯公司变更申报相应优先权债权 5773000 元，被拒。如果苏南建设公司在 2019 年 5 月 31 日前向苏格达斯公司申报债权优先权被拒，随即向法院起诉，可以认定为依法主张权利。故苏南建设公司主张工程款优先受偿因逾期而失权。

发包人逾期不支付工程价款的，承包人可以与发包人协议折价，也可以申请法院将工程依法拍卖，价款优先受偿；但承包人行使该权利须在法律规定的期限内行使。苏南建设公司作为苏格达斯公司工程承包人，可以依法享有工程款优先权，但苏南建设公司未在工程款诉讼起诉时一并主张，也未在其后相应期限单独主张，直至 2020 年 7 月 20 日申报被拒后才起诉主张，未在法律规定的期限内主张，苏南建设公司属怠于行使自己的合法权利。另苏格达斯公司主张以调解约定给付第一批款项的时间为起算时间，没有法律依据，且与司法解释的本意不符。

【相关依据】

《民法典》

第八百零七条　发包人未按照约定支付价款的，承包人可以催告发包人在合理期限内支付价款。发包人逾期不支付的，除根据建设工程的性质不宜折价、拍卖外，承包人可以与发包人协议将该工程折价，也可以请求人民法院将该工程依法拍卖。建设工程的价款就该工程折价或者拍卖的价款优先受偿。

《建设工程施工合同司法解释（一）》（法释〔2020〕25 号）

第四十一条　承包人应当在合理期限内行使建设工程价款优先受偿权，但最长不得超过十八个月，自发包人应当给付建设工程价款之日起算。

裁判规则 2　房屋已对外出售,承包人是否享有优先受偿权

【案例信息】

名称:姜某芝、中建二局第二建筑工程有限公司(以下简称中建二局)、江苏天福房地产开发有限公司(以下简称天福公司)建设工程施工合同执行异议纠纷

案号:(2019)苏民终 1492 号

法院:江苏省高级人民法院

【关联事实】

中建二局与天福公司建设工程施工合同纠纷一案,江苏省高级人民法院(以下简称省高院)于 2016 年 1 月 27 日作出民事判决,判令:(1)天福公司于判决生效后 10 日内给付中建二局工程款 76668488 元,并承担利息;(2)中建二局对其承建的江苏省宜兴市宜兴竹海锦城 1 号至 16 号楼的工程折价或拍卖价款享有优先受偿权。2018 年 11 月 2 日,中建二局向法院提出申请,请求查封天福公司名下位于宜兴市竹海锦城花园房产。法院即于同年 11 月 6 日派员至宜兴市不动产登记中心,查封了登记在天福公司名下的位于宜兴市产,包括本案争议的涉案房屋。

另外,2011 年 8 月 8 日,姜某芝与天福公司签订商品房买卖合同,购买天福公司开发的位于宜兴市房屋,该商品房的用途为商业,房屋总价约定为 695000 元。嗣后,姜某芝通过现金、信用卡转账等方式支付了房款,天福公司于 2011 年 8 月 8 日开具两张收据:一张载明收到姜某芝房款 595000 元,收款方式为卡;另一张载明收到姜某芝房款 10 万元,收款方式为现金。2016 年 10 月 18 日,天福公司开具了金额为 691400.65 元的江苏增值税普通发票。2016 年 12 月 13 日,天福公司出具证明给宜兴市不动产登记中心,上载明:竹海锦城花园 1.4.5 号 253 室房屋,原合同面积 44.41 平方米为预测面积,现实测面积为 44.18 平方米,总价为 691400.65 元。嗣后,姜某芝与天元酒店签订房屋租赁协议,将上述涉案房屋出租给天元酒店,天元酒店自 2016 年 4 月起按季支付租金给姜某芝。其后姜某芝遂提出执行异议,认为涉案房屋为姜某芝所有,中建二局不享有房屋的优先受偿权。

【裁判理由】

最高人民法院《关于建设工程价款优先受偿权问题的批复》(现已废止)第 1、2 条规定:"一、人民法院在审理房地产纠纷案件和办理执行案件中,应当依照《中

华人民共和国合同法》第二百八十六条的规定，认定建筑工程的承包人的优先受偿权优于抵押权和其他债权。二、消费者交付购买商品房的全部或者大部分款项后，承包人就该商品房享有的工程价款优先受偿权不得对抗买受人。”首先，本案执行依据（2014）苏民初字第0007号民事判决主文明确中建二局对案涉工程折价或拍卖价款享有优先受偿权，姜某芝购买该工程中的房产能否对抗该案的执行，应适用上述批复的规定。其次，根据上述批复规定，建筑工程的承包人的优先受偿权优于抵押权和其他债权，消费者交付购买商品房的全部或者大部分款项后，承包人就该商品房享有的工程价款优先受偿权不得对抗买受人。案涉房产为商业用房，姜某芝并非消费者，故其购买案涉房产不能对抗中建二局享有的建设工程价款优先受偿权。因此，姜某芝对案涉房产不享有排除执行的合法权益。另外，案涉房产未登记在姜某芝名下，姜某芝未取得该房产所有权。综上所述，姜某芝的上诉请求不成立，应予驳回。

【案例评析】

本案例涉及房屋是否已对外出售，并非判定承包人是否享有优先受偿权的要件。根据最高人民法院《关于建设工程价款优先受偿权问题的批复》第2条，“消费者交付购买商品房的全部或者大部分款项后，承包人就该商品房享有的工程价款优先受偿权不得对抗买受人”的规定，以及《执行异议和复议规定》第29条“金钱债权执行中，买受人对登记在被执行的房地产开发企业名下的商品房提出异议，符合下列情形且其权利能够排除执行的，人民法院应予支持：（一）在人民法院查封之前已签订合法有效的书面买卖合同；（二）所购商品房系用于居住且买受人名下无其他用于居住的房屋；（三）已支付的价款超过合同约定总价款的百分之五十”的规定，根据上述法律及其司法解释规定，只有符合上述规定的要件才能享有房屋消费者物权期待权，才享有消费者物权期待权的权利人才能享有比建筑工程价款优先受偿权更优先的权利。本案中，可以认定姜某芝在法院对涉案房屋执行查封前，其与天福公司已签订买卖合同，支付了房款，并通过出租收取租金方式实现了对涉案房屋的占有。但涉案房屋至今仍登记在天福公司名下，姜某芝尚未取得该房的所有权，故其要求确认涉案房屋所有权归其所有的诉讼请求，不予支持。且因涉案房屋系商业用房，姜某芝购买该房后实际用于出租，确实未用于居住生活，故其对涉案房屋不具有消费者物权期待权，其对涉案房屋享有的民事权益不能对抗本案建设工程价款优先受偿权的强制执行。

法律明确规定了房屋买受人的权利优先于建筑工程承包人的优先受偿权与抵押权人的抵押权，其立法目的是优先保护房屋买受人的生存权，因此即使承包人享有对于工程价款的优先受偿权也不得对抗商品房买受人。但是该条文是为了保障生存权，因此，若房屋未影响到买受人的居住，而仅仅是用于出租获取利益的情况下，该条文即不能适用。虽该条文已被废止，但目前实践中多数观点均认为购房人仍可依据《执行异议和复议规定》第 29 条的规定排除申请执行人的执行。第 29 条的规定排除申请执行人的执行。

【相关依据】

最高人民法院《关于建设工程价款优先受偿权问题的批复》[法释〔2002〕16 号，2020 年 12 月 29 日废止，该批复除第二条外的其他条文均被《建设工程施工合同司法解释(一)》吸收]

第二条 消费者交付购买商品房的全部或者大部分款项后，承包人就该商品房享有的工程价款优先受偿权不得对抗买受人。

《执行异议和复议规定》

第二十九条 金钱债权执行中，买受人对登记在被执行的房地产开发企业名下的商品房提出异议，符合下列情形且其权利能够排除执行的，人民法院应予支持：

(一)在人民法院查封之前已签订合法有效的书面买卖合同；

(二)所购商品房系用于居住且买受人名下无其他用于居住的房屋；

(三)已支付的价款超过合同约定总价款的百分之五十。

裁判规则 3　挂靠的实际施工人，不享有优先受偿权

【案例信息】

名称：李某华、淮安市营造建筑工程有限公司(以下简称营造公司)、淮安市淮安区城投置业有限公司(以下简称城投公司)建设工程施工合同纠纷

案号：(2021)苏 08 民终 2554 号

法院：江苏省淮安市中级人民法院

【关联事实】

2013 年 3 月 18 日，城投公司将风景城邦安置小区某商业楼工程发包给营造

公司施工,约定计划开工日期为2013年1月30日,竣工日期为2014年5月24日,后营造公司将风景城邦3某楼工程分包给李某华施工,李某华以营造公司项目经理身份分包该工程。

2013年7月30日,营造公司作为甲方,李某华作为乙方,双方签订《淮安区风景城邦政府安置小区工程内部承包协议书》,协议约定:甲方将风景城邦小区3某楼工程承包给乙方施工,乙方按甲方与建设方签订的《建设工程施工合同》执行。协议签订后,在李某华施工期间,营造公司多次向李某华付款,由李某华出具了相应的收条。2016年12月2日,李某华分包的淮安区风景城邦小区3某楼工程经有关部门验收合格。2019年9月12日,淮安市淮安区政府投资评审中心作出《评审报告》,对城投公司负责建设的风景城邦小区商铺工程进行评审,经过政府评审,其中某楼土建部分评审价为13851111.77元。后李某华与营造公司就工程款项结算产生纠纷。2021年2月7日,李某华诉至法院,要求营造公司给付案涉工程款2747221.42元,并承担逾期付款利息的诉讼请求。但营造公司却认为已支付案涉工程款16442018.62元,远远超出了评审价,应当驳回李某华的请求。

【裁判理由】

李某华承建的案涉工程已通过淮安市淮安区政府投资评审中心评审,其中3某楼的土建和安装部分工程总造价13851111.77元,双方对该工程总造价无异议,法院予以认定。依据李某华向营造公司出具的支付工程款项的收条,以及营造公司为李某华代为支付的工程款项,经当事人举证和质证,对营造公司已支付的案涉工程款项16442018.62元,法院予以认定。依据案涉工程总造价13851111.77元和确认的营造公司已支付案涉工程款16442018.62元,营造公司已超出支付李某华案涉工程款2590906.85元(工程总造价13851111.77元-营造公司已付款16442018.62元)。据此,对李某华主张营造公司欠付案涉工程款,缺乏相应的事实根据,不予支持。综上所述,李某华要求营造公司给付案涉工程款2747221.42元,承担逾期付款利息,并享有优先受偿权等诉讼请求,缺乏事实根据和法律依据,不予支持。

【案例评析】

本案涉及没有资质的实际施工人借用有资质的建筑施工企业名义的签订合同,合同无效的情况下是否还享有建设工程价款优先受偿权的问题。《合同法》第

272 条第 3 款规定:“禁止承包人将工程分包给不具备相应资质条件的单位。禁止分包单位将其承包的工程再分包。建设工程主体结构的施工必须由承包人自行完成。”《建设工程施工合同司法解释(一)》第 1 条规定:“承包人未取得建筑施工企业资质或者超越资质等级的;没有资质的实际施工人借用有资质的建筑施工企业名义的签订合同的,应当认定为无效。”依据上述法律和司法解释的规定,营造公司将其承包的淮安区风景城邦小区 3 某楼工程分包给李某华施工,因李某华不具有从事建筑工程相应的资质,故营造公司与李某华签订的《淮安区风景城邦政府安置小区工程内部承包协议书》,应认定为无效协议。建设工程施工合同无效,但建设工程经竣工验收合格,承包人请求参照合同约定支付工程价款的,应予以支持。本案李某华实际完成了营造公司分包的淮安区风景城邦小区 3 某楼工程,且案涉工程已经验收合格并交付使用,营造公司应当支付给李某华案涉工程款。城投公司作为案涉工程的发包人,依据《建设工程施工合同司法解释(一)》第 43 条规定,发包人只在欠付工程价款范围内对实际施工人即李某华承担给付责任。

关于实际施工人是否享有建设工程价款优先受偿权的问题,法律及相关司法解释并无明确规定,直至《建设工程施工合同司法解释(一)》第 43、44 条规定出台后,也仅仅是确定了发包人在欠付建设工程价款范围内对实际施工人承担责任、以转包人或者违法分包人怠于向发包人行使到期债权或者与该债权有关的从权利,影响其到期债权实现,提起代位权诉讼的,人民法院应予支持。该两条文并未明确确定实际施工人的优先受偿权。

【相关依据】

《民法典》

第七百九十一条 发包人可以与总承包人订立建设工程合同,也可以分别与勘察人、设计人、施工人订立勘察、设计、施工承包合同。发包人不得将应当由一个承包人完成的建设工程支解成若干部分发包给数个承包人。

总承包人或者勘察、设计、施工承包人经发包人同意,可以将自己承包的部分工作交由第三人完成。第三人就其完成的工作成果与总承包人或者勘察、设计、施工承包人向发包人承担连带责任。承包人不得将其承包的全部建设工程转包给第三人或者将其承包的全部建设工程支解以后以分包的名义分别转包给第三人。

禁止承包人将工程分包给不具备相应资质条件的单位。禁止分包单位将其承包的工程再分包。建设工程主体结构的施工必须由承包人自行完成。

《建设工程施工合同司法解释（一）》（法释〔2020〕25 号）

第一条　建设工程施工合同具有下列情形之一的，应当依据民法典第一百五十三条第一款的规定，认定无效：

（一）承包人未取得建筑业企业资质或者超越资质等级的；

（二）没有资质的实际施工人借用有资质的建筑施工企业名义的；

（三）建设工程必须进行招标而未招标或者中标无效的。

承包人因转包、违法分包建设工程与他人签订的建设工程施工合同，应当依据民法典第一百五十三条第一款及第七百九十一条第二款、第三款的规定，认定无效。

第四十三条　实际施工人以转包人、违法分包人为被告起诉的，人民法院应当依法受理。

实际施工人以发包人为被告主张权利的，人民法院应当追加转包人或者违法分包人为本案第三人，在查明发包人欠付转包人或者违法分包人建设工程价款的数额后，判决发包人在欠付建设工程价款范围内对实际施工人承担责任。

第四十四条　实际施工人依据民法典第五百三十五条规定，以转包人或者违法分包人怠于向发包人行使到期债权或者与该债权有关的从权利，影响其到期债权实现，提起代位权诉讼的，人民法院应予支持。

裁判规则 4	未损害建筑工人利益的，建设工程价款优先受偿权的放弃有效

【案例信息】

名称：龙元建设集团股份有限公司（以下简称龙元公司）、安防城控股有限公司（以下简称安防公司）、浙越资产管理有限公司建设工程施工合同纠纷

案号：（2020）浙民终 798 号

法院：浙江省高级人民法院

【关联事实】

2012 年 3 月，龙元公司、安防公司签订《中国安防城施工总承包合同》一份，该合同约定龙元公司承包安防公司位于浙江省绍兴市袍江新区中国安防城工程，龙元公司所建工程于 2016 年 1 月 23 日经五方竣工验收合格。其后安防公司已支

付109500000元工程款。就工程余款的支付,龙元公司与安防公司之间多次进行协商,最终同意在2016年2月2日前先行支付2000万元,其余工程款按合同规定支付;2015年2月6日约定的应付而未付的工程款400万元,连同2015年2月12日借款1300万元,仍按月息3分计息至2016年2月2日之前支付。

2013年6月,中国工商银行股份有限公司绍兴袍江支行(以下简称工商银行)承诺贷款2.38亿元给安防公司,该行实际发放贷款1.8亿元,余款未发放。2015年11月27日,龙元公司向工商银行出具《建设工程款支付情况承诺函》一份,该函载明"截至2015年11月25日,工程款已支付人民币1.1亿元整,龙元公司同意工商银行对该抵押物债权的实现优于原告工程款的支付";同日,龙元公司向工商银行出具《同意抵押证明》一份,该证明载明"截至2015年11月25日,在建工程主体部分已完成,外部幕墙装饰等后续工作暂未开工。现因安防公司项目贷款需要,拟以该在建工程作为贷款抵押物,龙元公司同意工商银行对该抵押物债权的实现优于原告工程款的支付"。工商银行将上述债权及担保权利转让给浙越资产管理有限公司(以下简称浙越公司)。浙越公司于本案审理过程中以第三人的身份申请参加诉讼,要求确认其对涉案工程的抵押权优先于龙元公司的优先受偿权。且查明工商银行于2013年6月6日发放贷款1.8亿元给安防公司;2015年12月18日,工商银行与安防公司约定涉案在建工程及土地使用权抵押给浙越公司并依法办理了抵押登记。

【裁判理由】

一审法院认为,龙元公司与安防公司之间于2016年12月29日出具的审计初稿审定的工程造价190325180元达成一致意见。因此,在双方就结算尚有纠纷的情况下,龙元公司于本案起诉时主张工程款优先受偿,依法应予支持。浙越公司就龙元公司所建工程所享有的权利源自工商银行的转让,就龙元公司所建工程,浙越公司享有抵押权,龙元公司享有优先受偿权。现浙越公司主张其抵押权优先于龙元公司的优先受偿权,对浙越公司的该项主张本院不予支持,因龙元公司承诺银行的抵押权优先于其优先受偿权附有一定条件,即银行应兑现其发放贷款的承诺,之后银行并未兑现其承诺,现该条件并未成就。龙元公司对其所建工程的优先受偿权是其法定权利,其之所以同意银行的抵押权优先于其优先受偿权是为了更好地取得工程款项,但银行未兑现其承诺,这从一定程度上也影响了龙元公司权益的实现,因此认定龙元公司享有优先受偿权。

二审法院认为，争议焦点在于龙元公司出具的承诺函、同意抵押证明是否附有条件。龙元公司主张其承诺工商银行抵押权优先于其享有的建设工程价款优先受偿权，前提是工商银行承诺贷款23800万元，后来工商银行实际发放16289万元。由于工商银行未能足额发放贷款，故不能享有优先权。对此，本院认为，工行商银与安防城公司之间签订的银团贷款合同，约定工商银行同意向安防城公司提供23800万元人民币贷款额度。银团贷款合同仅约定了安防城公司可向工商银行申请的最大贷款额度，而并非实际贷款数额。同时银团贷款合同也未在承诺函及同意抵押证明中予以体现，并非龙元公司作出承诺之前提条件，故对龙元公司该抗辩不予采信。关于浙越公司所享有的抵押权优先于龙元公司建设工程价款优先受偿权的范围是否应以龙元公司实际从工行发放贷款中获取的工程款为限。本院认为，虽然龙元公司出具的同意抵押证明明确记载"为项目贷款需要"，但并未明确范围以其自贷款中实际取得的工程款为限，同时，龙元公司虽然提交了安防城公司出具的有关获得贷款优先落实工程款的承诺书，但该承诺书的效力仅限于安防城公司和龙元公司之间，并不及于工商银行，再考虑到龙元公司系上市公司，对其作出的工程价款优先权劣后于抵押权的承诺，应经过审慎考虑，根据商事外观原则，工商银行对龙元公司作出的意思表示存在合理信赖，故浙越公司所享有的抵押权优先于龙元公司建设工程价款优先受偿权的范围不应以龙元公司实际从工商银行发放贷款中获取的工程款为限。

【案例评析】

一审法院认定龙元公司承诺银行的抵押权优先于其优先受偿权附有一定条件，而银行却未兑现其承诺，这从一定程度上也影响了龙元公司权益的实现。另外，根据原《建设工程施工合同纠纷司法解释(二)》第23条规定："发包人与承包人约定放弃或限制建设工程价款优先受偿权，损害建筑工人利益的，发包人根据该约定主张承包人不享有建设工程价款优先受偿权的，不应被人民法院支持。"因此一审法院认定龙元公司享有优先受偿权。

二审法院对本案事实认定，鉴于本案并无证据显示建筑工人利益受有损害，且安防公司也未主张龙元公司不享有建设工程价款优先受偿权，故该规定并不适用于本案。

综上，根据浙越公司交的龙元公司于2013年6月5日出具的承诺函及同意抵押证明，龙元公司已于2013年6月5日明确表示，工行所享有的抵押权优先于其享有的建设工程价款优先受偿权,该意思表示明确真实,应为有效。故浙越公司享有的抵押权应优先于龙元公司就欠付工程款所享有的优先受偿权。

【相关依据】

《建设工程施工合同司法解释(一)》(法释〔2020〕25号)

第三十五条 与发包人订立建设工程施工合同的承包人,依据民法典第八百零七条规定请求其承建工程的价款就工程折价或者拍卖的价款优先受偿的,人民法院应予支持。

第四十二条 发包人与承包人约定放弃或限制建设工程价款优先受偿权,损害建筑工人利益的,发包人根据该约定主张承包人不享有建设工程价款优先受偿权的,不应被人民法院支持。

裁判规则5 建设工程价款优先受偿权范围及与抵押权冲突的解决

【案例信息】

名称:江苏南通二建集团有限公司(以下简称南通二建)与上海佳程房地产开发有限公司(以下简称佳程房产公司)、上海佳程企业发展有限公司、北京A有限公司、上海栩宽企业发展有限公司、上海五牛素福投资中心、五牛股权投资基金管理有限公司、深圳五牛股权投资基金管理有限公司建设工程施工合同纠纷

案号:(2020)沪民终433号

法院:上海市高级人民法院

【关联事实】

2015年4月23日,南通二建与佳程房产公司签订施工合同,将系争工程发包给南通二建施工。南通二建于2015年5月19日收到开工令后开始施工,至2016年12月19日,工程进度施工完成至整体主体结构封顶,并于2017年1月13日完成工程进度款支付审批所需的全部审核手续,之后,双方签订《补充协议》将进度款支付比例从70%降至55%即99000000元。

2016年3月28日,农商银行与佳程房产公司签订《固定资产借款合同》《抵押合同》,约定佳程房产公司向农商银行借款400000000元用于商业用房开发,并将系争工程抵押给农商银行并办理了抵押登记,农商银行自2016年5月18日起

至2017年3月21日止已向佳程房产公司发放贷款共计373242901元。对此，佳程房产公司予以确认。农商银行另提交付款凭证、《施工方已收到资金确认函》、《闵行区浦江镇政府就佳程广场税收落地的函》、《建设工程施工合同补充协议》，证明南通二建，其取得农商银行向佳程房产公司发放贷款145432901元，但因未到施工合同约定的支付进度款的时间节点，故南通二建根据佳程房产公司的要求，将其中的115692901元返还给佳程房产公司，南通二建实际取得的工程款为29740000元。佳程房产公司认可其共支付工程款29740000元。但佳程房产公司仅支付29740000元，拖欠工程进度款达69260000元。

2017年1月28日起，南通二建无奈停工。2018年6月，双方再签订《补充协议书》，对佳程房产公司所拖欠的工程款支付进度再作约定，但佳程房产公司到期仍未履行约定。现佳程房产公司因资金链断裂丧失继续履约能力，构成根本性违约，佳程房产公司在经多次催告后仍拒绝给付工程款，故南通二建请求解除双方所签建设工程施工合同，并要求以工程折价或者变卖的价款享有优先受偿权。

【裁判理由】

一审法院认为，系争工程系因佳程房产公司逾期欠付工程款而停工，非因承包人的原因，建设工程未能在约定期间内竣工，承包人享有的优先受偿权不受影响，故南通二建对系争工程享有建设工程优先受偿权，符合法律规定。施工合同解除后的系争工程已完工程量的价款结算，系在本案审理中通过司法鉴定程序予以确定，故南通二建主张工程款优先受偿权并未超过法律规定的期限。南通二建主张除工程价款外，因佳程房产公司逾期支付工程进度款所造成的资金财务成本损失和停工损失，应纳入优先受偿范围。本案中，南通二建主张的资金财务成本损失和停工损失，系依据2018年6月双方签订《补充协议书》约定的违约金。南通二建主张将资金财务成本损失和停工损失纳入建设工程价款优先受偿权的范围，不予支持。

二审法院认为，关于南通二建的优先受偿权问题，就南通二建与佳程房产公司之间的建设工程承包合同法律关系而言，南通二建对欠付工程款范围内就系争工程折价或者拍卖的价款享有优先受偿权，并无不当。农商银行与佳程房产公司签订《固定资产借款合同》《抵押合同》，约定佳程房产公司向农商银行借款400000000元用于商业用房开发，并将系争工程抵押给农商银行并办理了抵押登记。农商银行在发放贷款过程中，一方面要求审核工程进度，另一方面要求建设工程的施工方南通二建出具《施工方已收到资金确认函》，农商银行的上述行为，是对其抵押权的保护。南通二建明知出具《施工方已收到资金确认函》系配合佳程房产公司获得贷款发放仍予以出具，甚至在实际收到相应工程款后将款项返还给佳程房产公司，南通二建的资金处分行为是其对自己权利的处分，应承担相应的法律后果。本院综合衡量南通二建的优先受偿权和农商银行的抵押权，认为农商银行已经尽其所能维护其抵押权利益，而南通二建返还已收款项后再主张欠付工程款优先受偿权，损害了农商银行的权益，难以支持。至于南通二建抗辩认为其返还工程款的行为是基于未到支付工程进度款的原因，该主张是其与佳程房产公司之间的约定，不能对抗农商银行，亦不能否定其出具《施工方已收到资金确认函》的事实。

【案例评析】

本案涉及南通二建对欠付工程款范围内就系争工程折价或者拍卖的价款享有优先受偿权的问题并无不当，但本案关键在于当南通二建的优先受偿权与农商银行的抵押权产生冲突的情况下，两权利相较应当如何保护的问题。

一审法院认定系争工程系因佳程房产公司逾期欠付工程款而停工，非因承包人的原因，建设工程未能在约定期间内竣工，承包人享有的优先受偿权不受影响，故南通二建对系争工程享有建设工程优先受偿权。

另南通二建主张将资金财务成本损失和停工损失纳入建设工程价款优先受偿权的范围，该主张基于“原《建设工程施工合同纠纷司法解释（二）》第 21 条第 2 款规定：承包人就逾期支付建设工程价款的利息、违约金、损害赔偿金等主张优先受偿的，人民法院不予支持”的规定，该主张不予支持。以上两点二审法院都予以认可。

现一审法院认定的南通二建的优先受偿权与农商银行的抵押权发生冲突，二审法院在审理过程中确认在发放贷款的过程中已极尽所能保护了其抵押权的实施，反观南通二建，却在收到款项后返还已收款项，再主张欠付工程款优先受偿权，就损害了农商银行的权益。南通二建抗辩认为其返还工程款的行为是基于未到支付工程进度款的原因，该主张是其与佳程房产公司之间的约定，不能对抗农商银行，在此情况下，农商银行的抵押权要优先于南通二建的优先受偿权。

【相关依据】

《建设工程施工合同司法解释（一）》（法释〔2020〕25 号）

第三十五条 与发包人订立建设工程施工合同的承包人，依据民法典第八百零七条规定请求其承建工程的价款就工程折价或者拍卖的价款优先受偿的，人民法院应予支持。

第三十八条　建设工程质量合格，承包人请求其承建工程的价款就工程折价或者拍卖的价款优先受偿的，人民法院应予支持。

第四十条　承包人建设工程价款优先受偿的范围依照国务院有关行政主管部门关于建设工程价款范围的规定确定。

承包人就逾期支付建设工程价款的利息、违约金、损害赔偿金等主张优先受偿的，人民法院不予支持。

第四十一条　承包人应当在合理期限内行使建设工程价款优先受偿权，但最长不得超过十八个月，自发包人应当给付建设工程价款之日起算。

裁判规则 6　未竣工的建设工程，享有优先受偿权

【案例信息】

名称：无为蓝鼎购物中心有限公司（以下简称蓝鼎公司）、安徽省隆峰建设工程有限公司（以下简称隆峰公司）建设工程施工合同纠纷

案号：（2021）皖民终 518 号

法院：安徽省高级人民法院

【关联事实】

2014 年 9 月 3 日，蓝鼎公司与隆峰公司签订总包合同，约定：由隆峰公司总承包蓝鼎公司发包的无为国购广场项目工程，项目总建筑面积约 146739.85 平方米；本工程合同（暂定）价为 2.2 亿元，最终造价以甲方审计确认后的竣工结算价为准。2019 年 5 月 8 日，蓝鼎公司与隆峰公司签订补充协议，约定：（1）双方于 2014 年 9 月签订《建筑工程施工合同》，由隆峰公司承包建设蓝鼎公司开发的无为国购广场项目。（2）截至本协议签订之日，无为国购广场项目仍在建设之中，尚未竣工验收，但工程质量合格。就隆峰公司已完成工程的工程款结算及支付事宜，达成合意。“一、双方确认：截至 2019 年 4 月 30 日，隆峰公司已完工程结算造价为人民币 149387493 元。目前，蓝鼎公司已支付金额人民币 75342953 元，未支付金额人民币 74044540 元。二、对于未支付的上述隆峰公司已完工程结算款金

额,蓝鼎公司按照以下时间节点支付:(1)2020 年 1 月 19 日前,蓝鼎公司支付乙方1000 万元;(2)2021 年 2 月 6 日前,蓝鼎公司分期逐步付清其余工程款(64044540元)。如蓝鼎公司没有按上述时间付清,隆峰公司可对上述全部款项主张并享有对工程拍卖或折价价款优先受偿权。”案涉工程因蓝鼎公司没有资金足额支付工程款,自 2017 年下半年停工至今。

【裁判理由】

原《建设工程施工合同纠纷司法解释(二)》第 20 条规定,未竣工的建设工程质量合格,承包人请求其承建工程的价款就工程折价或者拍卖的价款优先受偿的,人民法院应予以支持。本案已完工程符合前述司法解释规定情形,故对隆峰公司有关建设工程价款优先受偿权的主张应予以支持。但隆峰公司与蓝鼎公司就已完工程结算的造价中包含了 17615801 元的停工损失补偿及逾期付款利息等,该部分款项依法不属于建设工程价款,不应优先受偿,故优先受偿金额应确定为(74044540 - 17615801) = 56428739 元。

【案例评析】

本案例涉及因发包公司没有资金足额支付工程款导致后期停工情况下,承包公司是否可以对未竣工的质量合格建设工程请求优先受偿权的问题。蓝鼎公司与隆峰公司于 2019 年 5 月 8 日签订《补充协议》,约定鉴于截至本协议签订之日,无为国购广场项目仍在建设之中,尚未竣工验收,但工程质量合格。现经双方友好协商,就隆峰公司已完工程的工程款结算及支付事宜达成合意。截至 2019 年 4 月 30 日,隆峰公司完成工程结算造价为 149387493 元。目前,蓝鼎公司已支付金额为 75342953 元,未支付金额为 74044540 元。就未支付部分于 2020 年 1 月 19 日前,蓝鼎公司向隆峰公司支付 1000 万元,于 2021 年 2 月 6 日前,蓝鼎公司分期逐步付清其余工程款(64044540 元)。如蓝鼎公司没有按上述时间付清,隆峰公司可对上述全部款项主张并享有对工程拍卖或折价价款优先受偿。

从该《补充协议》约定看,系案涉工程施工过程中,双方对隆峰公司已完工程工程款的阶段性结算,并非双方工程款的最终结算。蓝鼎公司并未提供证据证明其已依该补充协议约定履行了付款义务。故,隆峰公司依据该补充协议约定向蓝鼎公司主张工程款及工程款优先受偿权并无不当。

蓝鼎公司虽主张在本案中应扣除质保金、让利款、水电费等费用,但上述补充协议中并未约定应在支付的款项中扣除上述费用。且隆峰公司对蓝鼎公司主张的部分费用存有异议,亦未同意其在本案中扣除。同时,双方总包合同尚未解除,本案也非双方工程款的最终结算。

鉴于此,对隆峰公司主张优先受偿权应予以支持,对蓝鼎公司主张的扣除违约利息、违约金也应予以支持。

【相关依据】

《建设工程施工合同司法解释(一)》(法释〔2020〕25 号)

第三十九条　未竣工的建设工程质量合格,承包人请求其承建工程的价款就其承建工程部分折价或者拍卖的价款优先受偿的,人民法院应予支持。

第四十条第二款　承包人就逾期支付建设工程价款的利息、违约金、损害赔偿金等主张优先受偿的,人民法院不予支持。

裁判规则 7　逾期支付工程价款的违约金不享有优先受偿权

【案例信息】

名称:南通市金厦置业有限公司(以下简称金厦公司)、南通市恒佳建筑安装工程有限公司(以下简称恒佳公司)、如皋市白蒲镇人民政府(以下简称白蒲镇政府)、如皋市鑫蒲建设工程有限公司建设工程施工合同纠纷

案号:(2019)苏民终 1665 号

法院:江苏省高级人民法院

【关联事实】

金厦公司作为发包人与恒佳公司作为承包人于 2014 年 3 月 21 日签订《白蒲锦绣龙湾工程施工承包合同》,约定恒佳公司承建白蒲锦绣龙湾 B 区工程,暂定总价款 16000 万元,最终以合同范围涉及各项工程竣工决算为准,总工期 400 天;乙方向甲方缴纳履约保证金 2000 万元,中标后汇入甲方账户 600 万元,余款 1400 万元于 4 月 3 日前汇入;地下室施工完毕并经验收合格后 10 日内退 60%;施工至十层并经甲方验收合格后 10 日内退 20%,所有保证金按时退还不计利息,逾期按照每日 4‰计算利息。

2015 年 5 月 25 日,金厦公司(甲方)、恒佳公司(乙方)签订《补充协议书》,载

明鉴于甲方因资金困难,未能按合同节点足额支付应付恒佳公司工程款及退还合同履约保证金,双方经协商一致协议如下:(1)甲方同意支付 2015 年 3 月 12 日至 5 月 12 日乙方 200 万元作为施工成本的增加费用,从 2015 年 5 月 26 日开始直至甲方足额付清应付款之日止,每月甲方承诺支付 700 万元,若支付不足额,每月按 30 天支付比例折算延误天数。(2)甲方同意从 2015 年 3 月 13 日开始对甲方逾期的所有应支付款项按月利率 2.5% 向乙方支付逾期付款利息(含合同违约金)直至全额支付之日止。(3)自 2015 年 3 月 12 日开始直至甲方足额付清应付款项之日止,工期相应顺延,并每月确认。

2015 年 3 月 31 日,金厦公司出具确认单,主要内容为根据合同约定,金厦公司未能在约定的时间内支付应付款任何款额,确认违约金数额为 1201280 元,在拨付的款中优先全额支付该违约金;截至 2015 年 3 月 13 日尚未支付的工程款及 2015 年 3 月 13 日以后应支付而未付的工程款,到金厦公司支付时再行确认违约金。金厦公司以出具结算单形式同意向恒佳公司付款并确认工程施工的有关事项。确认自 2014 年 3 月 22 日开始按年息 20% 支付利息直至支付本金 800 万元和利息之日止。

本案工程单位工程竣工验收证明书载明验收日期为 2017 年 11 月 21 日,恒佳公司、金厦公司、南通永恒建设监理有限公司等单位在证明书上盖章确认。金厦公司认可按照 2017 年 9 月 25 日的《结算支付协议书》约定计算违约金、利息。恒佳公司与金厦公司就已付工程款对账结果如下:金厦公司已返还保证金 1027 万元;金厦公司垫付水电费 514263.65 元,已付工程款 19000665.66 元。经核实,金厦公司未付工程款总数额为 132655173.63 元(152170102.94 元 - 19000665.66 元 - 514263.65 元),其中工程价款为 102065243.63 元,违约金及利息共计 30589930 元。

【裁判理由】

关于恒佳公司享有的建设工程价款优先受偿权的范围,根据原《建设工程施工合同纠纷司法解释(二)》第 21 条第 2 款之规定,承包人就逾期支付建设工程价款的利息、违约金、损害赔偿金等主张优先受偿的,人民法院不予支持。因建设工程价款优先受偿权的范围会影响到金厦公司其他债权人的利益,根据 2015 年《民事诉讼法解释》第 323 条第 2 款规定,当事人没有提出请求的,不予审理,但一审判决违反法律禁止性规定,或者损害国家利益、社会公共利益、他人合法权益的除外。一审法院认定恒佳公司对本案工程享有的建设工程价款优先受偿权范围包括了违约金、利息等，与上述规定不符。本院认定恒佳公司行使建设工程价款优先受偿权应当限于欠付的工程价款102065243.63元的范围内。

【案例评析】

本案的争议焦点在于恒佳公司应得的工程款数额（工程款总额、已付工程款数额、应扣减款项的数额）及违约金如何认定。

最高人民法院作出的《关于建设工程价款优先受偿权问题的批复》（2020年12月29日废止）确定建设工程价款优先受偿权的范围仅限为承包人为建设工程应当支付的工作人员报酬、材料款等实际支出的费用，不包括承包人因发包人违约所造成的损失。

原《建设工程施工合同纠纷司法解释（二）》对于各方建设工程价款的利息能否优先受偿的问题，与承包人的利润能否优先受偿作了明确规定，认定违约金、利息等不能享受优先受偿权，只因优先权对发包人的利益影响巨大（保护建筑工人的利益），但同样对抵押权人等的第三方利益也影响较大，这体现了保护弱者与坚持利益平衡的原则。

《建设工程施工合同司法解释（一）》第40条也明确承包人享有建设工程价款优先权的范围，对主张建设工程价款的利息、违约金和损害赔偿金均不予支持。

【相关依据】

《建设工程施工合同司法解释（一）》（法释〔2020〕25号）

第四十条　承包人建设工程价款优先受偿的范围依照国务院有关行政主管部门关于建设工程价款范围的规定确定。

承包人就逾期支付建设工程价款的利息、违约金、损害赔偿金等主张优先受偿的，人民法院不予支持。

裁判规则8　建设工程价款优先受偿权可否随工程款债权转让

【案例信息】

名称：上海复华中日医疗健康产业发展有限公司（以下简称复华公司）、上海恒泽永润投资发展有限公司（以下简称××公司）、上海星宇建设集团有限公司（以下简称星宇公司）建设工程施工合同纠纷

案号：(2020)沪民终516号

法院：上海市高级人民法院

【关联事实】

2013年7月5日，复华公司(发包人、甲方)与星宇公司(承包人、乙方)签订《上海市建设工程施工合同》，约定工程名称：上海复华高新技术园区－科技创新基地(二期)，约定系争工程由乙方总承包施工。2018年10月20日，复华公司(甲方)与星宇公司(乙方)签订《备忘录》，约定鉴于甲方开发的系争工程由乙方总承包施工。因系争工程期限过长，故双方就系争工程决定结算先期进行。2018年4月20日，系争工程结算完成，确定总造价293080412元。至本备忘录签署之日，系争工程施工内容已按约基本完成。甲方现已支付乙方工程款计19600万元。甲方后续工程款支付安排如下：1.本备忘录签署后，甲方于2018年11月15日前支付300万元。2.以下三笔付款由上海××集团有限公司提供的中国建设银行支票作为付款担保：甲方于2018年12月15日前支付1500万元；2019年1月20日前支付2000万元；2019年2月20日前支付1500万元；如甲方按时付款则乙方退还相应支票。3.剩余4408.0412万元于2019年3月31日前付清，如该笔款项在2019年6月30日前付清，则上述逾期期间4408.0412万元不计利息、违约金。甲方未按上述第2、3项期限、数额付款，则任何一期工程款未支付视为全部工程款支付期限届满，乙方可主张全部剩余工程款。本备忘录逾期付款利息以拖欠金额为基数，每日万分之四由甲方应向乙方承担。双方确认：至本备忘录签订之日前系争工程总承包合同履行过程中所生责任互不追究。双方还就系争工程竣工、移交及等事宜作了约定。上海××集团有限公司作为支票担保方在《备忘录》上签字盖章。

××公司提供星宇公司自制的《上海复华高新技术园区－科技创新基地(二期)工程款收入明细》及支票、银行客户付款入账通知，证明于2013年12月至2019年1月，复华公司分25次向星宇公司支付系争工程的工程款，共计198000000元。复华公司对该明细表的支付时间及金额无异议。

2019年4月11日，星宇公司(甲方)与××公司(乙方)签订《工程款债权转让协议》，约定：一、签订本协议之日起，甲方将本协议约定的债权转让给乙方，乙方同意受让转让债权。二、甲方所转让债权系指：甲方针对复华公司所享有的一切债权(含工程款本金及建设工程价款优先受偿权，利息及甲方因该工程所享有的一切债权);至签订本协议之日,甲方已收到复华公司支付工程款计 19800 万元,复华公司尚欠甲方工程款本金计 9508.0412 万元及相关按约应付利息等。甲方将上述债权作价 9408 万元转让给乙方。双方还约定了付款方式、违约责任等。2019 年 4 月 17 日,复华公司收到星宇公司发送的《债权转让通知书》。星宇公司通知复华公司称,星宇公司将其针对复华公司的系争工程的工程款相关债权(含工程款本金及建设工程价款优先受偿权,利息等一切债权)转让给 × ×公司。自本通知到达之日起,复华公司向 × ×公司支付工程款、利息等一切应付款项。星宇公司仍按与复华公司的相关合同约定承担保修义务。

在一审法院审理中,× ×公司、星宇公司均表示,× ×公司为履行《工程款债权转让协议》向星宇公司支付转让款共计 9508.0412 万元。× ×公司还表示,在其受让债权的情况下,对于系争工程的后续保修义务,愿意与星宇公司共同承担责任。复华公司表示,在× ×公司承担共同保修责任的情况下,复华公司同意× ×公司与星宇公司的债权转让。

【裁判理由】

本院认为,首先法理上工程款优先受偿权是从属于建设工程款的权利,属于从权利。依照《最高人民法院关于适用时间效力的若干规定》第 1 条第 2 款以及 1999 年《合同法》第 81 条的规定,债权人转让权利的,受让人取得与债权有关的从权利,但该从权利专属于债权人自身的除外。而对于“专属于债权人自身的”权利,1999 年《最高人民法院关于适用若干问题的解释(一)》第 12 条规定,“专属于债务人自身的债权,是指基于扶养关系、抚养关系、赡养关系、继承关系产生的给付请求权和劳动报酬、退休金、养老金、抚恤金、安置费、人寿保险、人身伤害赔偿请求权等权利”。建设工程价款优先受偿权涵盖的债权内容显然并不属于该条规定的基于人身权或者人身依附关系而产生的给付请求权范围。虽然工程款债权的范围包括为建设工程应当支付的员工报酬等费用,但更多地表现为在进行工程建设中包括人工和建筑材料、机械费用等已经实际投入并物化在建设工程上的成本,所以建设工程价款优先受偿权作为法定优先权,应当认为其是作为具有担保建设工程款优先实现的担保功能的财产性从权利,可以随工程款债权的转让而转让。复华公司主张× ×公司受让工程款债权,但丧失工程款优先受偿权的上诉请求,缺乏相应依据。

【案例评析】

工程款优先受偿权是从属于建设工程款的权利,属于从权利,且该债权不属于人身权或人身依附关系而产生的请求权。建设工程价款优先受偿权制度虽有对农民工等建筑工人的工资权益予以优先保护的立法目的,但此项保护并非直接指向建筑工人的工资权益,而是以保护承包人的建设工程价款债权为媒介,间接保护建筑工人的权益。因此,允许建设工程价款优先受偿权随主债权一并转让,也有利于加速承包人通过流转的方式尽快得到清偿,从根本上有利于建设工程价款优先受偿权设立目的的实现。

综上,建设工程承包人转让其在施工中形成的债权,受让人基于债权的转让而取得工程款债权,其应当享有该工程款的优先受偿权。

【相关依据】

《民法典》

第五百四十七条 债权人转让债权的,受让人取得与债权有关的从权利,但是该从权利专属于债权人自身的除外。